Murdo MacDonald-Bayne

GÖTTLICHE HEILUNG
VON
SEELE UND LEIB

GÖTTLICHE HEILUNG VON SEELE UND LEIB

Vierzehn Reden aus dem Geist
des gegenwärtigen Christus

gehalten durch
Dr. phil., Dr. theol. Murdo MacDonald-Bayne, M. C.

Mit einer Einleitung und einem Nachwort
von Dr. med. Gunda-Elisabeth Bühler

AURUM

Der Titel der bei L. N. Fowler & Co. Ltd., London,
erschienenen englischen Originalausgabe lautet:
DIVINE HEALING OF MIND AND BODY
The Master Speaks Again

Ins Deutsche übersetzt von Dr. med. Guna-Elisabeth Bühler
Foto auf dem Umschlag:
SSI/Bavaria
Titelgestaltung: Ruth Gnosa

6. Auflage 2002

Die Deutsche Bibliothek – CIP-Einheitsaufnahme

Ein Titeldatensatz für diese Publikation ist bei der
Deutschen Bibliothek erhältlich.

www.weltinnenraum.de

ISBN 3-89901-161-9

© M. MacDonald-Bayne
© der deutschen Ausgabe Aurum in J. Kamphausen Verlag GmbH, Bielefeld
Piblished by Arrangement with L. N. Fowler & Co. Ltd.
Gesamtherstellung: Westermann Druck Zwickau GmbH

INHALT

Einleitung 7
Vorwort 13
Berichte und Erlebnisse von Teilnehmern 15

Erste Rede:
»Ich bin die Auferstehung und das Leben –
   die Liebe Gottes« 23

Zweite Rede:
». . . und eine Stimme kam vom Himmel« 41

Dritte Rede:
»Christus ist das Leben in euch« 57

Vierte Rede:
»Ich bin der wahre Weinstock, und ihr seid die Zweige« . 72

Fünfte Rede:
»Da ich lebe, sollt auch ihr leben« 84

Sechste Rede:
»Der Geist des Vaters, der Mich von den ›Toten‹
   erweckte, wohnt in euch« 96

Siebente Rede:
»Meine Worte sind vom Himmel« 111

Achte Rede:
»Das Königreich des Himmels ist im Innern« 125

Neunte Rede:
»Wer mich gesehen hat, hat den Vater gesehen« . . . 140

Zehnte Rede:
»Gesegnet sind, die reinen Herzens sind, denn sie
   werden Gott erkennen« 157

Elfte Rede:
»Der Geist Gottes wird in dem Christus Gottes in euch
   verkörpert« 173

Zwölfte Rede:
»So hat sich der Christus erhoben« 189

Dreizehnte Rede:
»Ihr seid der Zweig am Weinstock, der Meine Frucht
   trägt« 205

Vierzehnte Rede:
»Ich bin der gute Hirte, und Meine Schafe kennen
   Meine Stimme« 218

Nachwort 231

> Ich sag' es jedem, daß er lebt
> Und auferstanden ist,
> Daß er in unserer Mitte schwebt
> Und ewig bei uns ist.
>
> Novalis

EINLEITUNG

In einer Zeit, in der die materialistisch-intellektualistische Weltanschauung Triumphe feiert, ist auch der christliche Glaube ins Wanken geraten. In zunehmendem Maße wächst jedoch wieder die Sehnsucht nach einer Vertiefung des seelisch-geistigen Lebens, nach Sinngebung des Daseins und nach Selbstverwirklichung.

So wird auch über die Wiederkunft Christi heute mehr denn je gesprochen und geschrieben. Daß gemäß unserem Zeitalter diese Wiederkunft zum Teil auch materiell-physisch vorgestellt wird, braucht nicht zu verwundern.

Schon um die Jahrhundertwende war von Annie Besant in der Theosophischen Gesellschaft behauptet worden, daß der indische Knabe Krishnamurti eine Wiederverkörperung Christi sei. Dies wurde jedoch von Rudolf Steiner (s. Nachwort), der damals noch Generalsekretär jener Gesellschaft war, von Anfang an auf das Entschiedenste zurückgewiesen, da Christus sich nicht ein zweites Mal physisch verkörpern werde. (Diese Haltung führte nicht zuletzt zu seiner Trennung von der Theosophischen Gesellschaft.)* Christus würde – so Rudolf Steiner – vielmehr noch im Laufe dieses Jahrhunderts im Ätherischen (»...in den Wolken«, Marcus 13, 26) sichtbar werden für eine immer größer werdende Anzahl von Menschen, welche dann die Fähigkeit zu einem gewissen Hellsehen entwickelt haben werden.

Vor einigen Jahren behauptete Benjamin Creme, Christus sei bereits seit 1977 verkörpert und werde 1982 öffentlich auftreten. Nachdem dies ausblieb, verstummte das Gerücht,

---
* Siehe Rudolf Steiner: Mein Lebensgang, Kap. XXXI

wurde aber unlängst von ihm wieder aufgegriffen. – Alice Bailey schrieb schon vor vielen Jahren eine vom sogenannten »Tibeter« telepathisch empfangene Mitteilung nieder, es würde in der zweiten Hälfte dieses Jahrhunderts zu einer erneuten Verkörperung Christi kommen.

Lesen wir jedoch, was Christus selbst über seine Wiederkunft prophezeite (Matth. 24, 23–27), dürfte sich aus seinen Worten klar ergeben, daß keinesfalls eine physische Wiederverkörperung gemeint sein kann.

»So alsdann jemand zu euch wird sagen: Sieh, hie ist Christus oder da; so sollt ihr's nicht glauben, denn es werden falsche Christi und falsche Propheten aufstehen und große Zeichen und Wunder tun, daß verführet werden in den Irrtum (wo es möglich wäre) auch die Auserwählten. Siehe, ich habe es euch zuvor gesagt. Darum, wenn sie zu euch sagen werden: Siehe, er ist in der Wüste, so gehet nicht hinaus; siehe er ist in der Kammer, so glaubt nicht. Denn gleichwie der Blitz ausgehet vom Aufgang und scheinet bis zum Niedergang [von Ost nach West], also wird auch sein die Zukunft [Ankunft] des Menschensohnes.« (Nach Luther, vgl. auch Marcus 13, 21–26.)

Wir müssen also unser Bewußtsein und unsere Urteilsfähigkeit schärfen!

Es fällt jedoch auf, daß immer mehr Menschen in den letzten Jahrzehnten Begegnungen mit Christus erfuhren, die von ihnen klar und eindeutig als solche erkannt und geschildert werden. Solche Erlebnisberichte wurden 1973 in einer Dokumentation des schwedischen religionssoziologischen Instituts herausgegeben und liegen nun in der deutschen Übersetzung in dem Buch *Sie erlebten Christus*, Verlag Die Pforte, Basel 1979, vor.

Aus diesen und vielen anderen Christus-Erscheinungen ergibt sich, daß keine dieser Begegnungen von einem physisch verkörperten Menschen handelt, auch wenn Christus »wie ein Mensch« zu dem Betreffenden trat oder sprach. Oft schreitet er durch verschlossene Türen oder verschwindet augenblicklich wieder lautlos. Es sind ähnliche Schilderungen, wie wir sie aus der Bibel von dem Erscheinen des Auferstandenen kennen. Andere erleben Christus als erhabene Gestalt am Himmel oder als über die Erde schreitend. Solcher Art erschien er auch im Zweiten Weltkrieg an der finnisch-russischen Front ganzen Kompanien, so daß das Kanonenfeuer zum Stillstand kam!

Wie ist es möglich, daß sich diese Begegnungen in so unterschiedlicher Weise ereignen?

Dazu könnte erklärend bemerkt werden, daß solche Erlebnisse eben dem jeweiligen Bewußtseinszustand der betreffenden Menschen angepaßt sind und immer nur einen Teilaspekt der umfassenden und sich offenbarenden Wesenheit des Christus darstellen.

In dieser Weise sollte auch das Ereignis, das den vorliegenden vierzehn Reden zugrunde liegt, betrachtet werden. Hier fand die Manifestation allerdings durch einen Mittler statt, durch den zu einer größeren Anzahl von Hörern gesprochen wurde. (Siehe dazu Vorwort und Nachwort.)

Der besondere Wert dieses Buches scheint vor allem darin zu bestehen, daß nicht eine neue Deutung der Evangelien vorliegt, sondern daß aus dem Geist des lebendigen und fortwirkenden Christus gesprochen wird, wie er sich in den Abschiedsreden des Johannesevangeliums ausdrückt. Dadurch kann zu den Aussagen, die der Vergangenheit anzugehören scheinen, ein neuer Zugang gefunden werden und durch den »verstehenden Glauben« eine Belebung der Verbindung mit der immer gegenwärtigen Christuswesenheit selbst entstehen.

Zur vorliegenden Übersetzung aus dem Englischen seien noch einige Bemerkungen vorausgeschickt. Die Verantwortung, die bei der Übersetzung eines solchen Textes empfunden wurde, möge aus dem Bestreben abgelesen werden, die in diesen »Reden« vollbewußt geprägten Worte und Wendungen möglichst *wortgetreu* wiederzugeben, um sie auf diese Weise dem Miterleben näherzubringen, zumal darauf hingewiesen wird, wie jedes Wort und die Art, *wie* es gesprochen wird, bedeutsam sei. So wurde bewußt auf eine freiere Form der Übersetzung und auf eine dadurch sicher vielfach möglich gewesene flüssigere Sprache verzichtet. Auch manche ungewohnten Wortbildungen wurden mit übernommen, um die Absicht sprechen zu lassen, mit der sie geprägt worden sind.

Des öfteren wurde im Englischen in der dritten Person der Einzahl die alte Form mit der Endung »th« gebraucht (z. B. »knoweth« statt »knows«, »remaineth« statt »remains« u. a.). Wo es das Deutsche erlaubt, ist dem auch Rechnung getragen worden. – Weshalb »kingdom« bewußt mit »Königreich« und nicht mit »Reich« übersetzt wurde, wird sich dem Leser sicher von selbst ergeben.

Auffällig ist in der englischen Buchausgabe eine für das Englische ungewöhnlich häufige, aber etwas inkonsequente Großschreibung sehr vieler Anfangsbuchstaben, wodurch diese Worte offensichtlich ein besonderes Gewicht erhalten sollten. Davon wurde in der vorliegenden Übersetzung eine Großschreibung beibehalten bei allen Worten, die den »Sohn« und den »Vater« betreffen und bei den entsprechenden Personalpronomen.

Die von Dr. MacDonald-Bayne getroffene Einteilung bzw. Numerierung der Abschnitte (ähnlich der Bibel) ist unverändert übernommen worden, obwohl sie manchmal etwas willkürlich erscheint und dadurch vielleicht die Einheitlichkeit des Inhalts gefährdet. Anderseits ermöglicht sie eine leichtere Orientierung und einen etwaigen Vergleich mit dem englischen Originaltext.

Erläuternd sei noch bemerkt, daß im Englischen *Jesus-Christus* häufig mit *Master* (= Meister oder Lehrer) bezeichnet wird (vgl. ebenfalls Joh. 20, 16 u. a.). Auch soll erwähnt werden, daß man in der Theologie unter dem Ausdruck »der allein erzeugte Sohn«, was gleichbedeutend ist mit »der eingeborene Sohn«, versteht: Es ist der nicht aus Vater *und* Mutter (also aus der Zweiheit), sondern aus Gott geborene Gottessohn.

Im übrigen darf, was die Auseinandersetzung mit dem Inhalt der »Reden« betrifft, auf das Nachwort des Übersetzers hingewiesen werden.

An dieser Stelle möchte ich allen Helfern, die mir immer im rechten Augenblick mit Rat und Tat zur Seite gestanden haben, meinen Dank aussprechen. Besonderer Dank gilt auch dem Verleger, Herrn Günther Berkau; von ihm erhielt ich wesentliche Anregungen, und er ermöglichte die Herausgabe dieser Übersetzung.

Gunda-Elisabeth Bühler

VORWORT

Es würde mir unmöglich sein zu erklären, auf welche Weise diese Reden übermittelt wurden, denn ich würde nur meine eigene Ansicht äußern, welche ungenau sein könnte; aber ich kann Ihnen über die Empfindungen erzählen, die ich hatte.

Mehrere Monate, bevor ich diese Reden empfing, wurde ich nachts aus dem Schlaf geweckt, indem ich eine Stimme hörte, die offenbar zu mir sprach. Ich glaubte, noch zu träumen, doch es war eine wirkliche Stimme. Ob es meine eigene Stimme oder eine andere war, kann ich nicht sagen. Das Eigentümliche war, daß ich diese Stimme hören und zur gleichen Zeit durchdenken konnte, was sie sagte.

Nach vielen solchen Erlebnissen sagte die Stimme, daß besondere Vorträge gehalten würden, wenn die rechte Zeit gekommen sei. Die Zeit kam, und die Stimme unterrichtete mich, daß die Vorträge an einem bestimmten Abend beginnen würden, wenn die Hörer alle ausgewählt worden seien. Danach dürfe während der Vortragsreihe niemand mehr zugelassen werden. Auch sollten die Vorträge mitstenographiert und auf Band aufgenommen werden, so daß nichts verlorengehen würde.

Als der Abend für diese Reden kam, nahm ich meinen Platz im Hörsaal ein. Ich war ganz auf das eingestellt, was sich nun ereignen würde. Da war mir, als gingen tausend Volt Elektrizität durch mich hindurch. Ich verlor nicht das Bewußtsein, obwohl ich eine herrliche Kraft empfand, ein Bewußtsein weit über meinem eigenen. Jedoch schienen wir miteinander verbunden zu sein auf eine geheimnisvolle Weise, die ich nicht erklären kann, weil ich es nicht weiß.

Dann konnte ich meine Stimme hören, doch sie war ganz anders; sie sprach mit großer Autorität, mit der Autorität von jemandem, der absolut weiß. Ich lauschte sehr aufmerksam auf das, was gesagt wurde und konnte es mit einer Klarheit verstehen, die ich vorher niemals hatte. Die Sprache war vollkommen, ohne Fehler, ohne Zögern, eine ganze Stunde fuhr sie fort. Ich war erstaunt, weil ich wußte, daß kein menschliches Gehirn solch eine Leistung wiederholen könnte. Doch diese Leistung wurde jede Woche wiederholt, vierzehn Wochen hindurch. Allein, wenn ich die Tonbandaufnahmen der Reden hörte, wußte ich, daß etwas außergewöhnlich Schönes stattgefunden hatte. Ich wunderte mich, und noch heute staune ich über das Wunder des Ganzen. Sie können selbst lesen, was gesagt wurde, und wenn es Ihnen den Trost und die Gewißheit gibt wie mir und auch allen denen, die das Vorrecht hatten, diese gesprochenen Worte zu hören, dann sind sie nicht vergeblich gesprochen worden.

Nicht ein Wort ist hinzugefügt und auch kein Wort ist weggelassen worden.

Einige von den vielen Erlebnissen der Zuhörer, die anwesend waren, sind auf den nächsten Seiten wiedergegeben.

Murdo MacDonald-Bayne

BERICHTE UND ERLEBNISSE VON TEILNEHMERN

Beschreibung von I. Bagot-Smith: »Eine Verwandlung – ein unvergeßliches Erlebnis.«

»Im Frühjahr 1948 wurde eine Folge von Reden in Johannesburg gehalten. Für diejenigen, die ausgewählt waren, sie zu hören, war dies ein einzigartiges und unvergeßliches Erlebnis. Niemand, der sie hörte, konnte jemals wieder derselbe sein. Es waren Stunden höchsten geistigen Wachstums und Verstehens. Es war, als ob ein unsichtbarer Schleier von unseren Augen gezogen würde, und wir konnten klar sehen. Die wahrhaftige Anwesenheit des Meisters wurde eine so starke Wirklichkeit für uns, daß sie niemals verblaßte, sondern an Intensität und Lebendigkeit zunahm. Und immer, wenn wir seit jener Zeit unser Gemüt zu geistigen Dingen erheben, wissen wir plötzlich unseren Herrn und Meister neben uns, die Kraft des Vaters in uns – und alles ist gut.

Es waren nicht die eigentlichen Worte, die diese Reden so erstaunlich machten; es war die Art und Weise, wie sie vorgetragen wurden. Die Worte selbst werden für immer in unserem Gedächtnis nachklingen; aber die größte Wahrheit wurde uns ohne Worte gezeigt, und keine Schilderung könnte je die überwältigende Kraft der Gegenwart des Meisters vermitteln, mehr noch: Die durch Ihn vermittelte Liebe des Vaters – ein deutliches Zeugnis, wirklicher als alles Physische um uns her.

Als der Dozent eintrat, war er der gütige, lächelnde Mann, den wir alle so gut kannten. Nach einer Pause des Schweigens schien er sich gleichsam aus seinem Körper herauszuatmen in einem plötzlichen schweren Atemzug. Dann fand plötzlich eine erstaunliche Verwandlung statt: Ein kurzes, scharfes Einatmen – und der wahrhaftige Meister und Herr war anwesend, in demselben Körper und doch völlig verschieden. Wir wußten ganz genau, daß der Vortragende immer noch der Mensch war, den wir alle seit Jahren gekannt und geachtet hatten, aber gleichzeitig war er jemand vollkommen anderer. Die Verwandlung war so überraschend, daß unsere benommenen Sinne es fast nicht glauben konnten. Der Mensch vor uns erschien jetzt ungewöhnlich groß, viel größer als der Dozent. Worte könnten die Kraft dieser höchst überraschenden Wahrheit nicht wiedergeben – aber es war so. Wir waren genötigt, es zu glauben, unabhängig vom Zeugnis unserer gewöhnlichen Sinne. – Jetzt stand hier vor uns ein Mensch von überragendem Aussehen, ernst und von großer Autorität, mit strahlenden Augen und der Sicherheit seiner Macht. Aufrecht und groß stand er vor uns, und mit tiefer Feierlichkeit sprach er seinen regelmäßigen Gruß:

›Meinen Frieden bringe ich euch!‹

In dem Maße, wie die Reden fortschritten und wir mehr verstanden, änderte sich der Gruß in: ›Meinen Frieden und meine Liebe bringe ich euch‹, ›Meinen Frieden und Segen bringe ich euch!‹ Der Segen wurde mit den zwei ersten Fingern der rechten Hand erteilt, in der Art eines Königs erhoben, und unsere Herzen beugten sich tief vor seiner Majestät. Stille breitete sich über die Halle aus: Eine schwingende Kraft wie ein Strom von Wärme ging durch unsere Körper, brennend, wo immer irgendein Teil unvollkommen war, und ihn heilend, während er strömte.

Während eine Rede der anderen folgte, konnten wir fühlen, wie unsere eigene Schwingung sich erhöhte und unser Verständnis sich klärte und auf eine Ebene weit über unserem alltäglichen Leben erhoben wurde. Mit zunehmendem Verständnis lauschten wir auf Wahrheiten, die größer waren als alles, was wir je gehört hatten, und doch – zu unserer erstaunenden Verwunderung – erkannten wir, daß es die gleichen Aussagen waren, die wir seit unserer Kindheit gehört und gelesen hatten. Aber jetzt erst verstanden wir ihren Sinn. Plötzlich blitzte die erhellende Wahrheit in unserem Geist auf, und schließlich erkannten wir die Macht dessen, was der Meister so viele Jahre zuvor schon gesagt hatte. Und dann wurden seine Wahrheiten Wirklichkeit für uns, Teil unseres wahren Wesens, um von nun an bis in Ewigkeit in einem goldenen Schweigen bewahrt zu werden.

Jedes Wort fiel bedacht, ohne einen Augenblick des Zögerns, fast wie Wassertropfen oder Juwelen fiel eines nach dem anderen in das Rund des tiefen Schweigens, das uns umgab. Jeder Satz war vollkommen im Aufbau, mühelos gesprochen und ohne eine Gedankenpause.

Nach und nach bemerkten wir auch ganz einfach und ohne Erstaunen, daß wir nicht die einzigen Anwesenden waren. Unter uns waren jene, die wir liebten, die schon hinübergegangen waren, während über ihnen in immer erweiterten Kreisen sich Tausende höherer Wesenheiten reihten.

Der Meister wandte sich an uns alle zusammen, und dann wurde uns im Hinblick auf die tieferen Dinge des Lebens genau das gegeben, was jeder begreifen konnte. Wir, in den irdischen Körpern, wurden angesprochen mit ›Ihr, mit dem sterblichen Sinn‹, während der Meister zu jenen, die erst kürzlich hinübergegangen waren, die Augen erhob und direkt zu ihnen sprach wie zu Geistern, die ein weiteres Wahrnehmungsvermögen gewonnen hatten, und die nun die Freude einer Ebene kannten, die geistiger und lieblich und unendlich frei ist. Und dann lauschten wir in Ehrfurcht, während der Meister zu jenen sprach, die sich mehr seiner höchsten Vollkommenheit genähert hatten. Hoch über uns fühlten wir sie und weit hinter uns, Reihe über Reihe, aber keiner bewegte oder wandte den Kopf, da unsere Augen fest auf den Meister gerichtet waren. Unsere Körper waren uns längst aus den Sinnen geschwunden – sie waren einfach verlassen worden und zur Unbeweglichkeit erstarrt, und es war eine gewisse Anstrengung nötig, sie auf irgendeine Weise zu bewegen.

Der Herr pflegte uns alle der Reihe nach zu segnen, erst uns ›mit dem sterblichen Sinn‹ und dann die fortgeschrittenen Geister hoch über uns, und seine Stimme erwärmte sich an ihrem größeren Auffassungsvermögen. In uns nahm er den eingewurzelten Sinn für Trennung wahr, in ihnen die Einheit, die eine Erleichterung und Freude für ihn war. Wie klein wir uns fühlten – wie so äußerst unwürdig! – winzige, schwache Menschen, fast wie Kinder, die unverständige Hände ausstrecken nach dem, was noch ein Geheimnis war. Aber nach und nach wuchsen wir in das Format unseres eigenen Geistes hinein und in unsere Selbstachtung. Im täglichen Leben fanden wir uns führend, wo wir vorher schüchtern zurückgetreten waren – unsere Stimme bekam eine unerwartete Sicherheit und Autorität. Auch wir schienen zu wachsen, leichter zu schreiten, als ob unser geistiges Selbst stärker wüchse als das physische Selbst.

Einige von uns sahen herrliche Farben hinter dem Vortragenden, Wellen aus Purpur und Gold, so glühend, daß es fast die Augen schmerzte; einigen wurde ein geneigtes Kreuz sichtbar; einigen ein starker Strahl glänzend weißen Lichtes, sich in den Scheitel seines Hauptes ergießend, während viele das lange rotgoldene Haar und den Bart sahen. Während er sprach, wurden himmlische Musik und Glocken im Hintergrund gehört.

Immer mehr wurde es uns klar, daß der Meister gekommen war, um uns seine uralte Botschaft wieder zu bringen: ›Ich komme, um euch den Vater zu zeigen!‹ Wie oft hatten wir dies schon gehört, aber mit stumpfen Sinnen. Nun begannen wir zu verstehen.

Wir lernten von dem Meister Jesus, der ein Mensch war wie wir – im höchsten Maße empfindungsfähig, entwickelt, wahrnehmend, bewußt, wie wir es nicht waren – von dem Wunder des innewohnenden Christus, dem Sohn des lebendigen Gottes. Er und der Christus und der Vater waren ein Sein! Aus sich selbst konnte er nichts tun, aber identifiziert mit dem Christus, eins mit dem Vater, konnte er alles tun und hatte Herrschaft über alle Dinge.

Als seine Reden begannen, war seine Stimme stets ernst und streng, wie aus einem Abstand heraus, sicher und bestimmt, wie ein großer Führer zu Anhängern spricht, die nach Wissen streben. Aber während er redete, wurde seine Stimme uns gegenüber warm, seine Augen glänzten voll Güte, voller Freude über unser Mitgehen und unser Verstehen seines Geistes.

Die Zuhörer wuchsen immer mehr. Dann und wann, wenn er von dem Vater sprach, wurde Er von seiner eigenen Bewegung, von der in ihm aufsteigenden Liebe, überwältigt. Seine Stimme verklang fast und – uns völlig vergessend – verlor er sich plötzlich in der Liebe zum Vater, so daß es war, als ob ein wirkliches Wesen unter uns sei. Er sprach zu einem, der ihm viel näher war als wir, zu einem, der so nah war, daß er ›näher als der Atem‹ ist. Er stand da, eingehüllt in die Herrlichkeit der Gottheit. Er wollte unmittelbar zu seinem Vater flüstern. Manchmal hörten wir die Worte: ›Vater, Ich liebe Dich; Ich liebe Dich, und Ich liebe jene, die Du Mir gegeben hast, Deine Kinder. Ich danke Dir für sie.‹

Während der Unterbrechung war sein Antlitz erleuchtet von einer Liebe voll unaussprechlicher Zärtlichkeit. Ein Licht lauterster Verzückung verwandelte seine Züge und blendete fast in seiner Intensität; unsere Augen konnten den Glanz, der von seinem Antlitz ausging, nicht ertragen. Es war, als ob er in einen heiligen Tempel der Liebe eingetreten sei, wie wir ihn nicht erfassen konnten. Wir blickten in Ehrfurcht. Die Gegenwart des Vaters war so stark, so fühlbar, so lebendig, viel wirklicher als alle Menschen um uns herum. Diese verblaßten. Er war da, stark, machtvoll, in einer Herrlichkeit jenseits aller Herrlichkeit.

Und auch wir begannen, den Vater zu erkennen: Ein aktives, liebendes Sein, nicht nur eine passive Gottheit, sondern einen Vater, kraftvoll in der Führung, alles vollbringend, was der Sohn wünschen mag; einen liebenden Vater, der beschützend in beseligendem Frieden die Arme um ihn hält.

Durch seine Gegenwart leuchtete eine Liebe auf, die uns alle unparteiisch, universell umfing, die uns drängte, die Wahrheit zu erfassen als eine Wahrheit, die wirklicher ist als alles, was man berühren oder sehen kann – die Wahrheit der

Gegenwart Gottes, eines liebenden, tätigen, vollkommenen, krafterfüllten Vaters, eines schweigenden Partners, stets an unserer Seite, eines Gottes, der mit uns nach Hause geht, der durch die Pforte kommt bei uns, der uns beschützt, so daß niemals mehr Furcht in unser Heim oder Leben eintreten sollte. Die Liebe des Vaters wurde eindeutige Wirklichkeit. Nicht die Worte des Meisters gaben uns diese Erkenntnis – es war seine eigene intensive, brennende, freudige Liebe zum Vater, die uns dieses Wissen einprägte. Und durch diese Zugehörigkeit zum Vater wurde der Sohn mit einem Frieden und einem Glanz von Glückseligkeit erfüllt, die ewig und unendlich ist.

Und als er wieder zu seinem Vater zurückkehrte, nannte er uns seine Jünger und gab uns seine Zusicherung:

›Meinen Frieden und meine Liebe, meinen Segen lasse ich bei euch, damit sie bei euch bleiben!‹

Zu dieser Zeit fühlten wir, daß dies das Ende sei, und wir sehnten uns weiter nach dem Wunder dieser Reden. Er kam nur noch zweimal im Abstand von mehreren Monaten.

Diese Male sprach er anders; er forderte uns auf, unsere Herzen zu erforschen, um zu sehen, wie weit wir auf dem Pfad der Liebe fortgeschritten waren, den er uns gezeigt hatte. Er fragte uns: ›Ist euer Glaube so stark, daß nun auch ihr auf dem Wasser wandeln könntet?‹ – Und ein andermal: ›Bestimmt die Liebe zum Vater alle eure Gedanken und Handlungen?‹ ›Lebt ihr in der Liebe, die alles andere ausschließt?‹

Wie tief beschämt fühlten wir uns über das Wenige, das wir getan hatten, und wie unwürdig wußten wir uns der Ehre seines Kommens.

Der Sprecher setzte seine Vorträge Woche für Woche fort, und oft machte der Meister für einen Augenblick seine Gestalt ganz sichtbar, ganz besonders auch am Schluß, um uns seinen feierlichen Segen zu geben. Die Verwandlung ist vollkommen, mit Gewand, Antlitz, Bart und Haar, die sich durch das strahlende Licht hindurch um ihn zeigen.

›Meine Liebe und Mein Frieden *bleiben* bei euch!‹

So wissen wir in unserem täglichen Leben, daß der Meister bei uns ist, und ehrfürchtig betreten wir die Erde, wir, die er seine Jünger nannte, mit dem sicheren Wissen in unseren Herzen von dem unsterblichen Christus, der lebendig und gegenwärtig ist in der heutigen Welt.«

Frau Patterson sagt:
»Worte sind unangemessen, das auszudrücken, was ich sah und fühlte, als unser Meister zu uns sprach durch den Doktor. Für ein paar Sekunden wurde ich einer Stille gewahr, nicht mit irgend etwas zu vergleichen, was ich jemals erfahren hatte; es schien, als wäre ich plötzlich in eine andere Welt versetzt. Dann sah ich den ganzen Körperumriß des Doktors sich verändern; sein Gesicht nahm einen ganz anderen Ausdruck an, und Strahlen von Licht strahlten aus ihm. Das Gesicht des Meisters erschien deutlich.

Das Auditorium war mit Kraft und Licht erfüllt.

In dieser Zeit realisierte ich es nicht, aber es fand in mir selbst eine große Veränderung statt. In mir blieb ein tiefes Gefühl der Gewißheit von einem lebendigen Christus zurück, das für mich alles bedeutet.«

Frau Gilbert, ein Medium, das die ganze Welt bereiste, stellt fest:
»Ich bin über dreißig Jahre ein Medium gewesen, aber ich war niemals Zeuge von irgend etwas dergleichen, wie ich es bei der Verklärung durch den Meister sah. Das Licht, das von ihm ausstrahlte, war so stark, daß ich die Augen schließen mußte. Ich hatte niemals vorher so deutlich Musik gehört. Das Auditorium war mit denjenigen erfüllt, die vor uns hingeschieden waren. Was für eine Freude war es, der Stimme zu lauschen, die über eine Stunde klar, bestimmt, ohne irgendeinen Fehler oder Irrtum war. Kein menschliches Wesen könnte zu einer solchen Redekunst fähig sein!«

Die Damen S. A. und E. A. Arnott sagen:
»Das größte Ereignis in unserem Leben fand statt, als der Meister selbst erschien. Sein Gesicht strahlte klar hervor: Leuchtende blaue Augen mit rötlichen Augenbrauen, Bart und Haaren bis auf die Schultern herab. Das Licht, das von ihm ausstrahlte, war mehr, als unsere Augen aushalten konnten. Dann gewöhnten wir uns an das strahlende Licht, und wir konnten jede Bewegung beobachten.

Es war eine erschütternde Erfahrung, die wir niemals vergessen werden. Seine Worte waren vollendet gebildet, und nicht eine Pause oder einen Fehler machte er über eine Stunde hindurch. Dies überraschte uns am meisten. Die Gestalt des Doktors wuchs um einige Zoll, als ihn der Meister überstrahlte. Dies war die erste Erfahrung, die wir bei einer Verwandlung machten, obwohl wir viel darüber gehört hatten.«

Herr A. Thomas stellt fest:
»Ich bin eine äußerst praktische und kritische Person, ich bin Ingenieur. Ich war immer ein Zweifler gegenüber demjenigen, was andere sahen und hörten, und obwohl ich viel gelesen habe in bezug auf Mediumismus, war ich nicht davon überzeugt. Aber als ich mit meinen eigenen Augen ein so helles Licht sah, daß ich sie schließen mußte und einige Zeit verging, bevor sich mein Blick an das Leuchten gewöhnt hatte, um dann das Gesicht zu sehen, das von vielen Darstellungen des Meisters so vertraut ist, war ich überzeugt, daß es echt war. Die Stimme und die Rede des Meisters waren mehr als vollkommen. Es ist zweifelhaft, ob irgendein menschliches Wesen mit solch einer Redekunst begabt sein kann. Obwohl der Doktor ein guter Redner ist, weiß ich, daß er solch eine Leistung nicht vollbringen könnte. Meine Frau und deren Mutter wohnten diesen Reden bei, und auch sie hörten und sahen dasselbe wie ich.«

Alle Anwesenden bezeugten in der einen oder anderen Art die wunderbaren Erfahrungen, die sie während dieser Reden durch den Meister machten.

Erste Rede

ICH BIN DIE AUFERSTEHUNG UND DAS LEBEN – DIE LIEBE GOTTES

Ich selbst bin die Auferstehung und das Leben; derjenige, der an Mich glaubt, wird leben, selbst wenn er stirbt, und keiner, der lebt und an Mich glaubt, wird jemals sterben.

1. Gott ist Liebe, und Liebe ist Gott, doch niemand weiß, was sie ist – wir wissen nur, daß sie ist. Vielleicht habt ihr über sie theoretisiert – tut das niemals! Ihr müßt die Wahrheit sich entfalten lassen ohne Beeinflussungen von außen, und ihr dürft zu keiner Schlußfolgerung kommen, weil diese euch den Weg zur Wahrheit verschließt.

2. Liebe ist das Zentrum des ganzen Universums, und von diesem Zentrum fließt ein unaufhörlicher Strom durch jede Seele und durch jedes Ding, das lebt. Durch Blumen, durch Tiere, durch menschliche Wesen und Engel strömt diese gleiche Liebe ununterbrochen aus ihrer eigenen Mitte und offenbart sich ewig selbst in ihrem wahren Wesen.

3. In den Mineralien ist Liebe die chemische Verwandtschaft; Liebe ist das Wesenhafte in den Blumen; Liebe drückt sich in der tierischen Natur aus. Im Menschen drückt sich die Liebe in der Zuneigung aus, und wenn sie völlig verwirklicht wird, wird das ganze Sein mit ihr erfüllt und jede Zelle im Körper wird belebt.

4. Es gibt keine andere Macht in der Welt als Liebe; sie ist die einzige wahre Macht im Himmel und auf der Erde, denn sie ist ewig und überall immer-gegenwärtig. Das Äußere wird vergehen, aber die Liebe wird ewig sein, denn sie ist die Allgegenwart Gottes.

5. Theoretisieren über Liebe bedeutet nur einen verstandesmäßigen Aspekt von ihr; zu theoretisieren, was Liebe ist

heißt, ihre Kraft zu verlieren. Ihr seid die Schöpfung des unendlichen Lebens, welches Liebe ist, und die Liebe drückt sich selbst in ihrer wahren Natur aus, wenn sie in dieser Weise verstanden und verwirklicht wird.

6. Alle großen Seelen auf der Erde bringen diese Liebe in den verschiedenen Teilen der Welt in unterschiedlicher Weise zum Ausdruck.

7. Beeinflussungen kommen von außen – aber ihr könnt nicht die Wahrheit verstehen durch Beeinflussungen, die außerhalb eurer selbst entstehen. Darum kommt nicht zu irgendeiner Schlußfolgerung im Hinblick auf die Wahrheit, denn die Wahrheit ist unergründlich und ewig. Ich bin immer-gegenwärtig, Mich selbst ausdrückend in Meiner göttlichen Natur, die ewig ist.

8. Ihr müßt dies annehmen, jedoch dürft ihr nicht zu einer Schlußfolgerung darüber kommen, was sie ist oder was sie nicht ist.

9. Bedenkt, diese gewaltige Macht wartet darauf, sich in euch zu entfalten. Ihr seid der für sie vorbereitete Träger, eure Seele ist der Träger, durch den sie fließen will. Sich dessen bewußt zu sein, ist das Geheimnis des Gott-Menschen.

10. Was ist Raum? Ihr lernt jetzt die Schnelligkeit der Gedankenübertragung kennen, die stattfindet zwischen euch und der Seele, die auf euch einwirkt. Diese Gedanken kennen nichts von Entfernung.

11. Nathanael fragte: »Woher kennst du mich?« »Eben, bevor Philippus dich rief, während du unter dem Feigenbaum warst, sah Ich dich. – Wahrlich, Ich sage euch allen, daß ihr von nun an die Himmel geöffnet sehen werdet und Gottes Engel hinauf- und hinabsteigen zum Sohne des Menschen.«

12. Ihr habt bereits diese Wahrheit bezeugt. Alle sind im Werden begriffene Engel; ihr werdet als Engel geboren, die engelhafte Geburt besteht in euch. Das ist die Liebe Gottes. Manche Engel, die jetzt leben, sind solche, die einst auf dem einen oder anderen Planeten lebten.

13. Das ganze Universum ist ein vollkommenes Ganzes, die göttliche Natur der Liebe ausdrückend. Liebe ist die heilige zusammenhaltende Eigenschaft, die einzige Kraft, die alle Dinge erhalten kann, und sie bringt ihre eigene Vollkommenheit hervor.

14. Es gibt niemals etwas Unrechtes, wo diese Liebe besteht, denn sie ist vollkommen in sich selbst.

15. Es gibt nichts, was den Strom reiner Gedanken unterbrechen könnte, die das göttliche Leben aussendet. Denn wahrlich, es gibt keine Entfernung, das einzig Notwendige ist ein Zustand der Empfänglichkeit.

16. Es ist jetzt möglich, diese wunderbare Gabe des Vaters zu empfangen, die immerwährend ausströmt. Ihr könnt sie selbst erfahren, indem ihr euch ihr öffnet. Vom Äußeren könnt ihr sie nicht empfangen, wißt nur, daß sie dringlich darauf wartet, sich selbst aus dem wahren Mittelpunkt eures Wesens auszudrücken.

17. Ihr müßt ihrer bewußt gewahr werden, und wenn ihr sie bewußt wahrnehmt, dann werdet ihr sie in jeder Zelle eures Körpers erfahren, in eurer Umgebung, in euren Freunden, an eurem Arbeitsplatz, in eurem Heim – alles kann mit ihr erfüllt sein; und es gibt nichts, was ihr widerstehen kann. Sie ist so stark in ihrem Wesen, daß sie jeden einzelnen Substanzpartikel, der im Universum existiert, durchdringt. Sie erhält das ganze Universum, und sie gibt Atem und Leben; »Ich bin das Leben und die Liebe«.

18. Alle eure Gedanken von Liebe und Heilung, auch wenn ihr sie nicht in eine bestimmte Richtung sendet, werden ergriffen von dem Strom, und sie helfen allen. Bedenkt, nichts geht verloren in dieser Welt des Gedankens, die von Liebe erfüllt ist.

19. »Raum« ist ein unrichtiger Begriff; er gehört zur Trennung, aber in Wirklichkeit gibt es keine Trennung.

20. Laßt euer Herz und euren Geist ungestört ruhen in der Verwirklichung der Allgegenwart Gottes. Sogar das Kind wird kennenlernen, daß es weder Raum noch Entfernung

gibt, denn ihr alle wohnt in Gott, und es gibt absolut nichts außerhalb Gottes.

21. Durch Meine eigenen Erfahrungen fand Ich, daß sich das Fleisch verändert durch das bewußte Gewahrwerden des göttlichen Wesens der Liebe. Sie ist die Kraft, die alle Dinge erschafft und alles zu sich hinzieht.

22. Denn Gott, der die Welt erschuf und alle Dinge in ihr, und der der Herr von Himmel und Erde ist, wohnt nicht in den Tempeln, die von Händen erbaut wurden; weder bedient Er sich menschlicher Hände, noch benötigt Er irgend etwas, denn Er ist es, der allen Menschen Leben und Atem gab.

23. Und aus einem Blut hat Er alle Völker geschaffen, damit sie auf dem Angesicht der Erde wohnen, so daß sie nach Gott begehren und Ihn suchen sollten und Ihn finden aufgrund Seiner Liebe und Seiner Schöpfungen.

24. Keinem einzigen von euch ist Er fern. Denn in Ihm leben und regen sich alle und haben ihr Sein, und wie einige eurer weisen Männer gesagt haben: »Alle sind Seine Verwandten.« Ja, wenn ihr Mich gesehen habt, habt ihr den Vater gesehen.

25. Es gibt kein Geheimnis hinter diesen Worten, wenn ihr sie völlig erfaßt. Das Geheimnis verschwindet, wenn diese Worte verstanden werden.

26. Keinen Substanzpartikel kann es geben, der nicht aus Gott ist. Jedes Teilchen im ganzen Universum muß aus Gott sein, denn es ist Gott allein, der sich selbst ausdrückt, und Ich und der Vater sind eins, und es gibt keine Trennung zwischen uns.

27. Eben deswegen, weil der Mensch zur Familie Gottes gehört, ist er nicht dazu bestimmt, Abbilder aus Gold oder Silber oder Stein anzubeten, die durch die Fertigkeit und das Wissen des Menschen zur Ähnlichkeit mit der Gottheit geformt wurden. Doch wenn die Menschen von der Auferstehung von den Toten hören, spotten sie.

28. Begreift, daß die große Wahrheit der Allgegenwart, der Allmacht und der Allwissenheit Gottes vollkommen ist. Erkennt, daß Er es ist, der lebt; und Er lebt allein in allen

lebendigen Dingen, weil Er sie alle erschuf; und Er könnte nicht abseits von Seinen Schöpfungen leben, denn Er ist allgegenwärtig.

29. Wenn Seine Schöpfungen in irgendeiner Weise getrennt von Ihm wären, könnte Er Seinem Wesen nach nicht unendlich sein, Er könnte nicht vollkommen in sich selbst sein. Jede Schöpfung wurde erschaffen nach dem Grundprinzip der Liebe, die alle Tätigkeiten harmonisiert, indem sie Sein göttliches Wesen zur Offenbarung bringt. Und wenn sich der Mensch dieser Wahrheit bewußt wird, dann wird er in sich selbst die Widerspiegelung dieser vollkommenen Göttlichkeit hervorrufen, die seinen Himmel auf Erden herbeiführen wird.

30. Und sie spotteten, weil sie von der Auferstehung von den Toten hörten. Doch wie könnte es irgend etwas Totes geben in dem lebendigen Universum? Wie könnte es irgend etwas Totes geben in dem ewigen lebendigen Gott? Zugegeben, es gibt überall Verwandlung, aber es gibt nichts Totes in dieser Verwandlung, jedes Teilchen ist ein lebendiges Teilchen, das sich von einer Form in die andere wandelt. Was der unwissende Mensch sieht, ist Tod, was der erleuchtete Mensch sieht, ist die Tätigkeit des Lebens. Der unwissende Mensch versteht nicht das Gesetz des Übergangs von einem Zustand in einen anderen, deshalb erschafft der Mensch in seinem Verstand die Illusion, die er Tod nennt.

31. Kein einziges Teilchen des ganzen Universums ist tot, jedes Teilchen ist lebendig, in Gott bestehend. Jedes Teilchen, selbst im Vorgang seiner Verwandlung, ist eine lebendige Äußerung des Lebens. Und das fundamentale Prinzip in all dem ist die Macht der Liebe, die vom Urquell der Liebe zu ihren kleinsten Schöpfungen strömt.

32. Euer Sinnenverstand wollte euch die Sicht umwölken oder verhüllen, die Sicht der Vollkommenheit dessen, was göttlich dem Wesen nach ist.

33. Aber jetzt seid ihr an dem geheimen Ort des Allerhöchsten, und Er wird alle Tränen von euren Augen trocknen, und es wird keinen Tod mehr geben, auch wird es nicht

mehr irgendeinen Schmerz geben, denn die früheren Dinge vergehen.

34. Ich bin Alpha und Omega, der Anfang und das Ende; Ich werde freigebig von der Quelle des lebendigen Wassers demjenigen darreichen, welchem dürstet. In Mir selbst bin Ich Anfang und Ende, Ich bin Er, von dem die Propheten gesprochen haben; Ich bin der Herr, der Christus, der in allen und jedem einzelnen von euch wohnt, und es gibt keine Trennung zwischen uns, doch ihr habt Mich so weit entfernt versetzt, jenseits eurer Reichweite.

35. Eurer eigenen Meinung nach habt ihr gedacht, Ich sei unerreichbar, doch lebe Ich in den geheimen Kammern eurer Herzen und dränge euch unentwegt, Mich zu erkennen.

36. Dies ist der Christus, der in der menschlichen Familie geboren wird, der Christus, der in jedem Kindlein geboren wird. Es ist der Christus, der ewig ist und lebt nach dem sogenannten Tode. Es ist der Christus in euch, der für immer leben wird.

37. Ebenso wie die Flüsse ausströmen und die Erde erfrischen, so könnt ihr diesen Strom ewigen Lebens in das Äußere entlassen. Die unsichtbare geistige Substanz ist allein wesenhaft und die einzige Wirklichkeit, die in eurem persönlichen Leben *jetzt* ausgedrückt werden kann.

38. Euer Bewußtsein ist ihre Widerspiegelung, euer Bewußtsein im Materiellen und Physischen ist die Widerspiegelung dieses ewigen, sich selbst ausdrückenden Lebens, und je mehr ihr euch seiner bewußt werdet, wird es Wirklichkeit für euch.

39. Das Gehirn, das Nervensystem und das Fleisch des Körpers werden von ihm erfüllt, es erhebt die Schwingungen eures Geistes in einen Zustand über eure irdische Existenz hinaus. Ja, im Laufe der Zeit wird es den Körper verwandeln und ihn zu einem vollkommenen Instrument machen, denn das Göttliche ist dem Wesen nach die einzige Wirklichkeit.

40. Benutzt jede Gelegenheit, das auszudrücken, was ihr erkennt. Laßt eure Liebe ausströmen und jeden Bruder, jede Schwester segnen, so daß alle Trennungen hinwegge-

schwemmt werden vom Meer der Liebe, das aufwallt im menschlichen Herzen und Leben. Wenn ihr einen Bruder und eine Schwester mit dieser Liebe segnet, strömt in euch und aus eurem eigenen Wesen das Christus-Leben und die -Liebe.

41. Laßt in keiner Weise die Wahrheiten unbeachtet, die in dem Neuen Testament geschrieben stehen. Wenn ihr das ausdrückt, was wahr ist, werdet ihr auch wahrhaftig werden. Eure wahre Natur ist göttlich; laßt diese Natur *jetzt* die eurige werden, denn *jetzt* ist Ewigkeit; jeder Augenblick des Lebens ist *jetzt*. Darum hängt nicht an Vergangenem, fürchtet auch nicht die Zukunft; für die Zukunft wird gesorgt durch euer jetziges Leben.

42. Ihr müßt alle zum Verständnis der Allgegenwart kommen, die allen Raum erfüllt, die nichts von Vergangenheit und Zukunft weiß, sondern ewig gegenwärtig ist, gestern, heute und für immer dieselbe.

43. Wenn ihr beginnt zu erkennen, daß alle Zeit Gegenwart ist, hört ihr auf, euch zu sehnen, hört ihr auf, euch nach künftigen Dingen zu sehnen, und ein großer Druck fällt von euch ab. Wie viele von euch mühen sich heutzutage ab, weil ihr nicht in der Allgegenwart lebt, die allgegenwärtig ist. Ihr lebt in einer Vergangenheit und in einer Zukunft und überseht *jetzt* den herrlichen Ausdruck des göttlichen Lebens.

44. Friede wird in eure Seele einziehen, Dinge, die euch früher quälten, werden euch nicht länger bedrängen. Ihr werdet nicht mehr belastet sein mit den Dingen der Welt, weil ihr wissen werdet, daß »alles, was Mein ist, dein ist«.

45. Geist ist alle Macht und lenkt alle Dinge; aber wenn ihr außerhalb steht und hineinschaut, dann besteht da keine Möglichkeit für euch, jemals teilzunehmen an dem Festmahl, das vor euch ausgebreitet ist; aber wenn ihr hineinkommt, könnt ihr jetzt an dem Festmahl teilnehmen, und es wird niemals eine andere Zeit geben als *jetzt*.

46. Wenn ihr dieses Verständnis erlangt, ihr eifrigen Seelen, die ihr glaubt, so viel erreichen zu müssen in einer be-

stimmten Zeit, werdet ihr erkennen, daß Liebe und Dienen Freude und Ruhe sind.

47. Diese Worte erscheinen euch zunächst fremd, weil ihr sie nicht versteht. In dem Herrn zu ruhen, heißt, immer mit Ihm zu sein, und indem der Herr der höchste Ausdruck des Allmächtigen ist, dieses wissend, gibt es keine Furcht, gibt es keinen Zweifel, und das Leben wird eine Freude.

48. Wenn ihr nur beladen seid mit den Kümmernissen der Welt, gibt es Sorge. Erhebt eure Herzen und freut euch daran, daß euer Vater weiß, was ihr benötigt und alles für euch bereitet hat; der Tisch ist schon gedeckt. Jetzt könnt ihr zum Fest hereinkommen, wenn ihr wollt, und an allem teilnehmen, zu dem ihr fähig seid; das einzige, was notwendig ist, ist eure Fähigkeit zu empfangen.

49. Ihr werdet eure Kräfte erneuern und breitere Wege für weitere Erfahrung öffnen mit einem Sinn für Frieden und Ruhe, der daraus entsteht, daß er nicht Zeit oder Raum als einen wesentlichen Faktor betrachtet, denn er kennt nicht Zeit oder Raum, da er immer-gegenwärtig und ewig ist.

50. Im Geistigen zu leben, heißt, in der Wirklichkeit zu leben, nicht krampfhaft und in Grenzen. Wie kann es irgendeine Zeit oder einen Raum in der Unendlichkeit geben? Wisset, daß ihr im Geist Gottes lebt, der allen Raum erfüllt, denn nichts gibt es, wo Er nicht ist.

51. Wenn ihr wirklich wißt, daß *ihr* der Christus Gottes seid, der ewig lebt und immer-gegenwärtig ist, die belebende und schöpferische Macht innerhalb des Geistes, dann kann es weder Zeit noch Raum geben.

52. Du kannst den Zustand erreichen, in dem es weder Zeit noch Raum gibt, und eintreten in die Vollkommenheit des Herrn, deines Gottes, der in deiner Seele wohnt. Der Herr ist die einzige Macht, die es gibt. *»Ich bin«* der Herr.

53. Liebe ist jetzt das ewige, immer-gegenwärtige und herrliche Leben, welches eine Ruhe und eine Freude ist, eine Gewißheit, zu erfüllt, als daß sie euch rückwärts oder vorwärts schauen ließe, da ihr wißt, daß Liebe *jetzt* das immer-gegenwärtige Leben ist. Die Seele, die dies verwirklicht hat,

bewegt sich in dem Genügen derjenigen »Anwesenheit«, die immer in der Gegenwart tätig ist, niemals in der Vergangenheit oder in der Zukunft.

54. Denkt sorgfältig hierüber nach, auf daß eure Freude vollkommen sei. »Ich bin« die immer-gegenwärtige Liebe. Diese Liebe war es, die Ich so klar sah. Ich wußte, daß Gott Liebe war, und um Sein Sohn zu sein, mußte Ich also auch Liebe sein. Ich fand, daß es nichts anderes für Mich geben konnte als Liebe; und ganz gleich, was Mir auch angetan wurde, Ich wußte doch, daß Ich der Sohn Gottes bleiben mußte, der ewigen, immer-gegenwärtigen, vollkommenen Liebe, die keine Vergangenheit oder Zukunft, keine Sünde oder Tod kennt.

55. »Lazarus komm heraus« war aus der geistigen Ebene heraus zu sprechen, welche allein das immer-gegenwärtige Leben verwirklicht. Wenn ihr diese Worte verstehen könnt, werdet ihr das Leben verwirklichen, das ewig und immer-gegenwärtig ist. Auch ihr könnt das Wort sprechen, wenn euer Bewußtsein seine Wirklichkeit erfassen kann, und was ihr sprecht, wird sich offenbaren, weil es im *Jetzt* erzeugt wird.

56. Ihr werdet beeinflußt durch Anregungen, die von außen kommen, beeindruckt durch die Verhältnisse, die euch umgeben, ihr glaubt an Tod und Verfall, aber in Wirklichkeit gibt es keinen Tod, auch keinen Verfall, es gibt nur Verwandlung, und das ist das Leben. Wenn ihr hinter aller Verwandlung das immer-gegenwärtige Leben sehen und seiner bewußt gewahr werden könntet, dann, sage Ich, würde jedes Teilchen eures ganzen Körpers von ihm erfüllt werden.

57. »Ich bin« der Herr, »Ich« verändere Mich nicht. Öffnet eure Augen und sehet in euch selbst diese machtvolle Wahrheit!

58. Ihr könnt genau so viel von Gott sein, wie ihr zu offenbaren bereit seid. Christus, der Sohn Gottes im Herzen der Menschheit, rührt den Menschen an und drängt ihn, zu seinem göttlichen Bewußtsein zu erwachen, denn der Christus ist in allen und jedem einzelnen für immer lebendig.

Ewiger Friede ist im Herzen, wenn ihr diese Wahrheit anerkennt.

59. Ich bin der Herr, dein Gott. Ich bin eins mit dem Vater, der Vater und Ich sind niemals getrennt, wir wirken immer zusammen in dir.

60. Die sieben Taten des Christus werden in diesem Augenblick jetzt gegenwärtig für euch, anstatt einer vergangenen Zeit anzugehören. Der Christus erfährt die Geburt des Lebens in dem Tempel, der nicht von Händen erbaut wurde.

61. Das Symbol des göttlichen Kindes in den Armen Marias, der Mutter, ist nur ein Sinnbild für den in jedem Kindlein geborenen Christus. Der Vater individualisiert sich in jedem einzelnen; auf diese Weise offenbart sich die Geburt des Christus, des ewigen Sohnes Gottes, im irdischen Leben.

62. Blickt um euch und blickt auf einen jeden anderen und sagt: »Woher kamst du?« Nur der Vater weiß es.

63. Die Salbung ist die Weihe des Lebens vor Gott. Dann kommt das Erwachen des Christus im Tempel, der von Gott allein erbaut wurde.

64. In dem Maße, wie ihr das verwirklicht, offenbart sich der Christus in euch; so weiht ihr euer Leben Gott.

65. Dann kommt die Versuchung. Die Versuchung war in der Welt, damit der Christus sie überwinde: »Ich habe die Welt überwunden.«

66. Die Kreuzigung bedeutet, daß jeder gekreuzigt wird. Alle müssen durch ihr eigenes Tor von Gethsemane schreiten, einige gehen den einen, einige einen anderen Weg. So werdet ihr geläutert durch eure Erfahrung.

67. Die größte aller Erfahrungen war, daß Ich Mein Leben durch die Kreuzigung ablegen konnte, um es wieder aufzunehmen, nicht zu Meinem eigenen Vorteil, sondern zum Wohle aller, die leben; und diejenigen, die an Mich glauben, werden niemals sterben, denn sie haben bereits das Geheimnis des ewigen Lebens gefunden.

68. Dann kommt die Auferstehung, die Auferstehung der Seele aus diesem fleischlichen Körper heraus. Der Christus ist der Geist Gottes, der sich im Fleisch offenbart. Die Him-

melfahrt ist die wahre Anerkennung dieser Wirklichkeit, die wahre Verwirklichung des ewigen Christus.

69. Der Christus ist in euch, und von außen kann euch nichts helfen; die Entfaltung der einen Seele erhöht das ganze Menschengeschlecht, auf daß sie alle eins werden können.

70. Das vollkommene Verstehen der Zeit als dem allein gegenwärtigen Moment, weder mit Vergangenheit noch mit Zukunft, würde falsche Vorstellungen und ererbte Übel beseitigen. Nur das Gute, das der Mensch tut, hat irgendeinen Bestand; darum hört auf, die Auswirkungen von Unwissenheit und Sünde und die Dinge der Vergangenheit festzuhalten.

71. Das Gemüt der meisten Menschen ist überlastet durch die Macht der Sünde. Die Unwissenheit in der Welt und die Sünde in der Welt sind alles, was sie sehen können. Ihr könnt durch Unwissenheit und Sünde hindurch nicht den Christus sehen. Ihr könnt den Christus nur durch die Liebe Gottes sehen; der vollkommene Ausdruck des Vaters der Liebe ist Sein Sohn, der für immer in der Gegenwart lebt.

72. Durch Liebe bin Ich der Sohn Gottes. So müßt auch ihr die Söhne und Töchter Gottes durch Liebe werden. Auf keine andere Weise könnt ihr wahre Söhne und Töchter Gottes werden.

73. Ihr werdet geboren als Söhne und Töchter Gottes, weil der Christus, der Geist Gottes, in euch ist. Wenn der Christus verwirklicht wird, werdet ihr euch selbst als seiend erkennen. Dann strömt die Flut der Liebe durch das verstehende Herz; dies liegt über der Fassungskraft jeder menschlichen Seele, die noch nicht erwacht ist.

74. Mit eurem physischen Verstand macht ihr beides, Gut und Böse, zu einer gleichberechtigten Macht. Das ist aber nur ein Theoretisieren mit sterblichem Verstand, es ist nicht die Wahrheit der Wirklichkeit.

75. In Gott gibt es weder Gut noch Böse, Gott ist jetzt der vollkommen vollendete Ausdruck. Wenn ihr sagt, daß der allgegenwärtige Gott gut ist und daß auch Böses existiert,

dann geht euer Verstand fehl – wie kann Böses bestehen im allgegenwärtig Guten?

76. Eure falschen Auffassungen veranlassen euch zu glauben, daß es Böses gibt. Theoretisiert nicht, sondern erlaubt der Liebe Gottes, sich selbst durch euch auszudrücken, und ihr werdet merken, daß das, was euch Furcht einflößt, das, was euren wahren Ausdruck hindert, sich ins Nichts auflösen wird, wohin es gehört. Denkt nach, und ihr werdet sehen, daß ihr in eurem eigenen Denken Angst und Übel erschafft, denn sie bestehen nicht und können es nicht in der Allgegenwart Gottes.

77. Liebe ist die einzige Wirklichkeit und ist immer-gegenwärtig; also verwirklicht, daß dieses Immer-Gegenwärtige Ewigkeit ist, von allen Bedingungen frei.

78. Dunkelheit ist nur die Abwesenheit von Licht. Wenn eure Herzen voll von Liebe sind, kann es keine Dunkelheit in der Seele geben, denn Liebe ist das Licht der Welt. Wahrheit ist das Suchen nach dem Licht der Welt; *Liebe* ist der Urgrund; und wenn ihr diese Wahrheit findet, habt ihr alles gefunden. Wie Liebe Furcht ausschließt, so schließt Liebe alles aus, was im Gegensatz steht zum wahren Wesen.

79. Furcht ist eine durch Mangel an Verständnis von dem Selbst erzeugte Gedankenmacht und hat die vorübergehende Wirkung, das Strömen des Lebens durch die Seele und den Körper zu unterbrechen.

80. Würdest du dich fürchten, wenn du wüßtest, daß *du* der Herr bist? Würdest du dich fürchten, wenn du wüßtest, daß der Christus *dein* wahres Selbst ist? Würdest du dich fürchten, wenn du wüßtest, daß *allein* Gott existiert und daß Er es ist, der sich selbst offenbart, und daß *du*, Seine Schöpfung, niemals von Ihm getrennt sein kannst?

81. Schau auf das Kreuz und sieh, welche Lehre es dir bringt. Würdest du den Vater verleugnen, wenn auch du gegeißelt und mit Nägeln durch Hände und Füße gekreuzigt würdest? Deine einzige Kraft liegt in Ihm, der immer mit dir ist, der dich erschuf zu dem, was Er selbst ist: *Liebe*.

82. Furcht hat die Wirkung, den Körper durch chemische Umsetzung zu verändern; aber um diese Zustände zu überwinden, wendet das Gegenmittel, die Liebe, an, die einzige beständige Macht im Universum.

83. Jeder Gedanke, jede Bewegung, jede Handlung bewirkt eine chemische Veränderung im Körper. Unaufhörlich verändert ihr die Körperstruktur durch Furcht und Besorgnis, dies ist Disharmonie. Aber Liebe ist Harmonie und Gesundung für Seele und Körper.

84. Liebe ist die Macht, die alle Dinge überwindet und in der ganzen Natur wirksam ist. Gott drückt sich selbst aus, indem Er den Körper erhält, den nicht von Menschenhand erschaffenen Tempel.

85. Wenn ihr eure Ängste fahren laßt, werdet ihr erleben, daß eure Gott-Natur den normalen Zustand des Körpers wieder herstellen wird, welcher Harmonie ist.

86. Nichts kam ins Dasein, außer durch den Christus. Wie Johannes sagte: »Das Wort war bei Gott, und das Wort war Gott, und das Wort wurde Fleisch; und nur durch das Wort kam alles ins Dasein.« Ich bin jenes Wort, Ich bin das Wort Gottes, Ich bin das Leben, Ich bin der Herr.

87. Seht diese Wahrheit klar in euch selbst, wissend, daß das, was Mir möglich ist, euch ebenso möglich ist, wenn ihr an Mich glauben werdet.

88. Friede und Ruhe werden in eure Herzen kommen, wenn ihr erkennt, daß ihr durch alle Stufen des Christus geht, von der Geburt bis zur Himmelfahrt.

89. Liebe ist Kraft und des Lebens wahrer Ausdruck. Liebe ergießt sich in einem fortwährenden Strom aus ihrem Quell und ist die einzige Macht, die es wirklich gibt.

90. Liebe ist die Lebenskraft, die den Körper durchzieht. Liebe ist eine Regung mächtiger Kraft im Herzen. Liebe ist die schützende Tätigkeit in jeder lebenden Seele. Liebe strömt durch alle Ebenen des Seins; Liebe ist die Grundlage aller göttlichen Handlungen und ist die Erlösung des Menschengeschlechts.

91. Wenn ihr realisiert, daß diese Liebe in euch selbst ist, dann wächst diese mächtige Kraft aus eurem Innern. Keine Kraft kommt von außen.

92. Liebe ergießt sich aus ihrem Ursprung in einem fortwährenden Strom und ist die einzige wirkliche Macht, die es gibt; Seele und Leib werden durch sie erhalten.

93. Sie ist die Begeisterung im Herzen, die Beschützerin von Seele und Leib. Jedes göttliche Walten beruht auf der Liebe Gottes.

94. Alle unterstehen dem Göttlichen; je mehr ihr dies erkennt, um so mehr werdet ihr Gott ähnlich. Alle unterstehen derselben Macht, denn es gibt keine andere Macht als die Macht des unendlichen lebendigen Lebens. Daher ist die Allgegenwart Seines göttlichen Wesens eine Wirklichkeit.

95. Liebe ist die einzige Macht, die in dem ganzen Universum existiert: alles antwortet auf sie. Blumen, Tiere, Menschen und Engel, alle sind empfänglich für die Bezeugung der Liebe.

96. Da Liebe Gott ist, muß sie die größte Macht sein, die es gibt. Liebe harmonisiert alle Dinge. Liebe kann nicht getrennt sein von irgend etwas in der Natur, denn sie ist die Ursache hinter jeder wahren Offenbarung und wird fortbestehen, wenn alle anderen Verhältnisse hinweggenommen worden sind.

97. Denket nicht, der Vater habe euch verlassen, wenn ihr euch selbst in Not befindet. Er macht euch vollkommener, zu einem vollkommeneren Instrument, durch welches Er Seine schöpferische Macht offenbaren kann.

98. Unwissenheit hat keinen Bestand in sich selbst, genauso wie Irrtum keinen Bestand hat. Mathematik hat einen Bestand, aber Irrtum kann keinen haben, denn wenn der Irrtum berichtigt ist, verschwindet er; daher lernt ihr, daß Unwissenheit und Irrtum keine Macht aus sich selbst haben.

99. Der Prophet schrieb in Gleichnissen: »Mein Sohn, iß diesen Honig, denn er ist gut, und diese Honigwabe, die süß für deinen Geschmack ist. So soll die Kunde der Weisheit für

deine Seele sein, wenn du sie gefunden hast; dann wird sie dir Lohn sein, und deine Erwartungen sollen nicht enden.«

100. Liebe ist der geheime Balsam, den alle anwenden können, der Gelehrte und der Ungelehrte, der Weise und der Törichte. Sie spricht alle Sprachen, und sie ist der Zufluchtsort der Ruhe für die Seele.

101. Die Stellung, die ihr in der Welt innehabt, bedeutet nichts. Was am meisten bedeutet für euch, ist eure Fähigkeit, göttliche Liebe zu empfangen und zu geben, den wahren Ausdruck von Gott selbst.

102. Gott ist Geist, und Geist ist Leben; Leben ist Liebe, und Liebe ist die Lebenskraft in allen Dingen; sie ist die Harmonie in allen Dingen; also müssen wir aus Liebe verehren, wenn wir ein Bewußtsein von Gott erlangen wollen.

103. Idole und Bilder sind nur Symbole in der Vorstellung, und wir gewinnen wenig durch sie; wir müssen die Liebe Gottes verwirklichen. Christus ist der Geist Gottes, und durch Liebe ist Ihm alle Macht im Himmel und auf Erden gegeben worden.

104. Die Leute sind verblüfft über die Heilungen, die vor zweitausend Jahren stattfanden; aber es besteht nur ein geringer Unterschied gegenüber den Heilungen, die heute in eurer Mitte geschehen; der einzige Unterschied ist die Tatsache, daß eine andere Persönlichkeit benutzt wird. Aber es ist derselbe Christus, der heilt.

105. Das Wesentliche ist das Prinzip der Liebe. Gott erschuf das Universum aus reinem, vollkommenem und schöpferischem Denken, welches der Ausdruck Seines Wesens, der Liebe, ist. Daher ist die Liebe die Verbindung zwischen Gott und Menschheit. Diese göttliche Energie ist das ewige Band, das uns fest an Ihn hält, der uns nach Seinem eigenen Bild und zu Seinem Gleichnis schuf.

106. So wird die Menschheit der Träger für den Ausdruck der Liebe, und das ist die wahre Wissenschaft vom Leben.

107. Indem wir unentwegt auf den Born der Liebe blicken, wird Gottes Wesen unser Wesen. Was Ich den Vater tun sehe, das tue Ich gleichermaßen. Nun ist es euch nicht mehr

seltsam, daß Meine Gedanken zur heilenden Kraft werden, die das Fluidum von Krankheit und Tod in ein solches von Gesundheit und Leben wandelt.

108. Durch die Macht des heiligen Gedankens werden auch eure Körper vom sinnlichen Fleisch zur geistigen Gestalt verwandelt werden.

109. Alle sind dem Ursprung nach Söhne und Töchter Gottes, und durch Verständnis und Liebe werden alle Söhne und Töchter Gottes. Es gibt nichts, was so groß ist im Herzen des Menschen wie der Ausdruck seiner Christus-Natur – es gibt keine größere Macht in der ganzen Welt. *Durch Liebe heile Ich, durch Liebe lebe Ich.*

110. Durch echtes Verstehen wird die Wahrheit enthüllt, daß wir alle Söhne und Töchter Gottes sind. Und nur von diesem Standpunkt aus wird euch eine höhere Kultur auf der Erde werden.

111. Die Liebe Gottes muß durch den Christus in jedem einzelnen von euch wohnen. Sucht zuerst das Königreich Gottes und Seine Rechtschaffenheit, und alles andere soll euch hinzugegeben werden.

112. Und wenn ihr betet, glaubt, daß ihr dasjenige empfangen habt, um das ihr gebeten habt, und ihr werdet es haben. Wenn ihr bittet, bittet im Geist Gottes, es ist dann im Geist gegründet. Und was im Geist gegründet ist, muß hervorkommen in die Form, vorausgesetzt, ihr macht euch durch verstehenden Glauben empfänglich dafür.

113. Ihr alle bekommt eure Erbschaft, sogar in der Finsternis, die euch umgibt, denn das Licht, das die Welt erleuchtet, ist in euch selbst und kann niemals ausgelöscht werden.

114. Wir alle sind Miterben von allem, was Gottes ist, wenn wir ein verstehendes Herz, erfüllt von Liebe, erreichen: »Sohn, du bist immer bei Mir, alles, was Mein ist, ist dein.«

115. Von Meinen Lippen ertönt die Posaune der Wahrheit zu der unerweckten Erde: Der Herr, dein Gott, ist ein Herr, und das ist der unendliche Geist in der ganzen Menschheit.

116. Ich bin das Licht der Welt; derjenige, welcher Mir nachfolgt, wird niemals im Dunkeln wandeln; das Licht des Lebens wird ihn beglücken.

117. Die Pharisäer sagten: »Du zeugst für dich selbst, dein Zeugnis ist nicht gültig.« Ist es nicht heute dasselbe?

118. Ich erwiderte ihnen: »Obwohl Ich für Mich selbst zeuge, ist Mein Zeugnis gültig, weil Ich weiß, woher Ich gekommen bin und wohin Ich gehe – während ihr nicht wißt, woher Ich gekommen bin oder wohin Ich gehe. Ihr urteilt nach dem Äußeren. Ich urteile über niemanden, und wenn Ich urteilen würde, wäre Mein Urteil richtig, weil Ich nicht aus Mir selbst bin – es gibt Mich *und* den Vater, der Mich sandte.«

                Friede und Liebe sei mit euch!

O ewiger Vater der Liebe, wir erfreuen uns in Deiner Gegenwart. Wir wissen, daß Du immer mit uns bist und wir niemals von Dir getrennt sein können. Wir drücken Dein Leben und Deine Liebe aus. Du hast Mich in diese Welt gesandt, um andere vorzubereiten auf das, was kommen soll. Und sie sollen Deine Boten werden, um den andern Deine Liebe zu spenden. Das ist die Freude des Lebens; laß diese Freude die ihrige sein, wie sie für immer und ewig die Meine ist. Mache sie zu ihrem Weckwort am Morgen, am Mittag und am Abend, so daß sie stets in Frieden sein werden. Selbst wenn Unwissenheit das Licht Deiner Gegenwart verdunkelt, hilf ihnen, die göttliche Wahrheit zu sehen: »Ich bin der Herr, mir ist Macht und Herrschaft über alle Dinge gegeben worden.« Deinen Frieden lasse Ich bei ihnen, denn Dein Friede ist ewig, und sowie sie ihn suchen, werden sie ihn finden. Amen.

(*Anmerkung des Schreibers*: Dies war die erste Rede des Meisters an uns. Die Anwesenden waren über die Worte hinaus erstaunt, denn die meisten hatten noch nie vorher eine Verwandlung gesehen. Ein Lichtstrahl schien von oben, erhellte das Auditorium, und das Antlitz des Meisters wurde klar gesehen, und diejenigen, die das bezeugten, waren fortan verändert.)

Zweite Rede

... UND EINE STIMME KAM VOM HIMMEL

1. Diese Reden werden auf Tonband aufgenommen, während Ich spreche; das soll euch helfen, euch an das zu erinnern, was Ich gesagt habe. Es ist schwierig, sich aller gesprochenen Worte zu erinnern, und es ist schwierig, dem Verstand den Sinn hinter diesen Worten zu vermitteln; aber wenn ihr ihnen Aufmerksamkeit schenken werdet, werdet ihr fähig sein zu begreifen. Meine Worte sind tiefgründig, sie tragen die ewige Wahrheit in sich.

2. Der einzige Weg, dem Verstand etwas Unbeschreibliches vermitteln zu können, ist, den Schlüssel zu geben, so daß ihr selbst die Türe öffnen könnt, und das ist die Bedeutung der Worte: »... und eine Stimme kam vom Himmel.«

3. Der Himmel ist nicht ein Ort, sondern ein Gewahrwerden Gottes. Wessen seid ihr euch bewußt? Denkt einen Augenblick nach! Seid ihr euch gerade nur eurer selbst bewußt, bewußt der äußeren Dinge, bewußt dessen, was ihr seht und hört mit euren Augen und Ohren? Oder seid ihr euch einer inneren Stimme bewußt, die darauf wartet, sich euch zu offenbaren, indem sie ihre Größe, ihre gewaltige Macht in eurem Leben offenbart?

4. Als wir das letzte Mal hier versammelt waren, machte Ich deutlich, daß der Unendliche – das Leben und die Liebe, über die Ich zu euch sprach – über und jenseits des Vorstellungsvermögens der sterblichen Sinne ist; doch Ich weiß, daß Gott unendlich bescheiden und demütig ist, ebenso wie groß und wunderbar. Er erfüllt allen Raum und erzeugt alles, und sowie ihr euch dieses alles durchdringenden Lebens bewußt werdet, ist es die Antwort auf der Seele tiefstes und höchstes Sehnen, denn Liebe erfüllt sich selbst.

5. Diese Liebe ist die einzige existierende Macht in der Welt, und wenn ihr dies vollständig erfaßt, werdet ihr euch nicht länger fürchten. Liebe strömt vom Urquell des Unendlichen selbst, sich selbst in allem ausdrückend, vom Niedrigsten bis zum Höchsten. Durch alle Ebenen der Erscheinungsformen strömt sie, von der mineralischen Substanz bis zu den höchsten engelhaften Wesen, die im Kosmos leben.

6. Lernt zuerst und gründlich, daß »ihr seid« und ewig sein werdet. Euer gegenwärtiger Zustand ist eine Gelegenheit für geistigen Fortschritt. Der Zustand, in welchem ihr euch in der gegenwärtigen Zeit befindet, ist ein höchst notwendiger.

7. Wenn ihr beginnt, die große Wahrheit zu lernen, daß alles, was vorhanden ist, Geist ist, und daß es nichts als Geist geben kann, fallen die Schuppen von euren Augen.

8. Ich bin genötigt, eure Worte und Ausdrucksformen zu gebrauchen. Sie sind völlig unzulänglich, um geistige Wahrheiten zu übermitteln; doch wenn ihr euch dem Geist in euch öffnet, werdet ihr erkennen, daß es wahr ist, was Ich gesagt habe.

9. So wollen wir nun gemeinsam die großen Wahrheiten betrachten von Gott und der Menschheit, Seinem Sprößling.

10. Das »Du«, das wirkliche »Du«, ist nicht die äußere oder sichtbare Gestalt, auch ist eure Persönlichkeit nicht das wirkliche »Du«, denn diese ist weit entfernt vom wahren Ebenbild eures wirklichen Selbst. Ihr seid ein bewußtes Wesen, das in der Wirklichkeit lebt, die Stimme vom Himmel. Werdet euch im Innern dieser Stimme vom Himmel bewußt, und ihr werdet auch Mich erkennen.

11. Wenn ihr eine ganz wundervolle Szene seht und sie auf der Leinwand wiedergeben wollt, ist das Ergebnis nur eine Nachbildung von ihr und kann niemals verglichen werden mit dem Wirklichen. Es ist dasselbe mit euch:

12. Das Wirkliche ist auf der geistigen Ebene und lebt dort als euer wahres Selbst. Das Äußere ist nur eine Nachbildung und ist verschleiert durch die Kunstfertigkeit des Verstandes, der durch die Sinne auf die äußere Welt reagiert.

13. Erlaubt dem Wirklichen im Innern, seine wunderbare Macht der Liebe und des Friedens im Äußeren zu offenbaren. Das schöpferische Prinzip, das überall im Universum lebt, ist unsichtbar für die Augen der Menschen, unsichtbar für die Augen der Engel, doch es existiert als die einzige Realität in allem, als der bildende Prozeß, das schaffende Prinzip in allem, und aus ihm müssen alle sichtbaren Dinge entstehen. Darum verundeutlicht euch das Äußere nicht durch Unwissenheit und Furcht.

14. Ich bin das Leben! Ich erkenne Mich selbst als Leben. Darum werde Ich in Meiner Erkenntnis das Leben; und durch Mich und von Mir ist alles geschaffen worden, was entstanden ist. Ich und der Vater sind eins, denn es gibt kein anderes Leben.

15. Mit Worten kann Ich euch nicht vermitteln, was Ich sehe und weiß, doch in euch selbst ist der Geist, der euch erleuchten wird mit der Herrlichkeit, die *jetzt* immerfort bestehen bleibt, damit ihr sie verwirklicht.

16. Die Verwirklichung dieser geistigen Kraft war die Grundlage von Petrus' Glauben und befähigte Meine Jünger, Wunder auszuführen – doch es gibt kein Wunder, wenn das Gesetz verstanden wird. Und wenn auch ihr diese gewaltige Kraft aus dem Innern verwirklicht, werdet ihr erkennen, daß das schöpferische Prinzip in eurem eigenen Bewußtsein ist; euer Bewußtsein ist das Mittel, durch welches es sich ausdrückt. Durch euer Bewußtsein offenbart sich alles in eurem eigenen Leben, denn es ist der Vater selbst, der in euch lebt. Das ist es, was Mir immer bewußt ist, das ist es, was auch euch bewußt sein muß.

17. Kinder wissen Dinge instinktiv. Viele sachgemäße Fragen, nach deren Antwort ein Kind begehrt, bleiben unbeantwortet durch die Unwissenheit derer, von denen man erwartet, daß sie es führen. Diese Fragen bleiben vielleicht ein Leben lang unbeantwortet, bevor sie wieder gestellt werden. Die Seele, die nach der Wahrheit verlangt, kann die Türe öffnen, denn: »Siehe, Ich stehe an der Türe und klopfe, und wer auch immer öffnet, bei dem will Ich eintreten und mit

ihm speisen und er mit Mir.« Das ist die große machtvolle Wahrheit des lebendigen Gottes: Ich und der Vater sind eins.

18. Die Verwirklichung dieser Wahrheit ermöglicht demjenigen, was immer gegenwärtig ist, in eurem eigenen Leben hervorzukommen. Es arbeitet eine große schöpferische Kraft in euch und durch euch, jedoch seht ihr sie nicht. Doch sie ist das, was sich aus sich selbst offenbart, und sie muß dies durch euch tun, denn ihr seid eigens für diesen Zweck geschaffen worden.

19. Ich wünsche, daß ihr klar nachdenkt über das, was Ich gesagt habe, damit ihr die unbeschreibbare Wahrheit verwirklichen könnt, die der menschliche Verstand nicht beschreiben kann. Das Unbeschreibbare kann nur verwirklicht werden, denn das Unbeschreibbare ist in sich selbst die Wahrheit, und es wird sich vollständig offenbaren, wenn ihr es verwirklicht. Es geht nicht darum, *was* es ist, sondern *daß* es ist.

20. Ihr seid von neuem schöpferisch tätig aus dem Leben, das von der Mitte allen Lebens und aller Liebe strömt. So wird der Wille Gottes auf der Erde getan, wie er im Himmel getan wird, und das kann in euch *jetzt* geschehen.

21. Zwischen dem Sichtbaren und dem Unsichtbaren scheint eine Schranke zu sein, die uns trennt, aber das ist nicht wahr; es gibt keine Schranke, ausgenommen in euren eigenen Ansichten, dort allein besteht die Schranke zwischen uns. Also befreit euch von dieser Schranke, dieser Trennung, durch Verstehen und Liebe.

22. Wenn ihr eintretet in das größere Bewußtsein Gottes, werdet ihr nicht länger mit dem Schatten der Dinge zufrieden sein, sondern ihr werdet das suchen, was wirklich und wesentlich ist. Das Unsichtbare ist das Wesentliche, das Sichtbare ist nur der Schatten.

23. Wenn ihr etwas mit euren sterblichen Augen seht, sagt ihr, es sei wirklich, weil ihr es fühlen und sehen könnt. Was ihr seht, ist nur der äußere Ausdruck von etwas Größerem, das unsichtbar bleibt: die schöpferische Kraft, das Leben, die allein ewig existierende Macht im Universum; und das ist

das Lebensprinzip, das in euch und in Mir lebt und in jedem lebendigen Ding. Dieses Leben ist Liebe, dieses Leben ist Frieden. »Ich bin das Leben.«

24. Ihr meint, daß das Hinscheiden großer Geister aus eurer Mitte ein Verlust sei; das ist nicht so, denn diese Geister werden größer und haben euch nicht verlassen. Sie leben mehr in der Wirklichkeit als jemals zuvor.

25. Darum habt ihr nichts verloren, sondern ihr habt eine Menge dazugewonnen. Denkt an eure eigenen Lieben, die über das Fleisch hinausgeschritten sind; ihr denkt, ihr habt sie verloren. Ich kann euch versichern, das ist nicht richtig, sie sind jetzt größer, als sie es jemals gewesen sind, und sie sind euch näher, als sie es jemals gewesen sind.

26. Ihr merkt jetzt, daß Ich euch nicht verlassen habe, sondern noch bei euch bin. Ich bin in der Welt, indem Ich die Welt verwandle und die Geister aller emporhebe, damit sie die innewohnende Wahrheit sehen, so daß sich alle Menschen ihrer göttlichen Natur bewußt werden.

27. Je mehr ihr von eurem wahren Selbst erkennt, um so mehr werdet ihr Mich verstehen.

28. Der am meisten begangene Fehler ist zu denken, daß Ich und Meine Jünger uns an irgendeinem weit entfernten Ort aufgehalten hätten, um dort zu warten auf irgendeinen zukünftigen Zeitpunkt, an dem ihr am gleichen Ort ankommen möget, wenn ihr den Paß erhaltet von irgendeiner Organisation, die behauptet, in der Lage zu sein, euch den Eintritt zu verschaffen.

29. Es gibt keinen solchen Ort, nur einen Bewußtseinszustand; und wir sind *jetzt* bei euch. Je mehr ihr dies erfaßt, um so mehr können wir in euer Leben kommen und euch helfen.

30. Denkt nach, was das Bewußtsein Gottes jetzt für euch bedeutet! Es ist das gleiche Bewußtsein in Mir, wie es in euch ist. Es gibt keinen Unterschied im Bewußtsein; der einzige Unterschied liegt im Grad des Bewußtwerdens oder in der Verwirklichung des Bewußtseins.

31. Das Bewußtsein Gottes ist nicht in Teile aufgespalten; ihr könnt nicht sagen, daß ihr ein Teil von diesem oder ein

Teil von jenem seid; Gott ist ein Ganzes, Vollständiges, sich selbst ausdrückend, und ihr lebt und bewegt euch und habt euer Sein in Ihm, und Er lebt in euch. Durch euer Bewußtsein wird euch dies bewußt, und dann wird euer Bewußtsein zur Macht über alle Dinge.

32. Kein ernsthaftes Gebet bleibt jemals unbeachtet. Gott weiß, ehe ihr bittet, was ihr nötig habt.

33. Gott ist Liebe, und ihr müßt Ihn mit euren liebeerfüllten Herzen verehren. Gibt es einen unter euch, der seinem Sohn, wenn er um Brot bittet, einen Stein geben würde oder, wenn er um einen Fisch bittet, eine Schlange geben würde?

34. Wenn also ihr, wahrer Liebe unkundig, wißt, wie ihr euren Kindern Dinge zu geben habt, wieviel mehr wird euer Vater, der die wahre Liebe ist, denen, die Ihn bitten, gute Dinge geben.

35. Manche denken, Gott sei weit entfernt, wenn sie beten; Ich sage euch: Gehe in deine Kammer und schließe die Türe, und dort bete im geheimen, denn dein Vater hört dich im geheimen, und Er wird dich öffentlich belohnen.

36. Der Sinn ist ganz klar: In euren eigenen geheimen Kammern, dort wohnt der Allmächtige. Der Allmächtige ist nicht weit entfernt von euch, sondern ist der lebendige Ausdruck der Wirklichkeit in euch, eure Wirklichkeit, euer wirkliches Selbst.

37. Wenn ihr ernsthaft betet im geheimen mit diesem Wissen in der Ruhe eurer eigenen Seele, wird das ganze Universum in Tätigkeit gebracht, das zu erschaffen und zum Ausdruck zu bringen, das ihr erbittet.

38. Alle echten Gebete werden sogleich beantwortet, und die Zeit wird kommen, wo eure Gebete auch sogleich beantwortet werden. Ihr müßt das Beten üben, üben das Beten im geheimen mit friedvollem Gemüt. Glaubt, daß ihr empfangen habt, und ihr werdet es haben.

39. Es ist wunderbar zu verstehen, daß wir, ihr und Ich und alle andern mit uns, ein großes, vereintes, unbegrenztes Ganzes sind, eine Familie, in der es keine Trennung gibt, nur Liebe.

40. Vielleicht könnt ihr das zunächst nicht fassen, aber sowie ihr euch selbst dem Geist der Wahrheit öffnet, wird euch der Tröster, der immer bei euch ist, alles enthüllen. »Ich bin« der Tröster, »Ich bin« das Leben.

41. Ich bin das Leben, und wer an Mich glaubt, wird nicht sterben, und selbst wenn er tot wäre, wird er leben, weil Ich das Leben in euch bin. Wer an Mich glaubt, hat immerwährendes Leben; daher kann es keinen Tod geben, denn Ich bin immer lebendig in euch.

42. Es ist derselbe Geist in allen. Ein Tropfen aus dem Ozean hat die gleiche Beschaffenheit wie der ganze Ozean: Ich bin überall.

43. So geht ihr durch Verstehen und Liebe in den Christus ein, der in allen Seelen lebt, denn dort wohne »Ich«.

44. Ihr habt gehört, was Ich zu euch sagte: Ich habe immer den Herrn Mir vorangestellt, weil Er zu Meiner Rechten ist, und Ich werde nicht verdrängt werden.

45. Wie langsam wahrlich lernt ihr, daß Gott und Mensch eins sind. Ihr seid bange, eure Begrenzungen abzuwerfen, wie Kinder klammert ihr euch an euer Spielzeug, an eure Mauern, eure Scheidewände, eure Kirchen, eure Kapellen, eure Synagogen, eure Moscheen. Oh, könnte Ich euch alle unter Meine Fittiche versammeln und euch das eine Leben in allen zeigen!

46. Ihr wundert euch oft, warum ihr so lange braucht, um zu lernen, daß Gott alles Leben ist und daß dieses Leben vollkommene Liebe ist, sichtbare und unsichtbare. Das kommt daher, weil ihr versucht, die Wahrheit von außen zu erfassen, anstatt von innen.

47. Wie gefällt es euch allen, an den Dingen zu hängen, die ihr zu verlieren fürchtet. Wer sein Leben festhält, wird es verlieren; wer sein Leben aufgibt, wird es behalten.

48. Ich spreche aus dem Christus – Ich tat es immer –, und deshalb scheinen Meine Worte jenen seltsam, die nur im Äußeren leben. Millionen sind noch in der Knechtschaft, doch steht die Türe zu Mir jederzeit für alle offen, um hereinzukommen und mit Mir zu speisen.

49. Ein Satan versucht, den Weg zu verbauen, und dieser Satan ist die falsche Persönlichkeit, der Satan der Sinne, den alle zu überwinden haben.

50. Diese Illusion des sterblichen Sinns ist das einzige Hindernis für die Verwirklichung des wahren geistigen Bewußtseins, denn das Königreich des Himmels ist in euch selbst. Ich bin das Leben, dasselbe wie vor zweitausend Jahren. Als Moses und Elias zweitausend Jahre vor Meinem Erscheinen auf der Erde waren, war es schon dasselbe Leben, das sich in allen ausdrückt. Ich bin vor Abraham.

51. Zeit existiert nicht; Ich bin jetzt, wie Ich war und immer sein werde. Mit dieser Erkenntnis müßt ihr auch bedenken, daß ihr der lebendige Ausdruck des Allmächtigen seid, denn der Vater ist ständig tätig in euch.

52. Die göttliche Kraft, die in euch lebt, ist die gleiche wie in Mir, und sowie sich euer Bewußtsein in das größere Bewußtsein Gottes entfaltet, werdet ihr Mich erkennen.

53. Die Stimme des Christus ist unerschrocken und allmächtig. Der Christus ist der Sieger und wird siegen, denn es ist das Gesetz Gottes, daß der Christus Herrschaft haben soll über alle Dinge.

54. Das Symbol des Kreuzes ist der Christus im Menschen, der die Welt besiegt; das Erwachen im Tempel, der nicht von Händen erbaut wurde, die Weihe, die Versuchung, die Kreuzigung, die Auferstehung und die Himmelfahrt: Das ist der Christus, der Sieger. Die Stufen habe Ich euch bereits erklärt, und so wird es für Mich nicht notwendig sein, sie nochmals zu erklären; aber wenn ihr Meine Worte wieder lest, wird der Geist in euch mehr von der Wahrheit enthüllen.

55. Sowie ihr euch entfaltet, wird der Geist eurem Bewußtsein das Geheimnis enthüllen, das in den geheimen Kammern eures Herzens wohnt. Ich bin das Leben, Ich bin die Wahrheit, Ich bin der Weg, niemand gelangt zum Vater, außer durch Mich, den Christus; es gibt keinen anderen Weg, es hat niemals irgendeinen anderen Weg gegeben.

56. Der Christus ist das Wort Gottes, das Wort, das Gott war, das Wort, das bei Gott war, und das Wort, das Fleisch wurde.

57. Dies ist euer wahres Selbst in der Wirklichkeit, wie Gott, der Vater, euch kennt, und so müßt ihr euch selbst als seiend erkennen.

58. Die Stimme des fleischlichen Sinns ist die Stimme des Dunkels, des Satans, der euch Trennung, Begrenzung, Krankheit und Tod einflößt. Daher haltet fest an dem Christus, dem allein erzeugten Sohn Gottes, des Vaters aller.

59. Fürchtet den Satan nicht, denn es gibt nichts zu fürchten. Alles, was ihr zu sagen braucht, ist: »Gehe du hinter mich, Satan des sinnlichen Verstandes. Ich bin der Sohn Gottes, der Sohn des Menschen, ich bin der Sieger. Ich lebe nicht aus mir selbst, sondern der Vater, der immer mit mir ist, Er ist mein Führer.«

60. Diese Dinge habe Ich euch gesagt, damit ihr in Mir Frieden haben könnt. In der Welt habt ihr Trübsal, aber habt Mut, Ich habe die Welt überwunden, und so sollt ihr die Welt überwinden.

61. Der Vater ist der alles beherrschende Geist, das lebendige Leben; der Christus ist Sein Sohn, der in jeder Seele wohnt; und der Heilige Geist ist der Ausdruck des Christus-Bewußtseins in Gänze durch das Begreifen des »Ich bin das Leben«. Nichts kann euch anfechten, denn Ich bin der Sieger im Innern. Wenn ihr diese Wahrheit in eurem eigenen Herzen und Gemüt fühlen könnt, werdet ihr erkennen, daß auch ihr der Sieger seid, und ihr werdet auch erkennen, daß ihr frei seid. So werdet ihr den Satan der Sinne überwinden: »Gehe du hinter mich, Satan.«

62. Also betet Gott durch Christus an; es gibt keinen anderen Weg, und es hat nie einen anderen gegeben, außer dem erwähnten. Ich bin Er, der lebt, der gekreuzigt wurde, und seht, Ich bin immerdar weiter lebendig.

63. Ich bin der Weg, die Wahrheit und das Leben, kein Mensch kommt zum Vater, außer durch Mich. Der Christus

ist das Bewußtsein des höchsten unendlichen Lebens, das sich in der Welt offenbart.

64. Der Christus ist die Wahrheit, das Leben und die Liebe, die alle in Gott eint, und nur durch Liebe könnt ihr bei Gott sein, denn Gott ist Liebe.

65. Ich bin eins mit dem Vater durch Liebe. Du sollst den Herrn, deinen Gott, aus deiner ganzen Seele, aus deinem ganzen Herzen, aus deinem ganzen Gemüt und aus deiner ganzen Kraft lieben, und du sollst deinen Nächsten lieben wie dich selbst.

66. Der in die Welt geborene Christus ist der Sohn Gottes, und Er bleibt in der Welt, bis die Welt verwandelt ist, damit der Wille des Vaters, der im Himmel geschieht, auch auf der Erde geschehen werde.

67. Der eine Name für Gott ist: »Unser Vater«, und es ist der beste, den Ich kenne. Er wird umfassender, wenn ihr hineinwachst in die Erkenntnis von Ihm, der euch erschuf.

68. Ihr seid Seine Widerspiegelung, Sein Ebenbild. Wenn ihr den Vater erkennt und ihr eins seid, wird euch der Einklang, der immer besteht, erkennbar. Aber diese Worte dürfen in eurem Gemüt nicht bloße Worte bleiben, ihr müßt sie wirklich verstehen. Der wahre Sinn dieser Worte kann euch nur in eurem Innern aufgehen.

69. Was ihr jetzt mit euren Ohren hört, wird bei euch bleiben. Ihr werdet euch an diese Worte, die Ich gesprochen habe, erinnern. Sie werden in euren Herzen nachklingen, bis sich der Geist der Wahrheit in euch zu offenbaren beginnt, dann werdet ihr den wahren Sinn Meiner Worte erkennen. Das, was schon im Bewußtsein Gottes gegründet ist, muß im Bewußtsein des Menschen begründet werden. Und durch die Verwirklichung und das Anerkennen eures Einsseins mit dem Vater wird dieses Bewußtsein in euch begründet.

70. Ich weiß, wie wahr dies ist. Alle jene, die in die höheren Bereiche des Bewußtseins eingegangen sind, beginnen, die mächtige Kraft zu verstehen, die durch diese Verwirklichung erreicht wird.

71. Diese Gestalt, die Ich heute abend überschatte, ist, wie ihr seht, jung im Ausdruck, das Gesicht erfüllt von Leben, der Körper erfüllt von einer Kraft, die jede Zelle des Körpers erneuert. Das ist so, weil Mein Bewußtsein in diesem Augenblick eins mit seinem Bewußtsein ist. Das Bewußtsein unseres geliebten Bruders ist ein- und dasselbe mit Meinem in diesem Augenblick, da Ich ihn überschatte. In Wirklichkeit gibt es keine Trennung zwischen uns. Trennung ist eine verstandesmäßige Illusion.

72. Groß ist diese mächtige Wahrheit! Wenn ihr diese Einwirkung jetzt aufnehmen könnt, wird jeder einzelne eurer Körper mit Leben angereichert werden, denn der Vater wohnt auch in euch.

73. Alles ist Mir von Meinem Vater anvertraut, und niemand weiß, wer der Sohn ist, außer dem Vater, und niemand weiß, wer der Vater ist, außer dem Sohn und demjenigen, dem immer der Sohn Ihn offenbaren will.

74. Diese Worte scheinen euch seltsam, doch wenn ihr tief über sie nachdenkt, werdet ihr den inneren Sinn erkennen.

75. Der Vater kennt den Sohn, und der Sohn kennt den Vater, und der Sohn kann den Vater auch denjenigen offenbaren, denen Er den Vater offenbaren will, weil der Sohn den Vater kennet und der Vater den Sohn kennet.

76. Gesegnet sind diejenigen, die sehen, was ihr seht, und hören, was ihr hört.

77. Mir ist die Macht des Sieges gegeben worden, denn der Sohn lebt im Vater, und der Vater lebt im Sohn. Wie können bloße Worte diese wirklich herrliche Wahrheit erklären? Nur durch den Geist, der in euch ist, den Tröster, der immer bei euch ist, bereitwillig darauf wartend, sich selbst zum Ausdruck zu bringen, kann diese Wahrheit erkannt werden.

78. Bittet, und die Gabe wird euer sein. Suchet, und ihr werdet finden; klopfet, und die Türe wird sich euch auftun; denn jeder, der bittet, empfängt; der Sucher findet; die Türe wird jedem, der anklopft, geöffnet.

79. Was immer ihr möchtet, daß die Menschen euch tun sollen, das Gleiche tuet ihnen. Erkennt in eurem eigenen Herzen, daß, was ihr in den andern seht, in euch selbst vorhanden ist, und was immer ihr möchtet, daß die Menschen euch tun, das tuet zuerst ihnen.

80. Seid niemals besorgt um das Morgen: »Jetzt« ist die einzige Zeit, macht das *Jetzt* zu eurer Wirklichkeit, und das Morgen wird für sich selbst Sorge tragen. Also beunruhigt euch nicht über die Zukunft und versäumt nicht das wundervolle *Jetzt*. Das Bewußtsein kann nur im Jetzt schöpferisch tätig sein, nicht morgen, nicht im Gestern; »gestern« ist nur eine Erinnerung, »morgen« ist nur eine Hoffnung; *jetzt* ist der einzige schöpferische Augenblick.

81. Ihr könnt nur im Geiste Gottes schöpferisch tätig sein von Augenblick zu Augenblick, und das ist jetzt; und das, was ihr jetzt im Geiste Gottes erzeugt, wird bereits errichtet; dann trägt das Morgen für sich selbst Sorge.

82. Weint nicht mit den Weinenden, sondern helft ihnen durch die mächtige Liebe, die im Innern herrscht; wie eine Mutter ihr Kind liebt, so müßt ihr für alle Liebe fühlen. Alle sind die Kinder Gottes vom Höchsten bis zum Niedrigsten; und wenn ihr dies anerkennt, werdet ihr nur eine Familie kennen, in der es keine Trennung gibt.

83. Lernt selbstlos zu werden; dies ist das Geheimnis der Empfänglichkeit. Ihr seid nicht ein klein wenig vom Geist, sondern ihr seid eins mit dem Ganzen. Geist kann nicht von sich selbst abgetrennt werden.

84. Wenn euch dies wirklich bewußt wird, findet eine Umwandlung statt, denn Empfänglichkeit heißt zu empfangen. Die Wahrheit ist, daß Gott ununterbrochen seine Gaben ausschüttet für alle. Und wenn ihr Seine Gaben wünscht, müßt ihr euch öffnen, um zu empfangen. Diese Empfänglichkeit ist das Geheimnis der Größe; das Geheimnis allen wahren Lebens ist Selbstlosigkeit. Deshalb ist Geben Empfangen.

85. Ich frage Mich oft, wie eure Gedanken sein würden, wenn ihr sehen könntet, was Ich in diesem Augenblick sehe: Tausende über Tausende, die jetzt diesen Worten lauschen,

bringen ein klareres Verständnis dafür mit, daß die Liebe Gottes ebenso auf der Erde wohnt wie im Himmel, sie wohnt im Äußeren ebenso wie im Inneren.

86. Ich habe gesagt: »Wenn ihr Mich kennt, werdet ihr auch Meinen Vater kennen; aber wenn ihr Meinen Vater nicht kennt, wie könnt ihr Mich erkennen oder Mein Wort verstehen?«

87. Ich spreche aus dem Christus – woraus sprecht ihr? Aus dem sterblichen Sinn? Reagiert ihr auf die äußeren Verhältnisse oder verwirklicht ihr, daß in euch selbst die Macht Gottes wohnt, das Bewußtsein von »Ich bin das Leben«, »Ich bin die Wahrheit«, »Ich habe Herrschaft über alle Dinge«?

88. In euch selbst ist der Vater. Erkennt, daß es so ist, und Er wird durch euch hervortreten. Das ist das Licht der Welt, und die Welt überwindet nicht das Licht, aber das Licht überwindet die Finsternis. »Ich bin« das Licht der Welt, und die Finsternis verschwindet durch Mein Licht.

89. Das ist das Licht des Menschen. Es ist der Ausdruck unendlicher Liebe und Weisheit und erzeugt den vollendeten Zustand in der Menschheit.

90. Der Ursprung eures Wesens ist Gott, und wenn ihr dafür wach werdet, werdet ihr den Vater erkennen, der im Sohn ist, der in euch ebenso ist.

91. Sobald das Bewußtsein des sterblichen Verstandes sich des Christus-Bewußtseins bewußt wird, wird der sterbliche Verstand in das Christus-Bewußtsein erhoben. Als der Christus überwand Ich die Welt und alles, was in der Welt ist; Ich überwand den sterblichen Sinn, den sinnengebundenen Verstand, den Satan der Sinne; das sollt auch ihr. Dadurch werdet ihr verstehen, daß die Stimme vom Himmel das Bewußtsein Gottes ist.

92. Der Mensch erschafft sich durch seine eigenen Gedanken seine Gefängnismauern: Entsprechend seinen Vorstellungen ist er begrenzt; sogar eure bedeutendste Vorstellung ist eine Begrenzung. Es geht nicht darum, *was* Leben ist, sondern, *daß* Leben ist.

93. Die Schöpfung auf der Ebene des Festgewordenen ist die Folge der unsichtbaren Ursache des Innern. Euer physischer Körper dient als Ausgangspunkt für weiteren Fortschritt, der gemacht werden muß durch bewußte Verwirklichung der Gesamtheit allen Geistes als dem immer-gegenwärtigen Ewigen und dem einzig Wesenhaften, der Macht, dem Leben, dessen Ausdruck Liebe ist.

94. Liebe deinen Gott aus deinem ganzen Herzen, aus deiner ganzen Seele, aus deinem ganzen Gemüt und liebe deinen Nächsten wie dich selbst! Dies ist das Gesetz, auf dem das Fundament des Menschengeschlechts steht.

95. In dem Gleichnis vom verschwenderischen Sohn [bekannt als Gleichnis vom *verlorenen Sohn*] wird die Liebe des Vaters gezeigt, des Sohnes Zügellosigkeit, seine Reue, sein Zurückfinden zu sich selbst, zu seinem wahren, geistigen Zustand. Zuerst unterliegt er Versuchungen und Leiden, er verschwendet sein Erbe, dann kehrt er willig zurück, um ein Knecht zu werden; doch er wird der Sohn, wie er immer der Sohn war.

96. Des Vaters Liebe ist so groß, daß – ganz gleich, was der Sohn getan hat – des Vaters Liebe allen Irrtum auslöscht. Wie wahr ist das in jedem Leben! Irrtümer werden berichtigt, wenn ihr euch der Wahrheit bewußt werdet. Durch Erfahrung geschieht es, daß ihr euch aus den Umweltbedingungen heraus erheben könnt in das Verständnis eurer selbst. Dann löst sich der Irrtum in ein Nichts auf, und die Wahrheit steht frei da, wie sie von Anfang an war.

97. Reue kommt vor der Vergebung; Reue entsteht aus dem Herzen des Menschen, wenn er des Vaters Liebe erkennt; und ihm wird vergeben. Dann gewinnt der Mensch seinen wahren, geistigen Zustand zurück, das Gewahrwerden seiner selbst in Gott, willig, der Diener aller zu werden und anderen das zu tun, was er wünscht, daß sie ihm tun. Es geschieht, wenn ihr dem verschwenderischen Sohn gleich werdet, daß das Fest für euch bereitet wird: Kommt herein, nehmt jetzt teil daran mit Liebe zu euren Brüdern und

Schwestern. Denn nur mit Liebe könnt ihr teilnehmen an dem Fest, das der Vater für euch bereitet hat.

98. Das ist es, was auch ihr auf der Erde zu lernen habt. Wie oft habt ihr eure Liebe jemandem vorenthalten, von dem ihr dachtet, daß er unrecht tat? Das ist in keiner Weise eure Angelegenheit. Das alles besteht nur zwischen dem Vater und Seinem Kind; und wenn ihr das bedenkt, werdet ihr euch des Kritisierens an anderen enthalten und diese Waffe zuerst gegen euch selbst richten.

99. Ihr werdet andere besser verstehen, wenn ihr eure eigenen Fehler zuerst seht.

100. Ihr wolltet verurteilen! Verurteilt nicht, damit ihr nicht verurteilt werdet! Richtet nicht, damit ihr nicht gerichtet werdet! Nehmt den Balken aus eurem eigenen Auge, dann könnt ihr fähig werden, besser zu sehen, wie der Splitter aus eures Bruders Auge zu entfernen ist.

101. Wir finden überall Kanäle und lehren in der ganzen Welt auf geheimen Wegen, wie wir es hier tun. Wir lehren nicht nur hier auf dem physischen Plan, sondern auch in den inneren Bereichen, wo einige noch nicht die wahre Natur ihres Wesens erkannt haben.

102. Ich spreche nicht nur zu euch, sondern auch zu anderen, die ihr mit sterblichen Augen nicht seht. Wenn sie begreifen, werden sie fortschreiten in die Herrlichkeit, die sie erwartet. Sobald sie ihr Bewußtsein in den höheren Zustand erheben, werden sie merken, daß sie nicht länger an die Erde gebunden sind, sondern frei sind, von den Fesseln erlöst, die sie in ihrem eigenen Verstand erzeugten. Nehmt Mein Wort an, und auch ihr werdet frei sein!

103. Haltet eure Herzen erfüllt mit der Liebe zu Gott und zu der ganzen Menschheit, und Ich werde euch vieles lehren.

104. Wenn ihr nicht alles versteht, was Ich sage, wartet, lauscht, stimmt euch ein auf Mich, denn Ich bin einfach und leicht zu erreichen.

105. Bei den Propheten steht geschrieben, daß alle Menschen über Gott belehrt werden sollen. Darum kommt jeder Mensch, der gehört hat, der vom Vater erfahren hat, zu Mir.

106. Gott, der dem Licht befahl, in die Finsternis zu scheinen, hat Mein Herz erleuchtet, um das Licht und das Verständnis für die Herrlichkeit Gottes zu schenken.

Friede und Liebe sei mit euch!

O ewiger Vater, Dein Wesen ist in uns alle gepflanzt; wir haben Deine Gegenwart erkannt und bemerken, wie Dein Wesen selbst in unserem Leben zum Ausdruck kommt, alle segnend und alle zu Dir bringend. Liebender Vater, segne diese, die zuhören, während Dein Sohn spricht, und diejenigen, welche Deine Worte mit Liebe und Verständnis lesen werden. Amen.

(*Anmerkung des Schreibers:* Die geschriebenen Worte, obwohl begeisternd und lehrreich, lassen die große Gegenwart vermissen, die denjenigen ein unvergeßliches Erlebnis schenkte, welche den Worten lauschten, die wie wertvolle Perlen von seinen Lippen fielen. Jedoch können sie Perlen von hohem Wert sein für alle, die dies mit Verständnis und Liebe lesen.)

Dritte Rede

CHRISTUS IST DAS LEBEN IN EUCH

1. Die Stimme des Christus ist weitreichend. Sie reicht weit und ist nah, denn sie ist die Allgegenwart. Wo immer der Vater ist, bin auch Ich; und wo immer Ich bin, ist der Vater immer mit Mir.

2. Die große Wahrheit ist, daß der allmächtige Gott alles ist, was es gibt, und es gibt nichts, das besteht, außer durch Ihn und durch Seinen Sohn, den Christus.

3. Der Friede der Welt lebt in dem Christus, der auf jede menschliche Seele wartet, damit sie das Christus-Leben erkenne, um die Liebe, Schöhnheit, Stärke, Weisheit und Macht des Vaters zu offenbaren.

4. Es ist Frieden und Liebe in jedem einzelnen von euch vorhanden, wenn ihr es nur zulassen würdet, daß sie sich selbst ausdrücken durch die Anerkennung und die Verwirklichung dieser Wahrheit, daß der Vater allein lebt, und Er ist Liebe, Weisheit und Frieden und die einzige Wirklichkeit.

5. Die Macht des Christus entwickelt sich in euch zuerst durch Anerkennung, dann durch Verwirklichung, gefolgt von Zeiten der Ruhe, um der Gegenwart des Herrn, deines Gottes, mehr bewußt zu werden.

6. Um die Wahrheit zu verwirklichen, muß man wissen, daß sie *ist*. »Ich und der Vater sind eins«, der Vater ist größer als Ich, jedoch wirken Wir zusammen, als eins. Ohne Ihn kann Ich nichts tun, aber mit Ihm kann Ich alles tun, was der Vater tut, weil Wir eins sind.

7. Anerkennung muß zuerst kommen, gefolgt von Verwirklichung und von Zeiten der Ruhe, so daß Meine Macht sich in eurem eigenen Bewußtsein entfalten wird. Doch es gibt nur ein Bewußtsein, das sich durch das ganze Univer-

sum offenbart, das ist das Bewußtsein, das im Leben selbst ist. Das Leben erschuf alle Formen, in denen es bewußt seine Herrlichkeit offenbaren kann.

8. Das Leben erschuf die menschliche Seele und den Körper, so daß sich das Leben in seinem eigenen Bewußtwerden offenbaren konnte. Wenn ihr dies wirklich erkennt, bringt ihr die Christus-Macht in eurem eigenen Leben zur Wirksamkeit.

9. Ihr müßt aus eurem materiellen oder geschäftigen Leben herauskommen, um eine Weile im Königreich Gottes zu ruhen, indem ihr erkennt, daß ihr stetig wachst und das wahre Leben und die Kraft des Christus entfaltet, die darauf wartet, sich allezeit in eurem Leben zu offenbaren.

10. Wartet in Ruhe, indem ihr die Einstellung bewahrt auf den wahren Ausdruck des Christus und, was Er für euch bedeutet. Auf diese Weise wird beständiges Wachstum erreicht.

11. Dieser Zustand ist nicht einer der »Leere«, auch nicht ein Zustand des »Nichts«, wie es von einigen angeraten wird, auch ist er nicht einer der Anstrengung, indem versucht wird, ohne Verständnis eine Empfänglichkeit im Bewußtsein zu erzwingen.

12. Ihr müßt diese Extreme meiden. Bewahrt in eurem Herzen eine Stille, die belebt wird von dem wahren Verstehen, daß es keine Trennung zwischen euch und dem Vater geben kann.

13. Saget in eurem Herzen: Es ist der Vater, der immer in mir bleibt, Er tut das Werk. Das vereinigt euer persönliches Bewußtsein mit eurem Gottes-Bewußtsein, das allgegenwärtig ist.

14. Ich werde Mich selbst in Meinem eigenen wahren Wesen ausdrücken, wenn ihr Mich und die ewige Lebendigkeit Meines Lebens anerkennt. Die Anerkennung der ewigen Beschaffenheit Meines Lebens ist der Christus, der sich in euch offenbart. Es gibt keine größere Macht im Himmel oder auf der Erde. Alle Macht ist Mir gegeben worden im Himmel und auf der Erde. Mein wahrer Lebensinhalt ist dies: die

Offenbarung der Liebe Gottes. Denkt in eurem eigenen Herzen nach, was das für euch bedeuten kann: mit der Lebendigkeit Meiner lebenden Gegenwart immer bei euch! In dieser Verwirklichung gibt es Herrlichkeit und Frieden.

15. Diejenigen, die den physischen Körper verlassen haben, leben noch. Manche denken, sie hätten das physische Fleisch nicht abgelegt; manche träumen noch; aber alle werden erwachen zur Wahrheit des lebendigen Gottes, der sich ewig in allen ausdrückt. Sein Ausdruck ist ewig und immer-gegenwärtig und entfaltet den Christus in euch.

16. Auf diese Weise wird das Ergebnis das segensreichste sein für euch und alle jene, mit denen ihr in Verbindung kommt. Denn der Christus – die Gottes-Kraft im Innern – wird sich behaupten, und aller Mißklang wird sich ruhig auflösen, denn Mißklang hat nicht länger irgendeine Macht über euch, außer durch euren Glauben an ihn.

17. In eurem Denken meint ihr von Mir, daß Ich ganz anders sei als ihr selbst. Wenn ihr in den Schriften eine Geschichte lest über das, was sich vor zweitausend Jahren ereignete, glaubt ihr, Ich sei aus der Vergangenheit, jedoch bin ich immer-gegenwärtig bei euch. Bedenket, daß derselbe Geist Gottes in jeder einzelnen Seele wohnt, und er oder sie, wer den Willen Meines Vaters tut, ist Meine Mutter, Meine Schwester, Mein Bruder.

18. Derselbe Geist Gottes, der in Mir lebt, ist es, der in euch lebt. Derselbe Christus wird sich auch in euch offenbaren durch eure Anerkennung und Verwirklichung dieser Wahrheit, denn auch euch ist Herrschaft über alle Dinge gegeben worden, und derjenige, welcher an Mich glaubt, wird sogar noch größere Dinge tun.

19. »Ich bin« das innerste Geist-Bewußtsein; das Bewußtsein des Christus ist das Bewußtsein Gottes, des Vaters, der sich im Sohn offenbart.

20. Versucht, an dieser Wahrheit festzuhalten, so daß sie ihre Macht in eurem persönlichen Leben offenbaren kann. Werdet gewahr, daß ihr bewußt seid, daß ihr *lebendig* seid;

euer Lebendigsein ist dann die vorherrschendste und wichtigste Tatsache in eurem persönlichen Leben.

21. Habt ihr jemals gedacht, daß euer Lebendigsein ewig ist, daß ihr das Leben selbst seid, daß ihr nicht getrennt vom Leben leben könnt? Euer Bewußtsein ist das Mittel, durch welches sich das Leben im Körper offenbart, auch der Körper lebt nicht getrennt vom Leben. Das Bewußtsein ist im Leben selbst und ist die führende Macht darin: »Ich bin das Leben.«

22. Durch das Individuum will sich diese Macht offenbaren; denn wisset, daß alle äußere Energie ein Hindernis ist. Der Christus ist immer tätig und niemals ruhend. Der Christus ist die schöpferische Energie mit beständiger Tätigkeit aus dem Innern, die Ruhe, die immer tätig ist, der Vater, der das Werk tut. Sowie ihr still auf Ihn wartet, erneuert Sein Odem jedes Teilchen eures Körpers durch Seine ruhige, ordnende Tätigkeit.

23. Meine Botschaft ist: »Ich bin das Leben.« Ihr und Ich sind vor Gott dasselbe. Gottes Geist erschuf Mich, und Seine allmächtige Kraft regiert in Mir, und derselbe Geist bleibt in euch.

24. Ich kam nicht, um Meine eigene Göttlichkeit getrennt von der Menschheit zu verkünden, sondern um zu zeigen, daß Ich in der Menschheit war und daß die ganze Menschheit in Mir ist, und durch das Verständnis Meiner Worte wird jeder den Christus als den Retter des Menschengeschlechts in Anspruch nehmen.

25. Der Christus Gottes ist die lebendige Gegenwart Gottes in jedem einzelnen von uns, der Vater, der sich selbst offenbart, und es kann keinen anderen geben, denn Er allein besteht. Er allein lebet, wie es im Anfang war, so wird es immer sein. Der Christus ist nicht abgesondert, der Christus ist derselbe in euch und in Mir. Der Christus ist der lebendige, sich selbst ausdrückende Vater; deshalb sage Ich: »Ich bin das Leben.« Der Vater hat Leben in sich und gewährt dem Sohn, dasselbe Leben in sich zu haben.

26. Indem Ich der Sohn Gottes bin, nehme Ich den Platz im Schöpfungsplan ein, von dem Ich weiß, daß Ich ihn

einnehme, und dasjenige, was in seinem Schöpfungsprozeß erforderlich ist, nimmt einen entsprechenden Platz ein; denn Ich habe bewiesen, daß Ich Herrschaft über alle Dinge habe, und das könnt auch ihr für euch selbst erfahren, wenn ihr an Mich glauben und nach Meinen Worten handeln werdet.

27. Johannes sagte:
»Das Wort war im Anfang, und dieses selbe Wort war bei Gott, und Gott war dieses Wort. Dasselbe war im Anfang bei Gott.

Alles kam ins Dasein durch Seine Hand, und ohne Ihn kam auch nicht ein Ding, das erschaffen wurde, ins Dasein.

Das Leben war in Ihm, und das Leben ist das Licht des Menschen.

Und dasselbe Licht scheint in die Finsternis, und die Finsternis überwindet es nicht.

Er war das wahre Licht, welches jedem Menschen leuchtet, der in die Welt kam.

Er war in der Welt, und die Welt war in Seiner Hand, und doch erkannte die Welt Ihn nicht.

Er kam zu den Seinen, und die Seinen nahmen Ihn nicht auf. Aber jene, die an Seinen Namen glaubten, wurden die Söhne Gottes.

Dies sind diejenigen, die erkennen, daß sie nicht aus Blut, nicht aus dem Willen des Fleisches, auch nicht aus dem Willen des Menschen, sondern aus Gott, dem Vater, geboren werden; und dieses Wort wurde Fleisch und wohnte unter uns.«

28. Dies ist die wahre Wiedergabe der Worte des Johannes, gegeben in der aramäischen Sprache, so, wie sie zu jener Zeit geschrieben wurden. So sehen wir, wie es deutlich gezeigt wird, daß jene, die erkennen, daß sie nicht aus dem Blut, auch nicht aus dem Willen des Fleisches, sondern aus Gott, dem Vater, geboren werden, jetzt ewiges Leben haben. Gott erschuf die Dinge, indem Er die Dinge wurde, die Er erschuf. Die Finsternis überwindet das Licht des Menschen nicht, denn dieses Licht ist das Licht, das jeder Seele leuchtet, die in diese Welt kommet. Das Licht lebt in der ganzen

Menschheit, denn es war in der Menschheit von Anfang an; dieses Licht im Menschen ist der Christus Gottes.

29. Das ist das Wort, daß in jeder lebenden Seele wohnt. Wahrlich, Ich sage euch, daß jedes Kindlein, das geboren wird, aus dem Wort Gottes geboren wird, und jenes Wort, das ewig lebt, ist der Christus. Das Fleisch hat hierbei nichts zu sagen.

30. Jeder einzelne gestaltet die Zukunft durch die Gedanken und Handlungen in der Gegenwart, und *jetzt* ist immer die Gegenwart. Nur im *Jetzt* könnt ihr schöpferisch tätig sein; ihr könnt nicht in der Zukunft schöpferisch tätig sein, auch könnt ihr nicht in der Vergangenheit schöpferisch tätig sein.

31. Der Christus ist die schöpferische Macht, und allein durch diese Macht kommen alle Dinge ins Dasein. Wenn diese Vergegenwärtigung kraftvoll in eurem Bewußtsein vorhanden ist, gewinnt ihr eine Freiheit jenseits des Begriffsvermögens des menschlichen Verstandes.

32. Das sterbliche Bewußtsein kann nicht die Herrlichkeit dieser Wahrheit verstehen, aber durch die Vergegenwärtigung wird euer sterbliches Bewußtsein in das Bewußtsein des Christus erhoben.

33. In allem, was ihr unternehmt, bewahrt die Einstellung, daß Gott niemals fehlgeht, daß es der Vater ist, der in euch wirket. Durch diese Vergegenwärtigung ist euch alles möglich. Aus euch selbst seid ihr nichts, aber mit Gott seid ihr alles. Saget: »Ich und der Vater sind eins.«

34. Diese Haltung, welche die einzig wahre und wesentliche ist, hält euch über der sterblichen Ebene, und ihr seid in der Wirklichkeit – dem Christus-Bewußtsein – tätig. Ihr werdet aus dem sterblichen Verstand herausgehoben, und hinfort sind alle Dinge anders.

35. Gewahrt ihr nur die Dinge, die euch von außen umgeben? Wenn ihr das tut, dann verharrt ihr noch im sterblichen Sinn. Aber Ich sagte euch: Das einzig wahre Verständnis besteht darin, daß sich der Geist Gottes durch euer Bewußtsein offenbart, und das kommt von innen und nicht von außen.

36. Das Christsein des Menschen ist schon vollkommen. Der Christus ist der unpersönliche selbstlose Ausdruck eines liebenden Gottes in euch und liebt alles, denn alles ist Gott. Das Menschengeschlecht muß in diese Einheit mit Mir eintreten.

37. Dies ist die Entwicklung des Äußeren, von dem das Innere die Ursache ist, immer vorwärts und aufwärts drängend zu dem wahren Ausdruck dessen, was im Innern ist. Und das Äußere muß wie das Innere werden, und das Innere soll das Äußere werden.

38. Die Zeit wird kommen, wo die Herrlichkeit des Christus sich vollkommen im Fleisch offenbaren wird, denn hierbei hat das Fleisch nichts zu sagen. Es ist der Ratschluß des Allmächtigen, daß der Christus am höchsten ist und als Höchster regieren soll. Der Geist im Menschen ist: »Ich, der für immer lebt.«

39. Christus ist Gott, und Gott ist Christus. Freut euch, daß ihr dieses Wissen habt, daß der Christus Gottes *jetzt* in euch wirket.

40. Lebt in der Verwirklichung dieser Wahrheit, so daß die Wahrheit sich in eurem Leben offenbaren wird. Christus, der Sieger, wird euch *frei* machen.

41. Jene, die an den Christus glauben, werden aus Gott geboren und nicht aus irgendeinem Impuls des Fleisches oder des Menschen. Nennt niemanden auf der Erde euren Vater, denn einer, der im Himmel ist, ist euer Vater.

42. Vielleicht habt ihr den Sinn dieser Aussage nicht ganz begriffen. Ihr werdet im Fleisch geboren, aber das Fleisch hat hierbei nichts zu sagen. Ihr werdet aus dem Geist geboren, und der Geist ist die einzige schöpferische Macht, die alle Dinge erschafft; dies ist das Wort, das bei Gott war, das Wort, das Gott war; das Wort, das Fleisch wurde, ist unsterblich.

43. Niemand hat Gott jemals gesehen, aber Gott ist durch den Christus in Mir enthüllt worden, und wer immer Mich sieht, sieht den Vater.

44. Gott teilt sich nicht, Er schafft in sich selbst das Ebenbild Seiner selbst, und dies ist das Licht in der ganzen Menschheit.

45. Wir sind alle von dem gleichen Leben, denn das Leben an sich kann nicht unterschiedlich sein. Es gibt Stufen des Lebens in der Form, aber das Leben an sich ist unpersönlich, es drückt sich durch die Form aus, die durch das Leben selbst erschaffen wurde.

46. Die mächtige Intelligenz des unendlichen Vaters hat alle Formen geschaffen für Seinen eigenen Selbst-Ausdruck. Das Leben ist dasselbe; es strömt nur aus dem einen Quell, aber es strömt durch alle Formen, die es erschuf. Es offenbart sich in jeder Form, von der kleinsten bis zur größten; das Leben offenbart sich selbst in jeder Form, die es erschafft.

47. Nichts kommt ins Dasein außer durch den Geist, der Leben ist. Die Stufe des Lebens wird verstanden durch die Anerkennung und die Verwirklichung von ihm. Deshalb, sobald Ich Mir über das Leben im klaren bin und erkenne, daß es Gott ist, offenbart Er sich durch Mich, entsprechend Meiner Verwirklichung von Ihm, der uns zu Seinem eigenen Ebenbild erschuf.

48. Die Anerkennung und Verwirklichung Seines Lebens in eurem eigenen Bewußtsein wird das Mittel, durch welches sich das Leben offenbart. Euer Bewußtsein ist der Punkt, durch welchen sich Gott selbst ausdrückt, und es ist der Punkt, durch den ihr Gott, den Christus in euch, ausdrückt.

49. Wenn ihr dessen bewußt gewahr werdet, dann habt ihr das verborgene Geheimnis des Lebens selbst gewonnen.

50. Es ist heute noch verborgen vor der Menge, außer vor denen, die erkennen, daß sie nicht aus dem Fleisch, auch nicht aus dem Willen des Menschen geboren werden, sondern durch den Christus Gottes.

51. Deshalb, Ich bin jenes Leben; Ich habe alle Macht, die Mir im Himmel und auf Erden gegeben wurde. »Suchet zuerst das Königreich Gottes und Seine Rechtschaffenheit, und alle Dinge sollen euch hinzugegeben werden.«

52. Das Bewußtsein bestimmt die Stufe des sich offenbarenden Lebens. Mir ist bewußt, daß Ich das Leben Gottes bin: »Ich bin der Christus Gottes«, »Ich bin der wahre Sohn des Vaters, der in Mir wirket.«

53. Das Christus-Bewußtsein offenbart den Vater, der Herrschaft über alle Dinge im Himmel und auf Erden hat. Dies ist wahrlich das Christus-Bewußtsein.

54. Aus diesem Grund lebte Ich auf der Erde und bin noch immer bei euch, selbst bis ans Ende der Welt, das bedeutet, bis alle das Christus-Bewußtsein anerkennen und verwirklichen werden, so daß wir alle eins sein können.

55. Daß wir alle eins sein können durch Verwirklichung und Anerkennung der Wahrheit, darauf warte Ich geduldig. Ihr streitet nicht über das, was richtig ist; ihr streitet nur über das, was falsch ist; ihr streitet nicht über die Tatsache, daß ihr lebendig, daß ihr lebend seid; ihr streitet nur über eure Glaubensformen, eure Meinungen. Das, was sterblich ist, sucht einen Weg aus der sinnlichen Welt in jene, die größer ist. So argumentiert das Sterbliche mit sich selbst; aber der Christus argumentiert niemals; Er weiß. Darum ist es leicht, das, was falsch ist, von demjenigen, was richtig ist, zu unterscheiden.

56. Das heilige Wort ist »Ich-bin«. »Ich bin jenes Ich-bin.« Die Propheten kannten durch alle Zeitalter hindurch das ewige Geheimnis, jedoch nur wenige konnten es verstehen. Aber alle werden zum Verständnis kommen, denn es ist der Ratschluß des Vaters, daß der Sohn Ihn offenbaren soll, so daß alle Ihn erkennen werden. Und derjenige, welcher den Willen Meines Vaters tut, ist Meine Mutter, Meine Schwester, Mein Bruder.

57. Sobald man mehr und mehr die Macht des Christus verwirklicht, sieht man klarer, daß Seine Macht Liebe und Weisheit sein muß, weil der Christus der Sohn Gottes ist. Als Ich sagte, daß Ich nicht gekommen sei, um das Gesetz zu zerstören, sondern um das Gesetz zu erfüllen, war dies wahr, denn Ich brachte die Botschaft von der großen Macht im Himmel zur Erde – die Macht von dem Christus im Innern in

das Äußere –, und diese Macht ist Liebe und Weisheit. Sie ist der Bildner aller guten Dinge wie Harmonie und Frieden. Sie bleibt für immer, während Mißklang nur aus Unwissenheit bleibt, welche Tod und nicht Leben ist.

58. Ich wünsche, daß ihr einen Teil des Tages diesem stillen Wachstum widmet, dadurch bringt ihr Gelassenheit und Gleichmut in euer ganzes Wesen. Dies ist so wesentlich in eurem täglichen Leben, das umgeben ist vom Lärm der sozialen Probleme und dem Gerede vom Krieg.

59. Zuerst wird euch das ruhige Fühlen der Gegenwart bewußt werden, eine Stille, die immer tätig ist. Wie schön ist die Ruhe in dieser immer tätigen Gegenwart Gottes, dem Ausdruck Seiner gewaltigen Macht und Harmonie in eurem Leben. Dies wird in euch eine gute, gesunde Urteilskraft und eine klare Einsicht entwickeln, und später wird sich das Ergebnis in eurem Körper und in euren äußeren Verhältnissen geltend machen.

60. Die Ruhe im physischen Herzen wird sich vereinigen mit dem Herzen des Geistes und ruft so vollkommene Zirkulation des Blutes hervor.

61. Danket dem Vater für Seinen Rat, dafür, daß Er euch täglich belehrt.

62. Haltet euch den Vater allezeit vor Augen. Mit Ihm im Herzen könnt ihr nicht fehlgehen. Einige glauben, daß sie aus sich selbst etwas zustande bringen können, doch nur mit Gott könnt ihr irgend etwas vollbringen.

63. Ist euer Gemüt immer in einem Zustand des Wünschens und niemals in einem Zustand des Gebens? Doch Geben ist Empfangen. Um eins mit dem Vater zu sein, müßt ihr euch Ihm öffnen und der edlen Liebeskraft und Weisheit erlauben, durch euch hindurchzuströmen. Er allein ist der Versorger aller Dinge; ohne Ihn gibt es nicht irgend etwas Geschaffenes, was geschaffen wurde.

64. Und wenn euer Herz und eure Seele sich freuen, ruht euer Körper sorglos, und jede Faser schwingt mit der Gegenwart, denn die Gegenwart Gottes ist allgegenwärtig.

65. Die volle Freude Seiner Gegenwart und die Seligkeit, für immer mit Ihm zu sein, wird das Christus-Bewußtsein mehr entwickeln als irgend etwas sonst. Schau nicht nach außen, sondern blick nach innen und erkenne, daß du selbst bist: Ich bin, ich bin wirklich, ich bin ewig, ich bin der Geist Gottes, ich bin das Leben; in dieser Verwirklichung jubelt die Seele. Dies tritt nur ein, wenn sich der Lärm von außen beruhigt, wenn ihr alles erkennt, was nicht von Gott ist.

66. Der Geist des lebendigen Gottes, der Christus, atmet von innen her durch den äußeren fleischlichen Körper. Göttliche Energien drücken sich immer von innen her aus und nie von außen.

67. Das Gehirn wird durch den Geist ernährt, das Feinere herrscht über das Gröbere, das Unsichtbare strömt durch das Sichtbare. Das Sichtbare ist nur der Ausdruck des Unsichtbaren. Niemand hat den Vater gesehen, aber ihr habt Seinen Sohn gesehen, und derjenige, welcher Mich gesehen hat, hat den Vater gesehen.

68. Ich mache euch dies so klar, damit ihr euch die Wichtigkeit vergegenwärtigt des Aussparens von Zeiten für ruhige Beschaulichkeit, um die innere Kraft in das Äußere zu bringen.

69. Kommt heraus aus eurem geschäftigen täglichen Leben und tretet ein in das Königreich, und werdet euch Seiner bewußt, der in und durch euch wirkt! Seiner Macht bewußt zu werden, erneuert euren Körper, erneuert euer Gemüt und bringt Frieden und Liebe in euer Herz. Ihr werdet finden, daß die Dinge um euch herum viel leichter verlaufen werden, Zustände, die in eurem Gemüt, in eurem Körper und in den äußeren Verhältnissen vorhanden sind, werden anfangen, mit eurer Verwirklichung des Christus übereinzustimmen, mit der Macht, die Herrschaft über alle Dinge hat.

70. Später, wenn ihr euch des Vaters in euch als eurer Wirklichkeit bewußt geworden seid, werdet ihr jederzeit Herrschaft haben und weder Mißklang noch Umwelt beachten, denn der Christus im Innern wird in Herz und Geist auf den Thron erhoben werden.

71. Perioden ruhiger Versenkung und Verwirklichung bringen die Vollkommenheit des Christus in euer Bewußtsein, dann werdet ihr die Verhältnisse außerhalb eurer selbst nicht mehr beachten. Disharmonie wird nicht auf euch wirken; ihr werdet ruhig und in Frieden sein mit demjenigen, das in sich selbst Liebe, Frieden, Weisheit und ewige Wahrheit ist.

72. Suchet nicht Liebe! Gebt sie! Dies ist die wahre Nahrung des Geistes, denn wo immer Liebe ist, verschwinden Haß, Neid und Eifersucht.

73. Bedenkt, Liebe schließet Furcht aus; lehnt euch auch nicht gegen Ungerechtigkeit auf. Wenn ihr Liebe zurückgebt, seid ihr in Frieden, dann allein wirkt der Vater, um alle Dinge zu überwinden. Wenn ihr Ungerechtigkeit übelnehmt, wenn euer Gemüt im Zustand der Erregung ist, voll Neid, Eifersucht, Ängstlichkeit und Ärger, ist keine Liebe vorhanden. Liebe ist die einzige Macht in der Welt, die alle diese Dinge auflöst.

74. Es ist dem Vater nur möglich, sich selbst in euch auszudrücken, wenn ihr in Frieden seid.

75. Die einzige Macht, die besteht, ist die Macht der Liebe, die Frieden und Harmonie bringt; alle anderen Dinge vergehen und lösen sich in nichts auf vor der Macht des Christus. Ich bin der Herr, Ich habe alle Dinge überwunden, und das sollt auch ihr. Nichts kann euch schaden, denn ihr seid Gottes im Fleisch.

76. Wenn ihr hierauf hören werdet, Meine Brüder und Schwestern, könnt ihr von eurem Vater nehmen, was euer Recht ist: »Was Mein ist, ist dein, was dein ist, ist Mein.«

77. Gott brachte euch in diese Welt, und in jedem Augenblick spricht Er in euren Herzen. Jeder Schlag eures Herzens ist das Leben Gottes in euch. Bewußt mit Ihm im Herzen werdet ihr mit allen Menschen in Frieden sein. Euren Nächsten zu lieben wie euch selbst, ist wahre Religion.

78. Denn jeder, der erleuchtet wird, verwandelt sich in Licht. Darum: Wach auf, o Schläfer, steh auf von den Toten, und Christus wird leuchten auf deinem Angesicht.

79. Seid sehr sorgfältig darauf bedacht, als verständige Söhne und Töchter Gottes zu handeln, und macht den größten Teil eurer Zeit zum *Jetzt*, denn jetzt ist Ewigkeit.

80. Ihr denkt im Ewigen, wenn ihr mit Christus denkt. Denkt jetzt im Ewigen, denn ihr könnt nur im Jetzt schöpferisch sein. Oh, könnte Ich euch das so deutlich machen, daß ihr es klar sehen könntet: *Jetzt* ist Ewigkeit!

81. Das bringt Mich zum letzten Punkt in dieser Rede, dem *Gebet*. Gebet war und ist für Mich das Atmen des Lebensatems. Es ist die allermächtigste Begebenheit auf allen Ebenen und in allen Welten.

82. Die Macht des Gebetes beruht auf der Tatsache, daß Gebet und Antwort eins sind. Betet in der Vergegenwärtigung, daß ihr eins mit dem Vater seid und des Vaters Wille in euch geschehen werde. Geht hinein in den göttlichen Mittelpunkt eures Innern, wo Gott wohnt, und dort werde Ich Mich euch kundtun.

83. Ich bin erfreut, daß ihr diese mächtige Waffe nicht unwissend gebraucht habt. Unser geliebter Bruder wurde gelehrt zu beten, als er jung war. Ich könnte euch viele Dinge erzählen, die sich in seinem Leben ereigneten, da er geführt wurde, als er ein kleines Kind war. Er wurde als Mittler geboren und sah Mich von Angesicht zu Angesicht, als er schon ein Jüngling war. Dies ist eine seiner vielen Erfahrungen. Er wurde in das Himalajagebirge gebracht, um zu lernen, wie man ein Mittler wird, durch den die Meister sprechen konnten, und deshalb konnte Ich selbst ihn überschatten.

84. Die Zeit kam für ihn, hinaus in die Welt zu gehen; er ist mit guter Gesundheit gesegnet worden, sein Geist ist jung, und wir hoffen, ihn noch lange Zeit in seinem Körper zu erhalten, denn sein Werk hier auf der Erde ist noch nicht beendet.

85. Die meisten Gebete werden häufig ausgesendet in der falschen Vorstellung von Trennung; und in euren Kirchen und Kapellen ist es am auffälligsten, daß der Glaube besteht, daß Gott weit entfernt sei. Doch Er ist näher als Hände und Füße.

86. Aber selbst solch ein Gebet geht niemals verloren, obwohl sein voller Wert nicht erreicht wird, weil sich ein Gebet dieser Art mit der Schwingung der Trennung vermischt und dem Menschen, dem ihr zu helfen wünscht, nicht in einem großen Umfang geholfen wird.

87. Tretet ein in eure Kammer, wo der Allmächtige wohnt, und seht dort den Willen Gottes ausgeführt. Seht und hört gar nichts anderes. Ohne Anstrengung oder Zweifel seht den Sieg des Christus, des allein erzeugten Sohnes Gottes, in jenen ausgeführt, denen ihr zu helfen wünscht, und es wird geschehen.

88. Es gibt Berichte über Heilungen in Meinen Aufzeichnungen, die viele von euch gelesen haben; diese Heilungen wurden auf die gleiche Weise ausgeführt durch Anerkennung und Verwirklichung der Macht, die Herrschaft über alle Dinge hat, das Fleisch hat hierbei keine Bedeutung.

89. Wenn ihr aus dem Christus sprecht mit der Kraft eurer ruhigen Überzeugung, verschwindet der unrechte Zustand vollkommen. Gott ist allgegenwärtig, und ihr bringt den beunruhigten Geist unmittelbar in Berührung mit Gott.

90. Ihr könnt den Wert des echten Gebetes nicht ermessen. Worte vermögen nur unvollkommen geistige Wahrheiten auszudrücken. Werft eure Last nicht auf einen äußeren Gott, indem ihr staunend auf Ergebnisse wartet; denn Gott ist in eurem Innern, die Bitte und die Antwort sind wie eins.

91. Gott ist das alleinige Leben, das in allem und durch alles lebt; Gott ist die Wirklichkeit. Der sterbliche Verstand weiß nichts von Ihm. Das Innere muß das Äußere, und das Äußere muß das Innere werden. Betet in dieser Weise: »Vater, Du kennest mich; ich weiß, daß Du das einzig lebendige Sein bist, der alleinige Schöpfer, und ich bin eins mit Dir. Sowie ich Dich um etwas bitte, weiß ich, daß es bereits ausgeführt wird; mein Wort kehrt nicht leer zu mir zurück, sondern führt das aus, wozu es ausgesandt wurde.«

92. Gott in eurem eigenen Herzen zu wissen und im fernsten Raum bedeutet, eins zu sein mit allen Nationen, im Norden, im Süden, im Osten und Westen.

93. Lebt in dem Gedanken der Liebe zu allen, und euer Leben wird ein immerwährendes Gebet werden, ein fortwährendes Ausgehen von Gott, dem Vater aller, zu allen.

94. Mein Segen ist stets und für immer mit euch.

Meinen Frieden und Meine Liebe lasse Ich bei euch.
(Schweigen)
(Segnung)

Der Wille Unseres Vaters im Himmel geschieht jetzt auf der Erde.

Friede sei mit euch!

(*Anmerkung des Schreibers:* Alle fühlten eine große Kraft. Die Halle erleuchtete ein Licht, das nicht irdisch war. Des Meisters Antlitz wurde deutlich sichtbar inmitten eines strahlenden Lichtes, das des Bruders Gesicht überschattete. Dann verließ uns der Meister, und man sah den Bruder an dem Platz stehen, wo der Meister ihn überschattet hatte.)

Vierte Rede

ICH BIN DER WAHRE WEINSTOCK, UND IHR SEID DIE ZWEIGE

Meinen Frieden bringe Ich euch, Mein Friede bleibe bei euch.

1. Ich bin der wahre Weinstock, und Mein Vater ist der Arbeiter. Der Vater ist es, der immer in Mir bleibet, der durch Mich arbeitet, denn der Vater und Ich sind eins; wir sind niemals getrennt. Wir arbeiten unaufhörlich zusammen; und was Ich den Vater tun sehe, das tue Ich gleichermaßen.
2. Er beschneidet den Zweig, der Frucht trägt, so daß er fortan mehr Frucht hervorbringen kann.
3. Ihr alle wißt, daß ein Zweig, der Frucht trägt, mehr Frucht bringen wird, wenn dieser Zweig beschnitten wird.
4. Der Zweig seid ihr, und ihr werdet beschnitten um des Wortes willen, das Ich euch gegeben habe: das Wort, das im Anfang war, und dieses selbe Wort ist Gott.
5. Ihr werdet jetzt einsehen, daß es kein anderes lebendiges Sein gibt außer dem Vater, dem Vater aller, und der Geist des Vaters wohnt in jeder lebendigen Seele; und Ich bin jener Geist.
6. Gott ist Geist, nicht *ein* Geist, sondern Geist. Geist ist in sich selbst vollkommen; er hat die Macht, sich zu offenbaren, die Formen für seinen eigenen Ausdruck zu erschaffen. Und sowie ihr euch der Wirklichkeit bewußt werdet, werdet ihr im Ausdruck eins mit der Wirklichkeit.
7. Diese Verwirklichung und Anerkennung kommen nicht auf einmal. Ihr werdet bemerken, wie es in euch wächst. Durch sorgfältige Anerkennung und fortwährende Verwirklichung gibt es ein Erwachen im Innern der Seele, sowie die Seele beginnt zu erkennen, daß es der Geist Gottes ist, der im

Innern wohnt und daß er die einzig lebendige schöpferische Macht im Himmel und auf der Erde ist.

8. Ihr seid bereits beschnitten worden um des Wortes willen, das Ich Euch gegeben habe, daher werdet ihr in Meinem Namen mehr Frucht tragen.

9. Ich bleibe bei euch, und ihr bleibt bei Mir; ebenso wie ein Zweig nicht Frucht aus sich selbst hervorbringen kann, wenn er nicht am Weinstock bleibt, so könnt ihr nicht Frucht hervorbringen, wenn ihr nicht bei Mir bleibt.

10. Der Christus allein hat die Macht, aus der Wirklichkeit zu sprechen. Also sprecht im Namen des Christus, und euer Wort wird nicht leer zu euch zurückkehren.

11. Der Christus spricht niemals aus dem sterblichen Verstand oder aus der Wirkung der äußeren Dinge auf Ihn, sondern der Christus spricht immer aus Gott, und dies müßt ihr auch lernen, so daß ihr das Äußere beruhigen könnt. Die stille, ruhige Stimme wird geoffenbart in dem Tempel, der nicht von Händen, sondern von Gott selbst erbaut wurde.

12. Der Vater arbeitet im Weinstock, so daß die Zweige gute Frucht hervorbringen; und jene, die bei Mir bleiben und Ich bei ihnen, werden reichlich Frucht hervorbringen.

13. Wenn ihr daher bei Mir bleibt und Mein Wort bei euch bleibt, soll für euch getan werden, was immer ihr erbittet.

14. Ihr habt noch nicht die große Bedeutung begriffen von dem, was Ich gesagt habe. Der Christus bittet niemals, noch fordert der Christus, noch befiehlt der Christus – der Christus offenbart, weil der Christus weiß, daß es der Vater ist, der das Werk tuet.

15. Der Sohn hat nur Leben in sich, weil der Vater Leben in sich hat. Das Leben, das jetzt ewig in Ihm ist, das gibt Er auch ewig dem Sohn. Das Leben im Vater ist dasselbe Leben wie im Sohn.

16. Auf diese Weise wird der Vater verherrlicht werden: indem ihr reichlich Frucht tragt und Meine Jünger seid.

17. Und wie der Vater Mich geliebt hat, so habe Ich euch geliebt, damit ihr in dieser Liebe bleiben könnt.

18. In Meiner Liebe zu bleiben, ist das Geheimnis allen Glückes; ohne sie ist euer Leben unfruchtbar.

19. Wenn der Christus im Herzen wohnt, dann sind Liebe, Weisheit und Macht da, und die Dinge, die euch beunruhigen, werden vergehen, denn der Christus überwindet alles.

20. Hierin wird eure Freude vollkommen sein; denn nicht ihr tatet Mich erwählen, Ich erwählte euch.

21. Ich bin es, der in eurem Innern lebt, der euch führt und euch hilft, den Weg zu wählen; Ich dränge euch, die Wahrheit von dem *einen,* allein lebendigen Gott anzuerkennen.

22. Darum liebet einander, wie Ich euch liebe.

23. Es gibt diejenigen in der Welt, welche, indem sie Mich nicht kennen, euch hassen und Dinge gegen euch aussagen werden. Wisset wohl, daß Ich vor euch gehaßt und verachtet wurde. Die Unwissenheit der Welt ist noch in der Welt, und der Christus ist es, der diese Unwissenheit durch Liebe überwinden wird – und der Christus lebt in euch! Jedoch wird euch diese Unwissenheit hassen, sie wird euch verachten, weil ihr sagt, daß der Christus in euch lebt. Doch wahrlich, Ich sage euch: Fürchtet euch nicht, denn Unwissenheit hat keine Macht, sie kann nicht die Seele zerstören, auch nicht den Geist.

24. Sie kann dasjenige nicht zerstören, was sie nicht sehen kann und nicht kennt. Sie vernichtete Mich nicht, als sie Mich kreuzigte, sie konnte weder Seele noch Geist vernichten, auch konnte sie nicht das Licht vernichten, das sie nicht kannte. Deshalb bin Ich noch lebend, der lebendige Christus Gottes, der allein erzeugte Sohn des Vaters.

25. Ihr erkennt jetzt, daß ihr nicht von der Welt seid, daß ihr aus dem Geist geboren werdet und der Christus in euch wohnt; aber die Welt ist jetzt noch ohne Wissen über die Wahrheit.

26. Doch der Geist der Wahrheit, der vom Vater ausgeht, wird von Mir zeugen, und auch ihr werdet Zeugnis ablegen, weil ihr von Anfang an bei Mir gewesen seid.

27. Wenn ihr tief genug in euch selbst suchen werdet, werdet ihr diese Wahrheit finden. Diese Wahrheit wird von Mir zeugen, und diese Wahrheit wird euch frei machen.

28. Mein Wort in euch wird Ihn, der Mich sandte, verherrlichen, und ihr werdet in Seiner Gegenwart durch Mich verherrlicht werden.

29. Wenn meine Jünger Mich festgehalten hätten, würden sie den Christus Gottes verloren haben, denn Ich kam, um den Vater zu offenbaren, damit Ich zu euch kommen und für immer bei euch allen bleiben kann.

30. Ihr, die ihr über die Ebene des sterblichen Sinns hinausgeschritten und eingetreten seid in jenes größere Bewußtsein des Lebens, versteht mehr von Gott.

31. Ihr verwirklicht die große Wahrheit, daß es keinen Tod gibt, daß ihr noch immer lebendig seid; doch einst wohntet ihr in einem Körper auf der Erde.

32. Ihr seid Leben, ihr seid der lebendige Ausdruck des Allmächtigen; dieses Leben in euch ist dasselbe Leben wie in Mir. Dies ist der Christus, und Ich spreche vom Christus, der das Leben ist.

33. Wenn euer Glaube groß ist, wird zur gleichen Stunde geschehen, was immer ihr wünscht.

34. Diese Worte sind voller Bedeutung, und sie werden noch bedeutender, wenn ihr erkennt, daß Ich zu allen kommen kann in der Allmacht des Christus.

35. Ich habe euch bereits dargelegt, daß Geist unser erster und einzig wirklicher Urgrund ist.

36. Er hat viele Kanäle und Ausdrucksweisen, aber er ist das eine und einzige Leben, die einzige schöpferische Macht.

37. Diese Macht wird durch euer Bewußtsein ausgedrückt.

38. Laßt Mich euch erklären, auf welche Weise ihr Mich jetzt hört:

39. Durch Anerkennung und Verwirklichung der Wahrheit, daß das Leben eine Einheit ist, daß der Vater allein das Bewußtsein in euch und in Mir ist und Er sich auf diese Weise durch Seine Schöpfung offenbart.

40. Der einzige Weg, wie der Schöpfer sich in all Seinen Schöpfungen zum Ausdruck bringen kann, ist durch Sein Bewußtsein, das sich Seiner Schöpfung bewußt wird; und Sein Bewußtwerden in Seiner Schöpfung wird das Bewußtsein in euch und Mir.

41. Ich trete ein in das Lebensbewußtsein, das sich ausdrückt durch unseren Bruder; Mein Bewußtsein überschattet seines, geradeso wie ein stärkeres Licht ein schwächeres überschattet, doch dieselbe Lichtquelle leuchtet in uns beiden.

42. Hier liegt eine höchst wunderbare Offenbarung vor, manche Menschen werden es ein Wunder nennen, aber in Wirklichkeit ist es kein Wunder, sondern der Ausdruck jenes einen Lebens, das sich seiner selbst durch das Bewußtsein eines anderen bewußt wird.

43. Der Bruder ist fähig, seinen Körper jederzeit zu verlassen. Er verläßt ihn nicht wirklich, wie man sagen würde, sondern zieht sich aus dem äußeren in das innere Bewußtsein zurück, und durch das Zurückziehen in das innere Bewußtsein ist er fähig, jederzeit mit euch in Verbindung zu treten.

44. Er ist fähig, euch zu behandeln, euch zu helfen, er ist fähig, sich jederzeit an Mich zu wenden, um mehr Beistand und Hilfe zu bringen, wenn es nötig ist.

45. Daher wird durch das Allerheiligste schweigendes heilendes Werk über die ganze Welt hin getan. Und in dem Maße, wie das Bewußtsein im Menschen sich dieser unermeßlichen Macht, die im Innern ist, mehr bewußt wird, beginnt es, diese Macht auszudrücken.

46. Unendliche, ewige und vollkommene Liebe ist in der Welt, weil Gott Liebe ist und Liebe Gott ist, und das Bewußtsein muß sich dessen bewußt werden, um wahre Liebe auszudrücken, das Geheimnis göttlicher Seligkeit.

47. Das Bewußtsein des Bruders wird vom Persönlichen zum Universellen emporgehoben, doch das bedeutet nicht den Verlust seiner Identität, sondern eine größere Bedeutung der Individualität in Einheit mit dem All.

48. Der Christus ist die zum Ausdruck gebrachte Individualität des Vaters; es gibt keine Trennung zwischen dem Christus und dem Vater, denn sie sind eins. Der Vater, der durch die Individualität zum Ausdruck gebracht wird, ist jetzt der Christus in euch.

49. Aber sowie sich der Christus in das Bewußtsein des Lebens, das überall vorhanden ist, zurückzieht, kann Ich zu allen von euch in der Allmacht des Vaters kommen. Und wer immer in Meinem Namen irgend etwas erbittet, dem wird es gegeben werden, denn der Vater und Ich sind eins.

50. Auf diese Weise wird auch euer Bewußtsein erhoben. Das Bewußtsein des Menschen muß erhoben werden, um das Bewußtsein Gottes zu erkennen. Und durch diese Reden wird euer Bewußtsein erhoben aus dem Bewußtsein des Selbst, um das Gottes-Bewußtsein, den innewohnenden Christus, zu erkennen.

51. Der Herr wohnt in Seinem heiligen Tempel: dem Tempel, nicht von Händen erbaut, sondern durch das Wort, das aus dem Munde Gottes strömt – und »Ich bin« das Wort, nichts ist ins Dasein gekommen, außer durch Mich.

52. Ihr müßt das Bewußtsein Gottes in euch selbst verwirklichen, weil ihr durch dieses allein ins Dasein gekommen seid.

53. Der Mensch auf der Ebene des sterblichen Sinns hat versucht, mit seinem begrenzten Verstand die unendliche Weisheit und Liebe Gottes zu erklären.

54. Würdet ihr mit eurer neuen Erkenntnis es wagen, den heiligen Einen auf eine Person zu beschränken? Aber der Mensch, der sich selbst nicht kennt, wagt es, die Ganzheit Gottes zu erklären!

55. Euer Glaube darf nicht im Wissen des Menschen ruhen, sondern in der Macht und Liebe und Weisheit Gottes.

56. Die Liebe, Weisheit und Macht Gottes bestanden, bevor die Welt war. Aber keiner der Herrscher der Welt kannte sie. Hätten sie sie gekannt, würden sie Mich nicht gekreuzigt haben.

57. Jedoch werden durch Meine Kreuzigung alle die Wahrheit erfahren, daß Ich war, bevor die Welt gebildet wurde. Der Geist Gottes war, bevor die Welt gebildet wurde, und der Geist ist Fleisch geworden und wohnt auf der Erde, doch derselbe Geist wohnt im Himmel.

58. Denn es geschah aus Mir und durch Mich, daß die Welt Gestalt annahm. Dies war die Weisheit Gottes, des Vaters, der sich durch den Sohn ausdrückt, den Sohn des wahrhaft lebendigen Gottes; und Ich bin Er, der in euch lebt.

59. Es steht geschrieben, daß kein Auge gesehen hat, kein Ohr gehört hat und kein Menschenherz empfangen hat die Dinge, die Gott denen bereitet hat, die Ihn lieben.

60. Doch Gott hat sie Mir durch Seinen Geist enthüllt, denn der Geist erforscht und enthüllt alles, sogar die Tiefen Gottes.

61. Der Christus im Innern ist es, der das Wesen des Menschen kennet, und niemand kennet das Wesen Gottes, ausgenommen der Geist Gottes.

62. Wisset, daß der Christus alles erkennt, aber niemand kann Ihn beschreiben. Der Christus ist es, der das Falsche erkennt. Der Christus ist es, der das Wahre kennt. Der Christus, der allmächtig ist, löst die Unwissenheit in der Welt auf.

63. In diesem Augenblick seid ihr von etwa einer Viertelmillion Seelen umgeben, die Meinen Reden lauschen, viele von ihnen mengen sich unter euch.

64. Ihr hört Meine Stimme hier im Physischen, doch auch auf den inneren Ebenen wird Meine Stimme gehört; auf den höheren geistigen Ebenen wird Meine Stimme auch gehört, ebenso von vielen, die gerade zur Wahrheit des Christus in sich erwachen.

65. Ich bin der Christus Gottes, derselbe Geist Gottes, der war, bevor die Welt begann, und durch Mich wurden alle Dinge, die ins Dasein kamen, erschaffen.

66. Wenn ihr tief genug in euch selbst sucht, werdet ihr lernen von Ihm, der am größten in Seiner Sanftmut und am höchsten in Seiner Demut ist.

67. Eure Persönlichkeit wird licht, wenn ihr lernt, eure Verwandtschaft mit dem Ganzen zu verwirklichen.

68. Euer Geist erhellt sich, wenn ihr mit heiliger Ehrfurcht erfüllt werdet, das Herzzentrum wird mit Licht erfüllt. Der schwächste und der niedrigste und der bescheidenste Mensch muß das ganze Universum auf sich beziehen.

69. Ganz gleich, wer ihr seid oder was ihr seid, denkt daran, daß der Christus in euch wohnt. Der Christus verbirgt sich oft durch die Unwissenheit des sterblichen Sinns, der nur von außen hören kann; aber wenn ihr zu dem Christus im Innern erwachen werdet, wird die stille ruhige Stimme, die die Allmacht ist, sich selbst durch euch offenbaren. Dieses Erwachen ist die Verwirklichung eures Einsseins mit allem, mit Gott, der alles ist.

70. Denn dies ist Mein Sohn, der tot war und zum Leben gekommen ist, der verloren war und nun gefunden wurde.

71. Denn der Himmel freut sich mehr über einen, der einst verlorenging und nun gefunden wurde, als über neunundneunzig, die sich nicht verirrten.

72. Viele ärgern sich, weil der Vater das verlorene Schaf liebet; doch Ich sage euch: Das eine hat des Vaters Liebe nötiger. Glaubet an Mich und wisset, daß die Liebe Gottes durch Mich ausgedrückt wird und daß Ich jeden liebe, selbst jene, die Mich schmähen.

73. Mein Gewahrwerden Gottes ist niemals durch geschehenes Unrecht getrübt. Mein Gewahrwerden und Verstehen der Liebe des Vaters befähigt Mich, in jenen wahren Zustand einzutreten, in dem Ich sagen konnte: »Vater, vergib ihnen, denn sie wissen nicht, was sie tun.«

74. Es gibt jene, die sich vielleicht nicht von der Herde abgesondert haben und dennoch unfähig sind, an den Gaben teilzunehmen, die der Vater für alle bereitet, die ihn lieben, weil sie nicht wissen, daß sie immer bei ihm sind.

75. Sie rufen und schreien mit lauter Stimme zu Gott, denkend, daß Er sie von weit weg hören kann. Aber Ich sage euch: »Ich bin Er, der in euch lebt und wohnt, Ich bin der Sohn Gottes, Ich bin das Licht der Welt, Ich bin die wahre

Individualität des Vaters, und was immer Ich vom Vater erbitte, dafür wird Er sorgen.« Wenn ihr daher in Meinem Namen bitten könnt, Mich in euch selbst anerkennend, wird euch gegeben werden, was immer Ihr erbittet.

76. Jederzeit spricht der Vater in eurem Herzen, wenn ihr Ihn nur hören wolltet: »Mein Sohn, du bist immer bei Mir, und alles, was Mein ist, ist dein.«

77. Ihr seid vorhanden, weil Gott ist, und alles, was Er hat, ist euer.

78. Vielen von euch scheint es an Lebenskraft zu fehlen; das kommt daher, weil ihr ein unausgeglichenes Leben führt in den drei Ebenen der Offenbarung: der geistigen, seelischen und physischen oder in Geist, Seele und Leib.

79. Dieser unausgeglichene Zustand der Lebensweise kommt zustande durch euren Glauben an die Tatsache, daß das Leben von irgendeinem äußeren Ursprung abgeleitet werde.

80. Die Mehrheit von euch schenkt dem Körper zu viel Aufmerksamkeit und der Quelle des Lebens zu wenig Aufmerksamkeit.

81. Ihr solltet zuerst anerkennen, daß Geist die einzige Quelle des Lebens und der Lebenskraft ist. Schöpft zuerst aus dieser Quelle, dann werden Seele und Körper versorgt und ernährt werden.

82. Gott ist es, der euch mit dem Willen inspiriert, die guten Dinge zu tun, die ihr zu tun begehrt; und die Kraft, so zu handeln, ist entsprechend eurem Verständnis, denn Gott gibt euch stets ein, Seinen Willen zu tun.

83. Um Gott zu lieben, müßt ihr auch euren Nächsten lieben, denn euer Nächster ist Gott. Wenn ihr Mich liebt, müßt ihr diejenigen, die um euch sind, lieben, denn auch sie sind »Ich«. Euch ist ein freier Wille gegeben worden, um nach dem euch bekannten Gesetz zu handeln; aber wenn der Christus auf dem Thron ist, dann offenbart sich der Christus vollkommen. Laßt diesen Christus in euch thronen in dem heiligen Tempel, dem Tempel des lebendigen Gottes, der nicht von Händen erbaut wurde.

84. Das Geheimnis der Ausführung besteht darin, alle Dinge zu tun, ohne zu disputieren und zu zweifeln. Das bringt die schöpferische Kraft in Tätigkeit, um zu vollbringen.

85. Nur auf der Erde könnt ihr dieses große Werk tun; ihr wißt noch nicht, wie wichtig es ist, jetzt tätig zu sein. Geist kann nicht von Geist getrennt werden; er ist unteilbar.

86. Ich möchte, daß diese Reden euch helfen, jetzt in euer Eigentum einzutreten.

87. Wenn ihr euch vergegenwärtigt, daß der Geist des Christus allmächtig, allgegenwärtig und allwissend ist, warum wartet ihr dann? Es ist falsch von euch, die Gnade Gottes erst in irgendeiner künftigen Zeit zu erhoffen und zu erwarten.

88. Der Geist in euch ist der Christus Gottes, und Geist kann nicht weniger als das Größte sein; so laßt den Christus in euch von Seele und Körper Besitz ergreifen, und alles, was ihr erhofftet, wird geschehen.

89. Bedenkt, das Wort war im Anfang, und dieses selbe Wort war Gott, und Gott war das Wort, so seid jenem Wort treu.

90. Bedenkt, das Wort war im Anfang, und das Wort wurde Fleisch und wohnte unter uns.

91. Eure Gedanken sind das Ausatmen dieses Wortes, des Urgrundes von allem. »Ich bin das Wort, und Mein Wort kehrt nicht leer zu Mir zurück, sondern führt das aus, wozu es ausgesandt wird.«

92. Der Geist offenbart Mich, den Christus Gottes, allezeit, und der Geist wird euch in alle Wahrheit leiten. Die Wahrheit ist es, die euch frei macht. Außer der Wahrheit von dem allmächtigen Gott kann euch nichts anderes frei machen. Und wenn die Wahrheit von dem Christus in euch lebt, dem Wort, das im Anfang war, dem Wort, das Fleisch wurde, dann gibt es nicht länger irgendeine Furcht oder einen Zweifel.

93. Es gibt viele, die erlauben der Feindseligkeit, in Herz und Geist einzudringen, und sie hindern den Christus, sich zu offenbaren.

94. Darum laßt diesen Christus in eurem Herzen wohnen und das Licht sein, das in eurer Seele strahlt – dann wird es nicht Lippenbekenntnis sein. Ihr seid in Gott tätig; ihr seid die Zweige, und ihr werdet beschnitten, so daß ihr mehr Früchte hervorbringen werdet.

95. »Ich bin« das Wort, das euch beschneidet.

96. Erkennt ihr den Sinn Meiner Worte? Ich spreche nicht als ein Sterblicher, sondern als der Christus Gottes. Ich erhebe euch aus eurem sterblichen Sinn in einen geistigen Bewußtseinszustand, so daß ihr Mich verstehen werdet.

97. Eure Heilung fand statt, als Gott in Seinem heiligen Tempel sprach, und alle Sinne wurden durch die Gegenwart Seiner ruhigen, stillen Stimme zum Schweigen gebracht.

98. Alle äußeren Begebenheiten hören auf, euch zu berühren, wenn ihr in diesen gesegneten Zustand des inneren Christus eintretet. Ich bin Er, der im Anfang war und jetzt ist und immerdar sein wird.

(*Schweigen* – während himmlische Musik und Gesang gehört werden.)

99. Viele von euren Lieben, die bei euch auf der Erde wohnten, sind in die weitere Sphäre des Lebensbewußtseins eingetreten und sind jetzt hier bei euch. Sie haben sich um euch versammelt und können näher zu euch kommen, während ihr Mir zuhört.

100. Ihr wißt kaum, wie nahe sie sind. Sie wachen und beten mit euch.

101. Hört auf Mein Wort, und ihr werdet die innere Stimme verstehen, so daß euer Leben erfüllt sein wird, eure Körper vollkommen heil sein werden. Ihr werdet sicher sein vor Schaden oder Unfall, denn der Schleier, der uns trennt, ist sehr dünn.

102. Ihr könnt ihn mit euren Gedanken durchdringen, und so können wir zu euch kommen. Dies und mehr wird euch

geoffenbart werden, denn »Ich bin immer bei euch, sogar bis ans Ende der Welt«.

103. Und wenn ihr Mir zuhört, will Ich euch belehren. Glaubt ihr, daß ich weit weg bin? Glaubt ihr, daß es eine Teilung im Raum gibt, die uns trennt?

104. Es gibt keine Trennung in Christus; es gibt keine Teilung in diesem *einen* Leben, das durch alles lebt. Gott hat sich nicht geteilt, Er hat sich individualisiert, aber das ist keine Teilung, es ist Individualität in der Einheit.

105. Gott schuf nichts getrennt von sich, sondern durch Mich offenbart Er sich selbst, und Ich bin Sein Sohn. Derjenige, welcher Mir frei von Begrenzung zuhört, wird Meine Stimme erkennen, denn Ich spreche für den Vater selbst, der immer in Mir bleibt.

106. Laßt uns nun eintreten in das Heiligtum der schweigenden, heilenden Macht. Ich wünsche, daß ihr eure Augen offenhaltet und auf Mich blickt, und ihr werdet den Christus erkennen, der in allen und jedem einzelnen von euch lebt.

107. Suchet zuerst die Liebe und Weisheit Gottes, und alle Dinge werden euch hinzugegeben werden.

(Schweigen)

Mein Friede und meine Liebe bleiben bei euch.

(Anmerkung des Schreibers: Während des Schweigens erleuchtet ein glänzendes Licht den ganzen Zuhörerraum. Das Antlitz des Meisters wird so strahlend, daß wir nicht mehr auf das Gesicht des Meisters blicken können. Mit den Worten »Mein Friede und Meine Liebe bleiben bei euch« verließ Er uns dann.)

Fünfte Rede

DA ICH LEBE, SOLLT AUCH IHR LEBEN

Meinen Frieden, Meine Liebe bringe Ich euch. Da Ich lebe, sollt ihr in Mir und Ich in euch leben – das ist ewiges Leben.

1. Es gibt nichts im Leben, das ihr zu fürchten braucht. Überlaßt alles dem Vater und seid geduldig. Viele von euch fürchten dieses und jenes, weil ihr den Christus im Innern nicht gewahrt.
2. Wenn ihr von Furcht erfüllt seid, macht euch dies schwankend. Deshalb handelt ihr oft falsch, was sich auf euer persönliches Leben auswirken kann. Nicht, daß es sehr viel ausmacht, denn das Leben ist die einzige Wirklichkeit, und am Ende laufen alle Dinge in die rechte Richtung.
3. Aber wenn ihr euch nicht fürchtet und geduldig seid, wird der Vater Seinen Platz in euch einnehmen, und Ich werde mit Ihm sein, und dann werdet ihr jetzt frei sein.
4. Erkennet, daß ihr in Gott lebt und Gott in euch lebt; es gibt kein Äußeres, und es gibt nichts, wo Gott nicht ist. Da seid ihr zu allen Zeiten an jedem Ort sicher, wenn diese Wahrheit wirklich erkannt wird.
5. Oh, könnte Ich in euch das Verständnis wachrufen, daß es Gott ist, der in und durch euch lebt, der Vater selbst, Sein Bewußtsein, sein Leben, Seine Intelligenz, und in Seiner Weisheit drückt Er sich selbst unaufhörlich in und durch euch aus. Wenn ihr nur diese wundervolle Wahrheit realisieren wolltet, werdet ihr erkennen, daß es keinen Ort gibt, wo Er nicht ist; Er ist allgegenwärtig, Er ist überall, und wo immer ihr seid, ist auch Er.
6. Das Geheimnis der Macht ist in eurem eigenen Bewußtsein, weil das Bewußtsein Gottes, die Intelligenz Gottes,

sich durch euch ausdrückt, indem es euch zu Söhnen und Töchtern Gottes macht.

7. Laßt den sterblichen Sinn schweigen, dann wird der Christus in euch von eurem sterblichen Körper Besitz ergreifen. Wenn der sterbliche Sinn tätig ist, schweigt der Christus in euch.

8. Es gibt nichts zu fürchten, also seid geduldig und laßt den Vater für euch sprechen. Denn es ist der Vater in Mir, der spricht. Ich selbst bin nichts, aber der Vater, der in Mir lebet, ist alles. Der Vater kennet Mich, Ich kenne den Vater, und weil Ich den Vater kenne, spricht der Vater in Mir und durch Mich. So bringe Ich euch Seinen Frieden und Seine Liebe, Seine Heilung und Seine Weisheit.

9. Der Vater selbst offenbart sich euch beständig in Mir, denn »Ich bin das Leben«. *Ich bin das Leben,* das Wort, das im Anfang war.

10. Viele haben sich geweigert, Mich als den Retter des Menschengeschlechts anzunehmen. Doch Ich bin das Leben; das Leben des Vaters ist im Sohn, es ist die einzige Wirklichkeit.

11. Ich offenbarte den Vater in Seiner Liebe, in Seiner Macht, in Seiner Weisheit, Seinem ewigen Leben, und Ich komme, um freigebig zu geben von dem Vater, der Mich sandte. Das ist die Rettung des Menschengeschlechtes.

12. Ich spreche nicht aus dem Fleisch; Ich spreche aus dem Bewußtsein Gottes; in Gott lebe Ich ewiglich, und es ist der Vater in Mir, der jetzt zu euch spricht.

13. Und wenn ihr Mein *Wort* annehmt, werdet ihr frei sein. Geradeso, wie Mich der *lebendige* Vater sandte, bin Ich lebendig durch den Vater; deshalb wird, wer immer von Mir ißt, durch Mich auch leben.

14. Von Mir zu essen, bedeutet, Mich in euch selbst aufzunehmen, damit Ich in euch bin; und Ich werde in euch sein, und ihr werdet in Mir sein und wir alle im Vater.

15. Ich klopfe ständig an die Türe eures Herzens, und ihr werdet Mich immer dort finden, geduldig wartend. Und wenn ihr die Türe eures Herzens und Geistes öffnet, dann

werde Ich eintreten und für immer bei euch bleiben, und ihr werdet bei Mir sein.

16. Das ist das Brot, das vom Himmel herabkommt, und derjenige, welcher von diesem Brot ißt, wird immerdar leben.

17. Ich bin lebendig, und das Versprechen, das Ich gab, ist des Vaters Wort; deshalb werdet ihr ewig leben, denn in Mir gibt es keinen Tod, denn Ich bin das Leben.

18. Vielleicht haben einige von euch noch nicht begriffen, was Ich gesagt habe, und ihr stoßt euch an Meinem Wort.

19. Der Geist Gottes im Menschen ist »Ich-bin«. Ihr werdet bemerken, wenn ihr das Alte Testament lest, wo Moses den brennenden Busch wahrnahm und aus dem brennenden Busch die Stimme sprach: »Ich bin.« Dies war das geheime Wort der Macht, den Propheten gegeben und der Menge gesagt. Es war auf ihren Lippen, doch sie erkannten es nicht; aber derjenige, welcher es verstehen konnte, trat ein in die Weisheit der Propheten.

20. Der Geist Gottes im Menschen ist »Ich-bin«; Ich bin Geist, und der Geist steigt auf dorthin, woher er kam. Es ist der Geist, der Leben gibt – der Körper hat kein Leben in sich selbst; und die Worte, die Ich zu euch gesprochen habe, sind Geist und Leben.

21. Ich bin das Brot des Lebens, das vom Himmel herabkommt und in die Welt des Fleisches eingetreten ist, um ihr Leben zu geben.

22. Der Himmel ist nicht ein Ort; er ist ein inneres Bewußtsein, ein inneres Wissen der Wirklichkeit; und dieses innere Wissen der Wirklichkeit ist als der Himmel bekannt, der oben ist, genauso wie die Erde unten ist.

23. Die Erde ist nur die Offenbarung der inneren Reiche, und das Leben, das sie belebt, kommt von innen und drückt sich äußerlich aus.

24. Das innere Bewußtsein ist der Himmel, der sich durch den Körper auf der Erde offenbart. Ich weiß, und ihr wißt jetzt, daß ihr eins seid mit Mir. Ich bin im Himmel, und wenn ihr Mich versteht, werdet auch ihr im Himmel sein – sogar jetzt.

25. Ich bin in Euch, und ihr seid in Mir; deshalb, wenn ihr von Meinem Leib eßt und von Meinem Blut trinkt, werdet ihr bei Mir sein, denn Ich werde in euch sein und ihr in Mir, so werdet ihr Meiner gedenken.

26. Meine Worte sind mißverstanden worden, weil Ich vom inneren Leben spreche. Wenn Ich vom Leben spreche, meine Ich nicht das Fleisch, denn das Fleisch hat hierbei nichts zu sagen.

27. Mein geistiger Körper ist Substanz und ist vollkommen; es ist allein der geistige Körper, der dem Fleisch Bestand gibt. Wenn ihr von Mir trinkt – von Meinem Leben – werdet Ihr Mich in euch aufnehmen. Wenn ihr von Meinem Leib eßt – von Meiner Weisheit – dann wird Meine Weisheit in euch sein, und Ich werde immer bei euch sein, so werdet ihr Meiner gedenken.

28. Meine Lehre ist nicht die Meine, sondern die des Vaters, der in Mir lebt. Er spricht für Mich.

29. Jetzt kennt ihr Mich, und ihr wißt, woher ich komme, doch Ich bin nicht aus eigenem Ermessen gekommen, sondern von Ihm, der Mich sandte, und Er ist wahrhaftig. Er ist es, der Vater, den Ich euch offenbare. Ich tue den Willen Meines Vaters, und meines Vaters Wille geschieht in Mir.

30. Ich kenne Ihn, weil Ich aus Ihm bin und Er Mich sandte, doch Wir sind »eins«. »Der Vater und ich sind eins.«

31. Die Zeit wird kommen, wo Ich den Vater allen Menschen auf Erden offenbaren werde, und dann wird es kein Wehklagen und Zähneknirschen mehr geben.

32. Dann wird es Freude unter den Völkern geben, denn sie werden die Wahrheit über »Unseren« Vater, welcher im Himmel ist, erkennen – *Unseren* Vater der Liebe und Weisheit.

33. Alle werden einander vergeben, denn nur durch Vergebung und Liebe könnt ihr eintreten in die Freude aus des Vaters Haus.

34. Versteht ihr, was das wirklich bedeutet? Habt ihr je die Freude empfunden, in des Vaters Haus zu sein? Nur wenn ihr diese göttliche Liebe ausdrücken könnt, welche euch von

allem, was unwahr ist, befreit, wird die Glückseligkeit des Vaters, der Christus, in euch enthüllt. Könnt ihr nun die Freude erfassen, jetzt und ewiglich in des Vaters Haus zu sein?

35. Und alle sollen ihren täglichen Anteil haben an dem Brot des Lebens, das vom Himmel herabkommt. Dieses Brot ist das wahre Brot, das Leben, und »Ich bin jenes Leben«.

36. Ich habe früher zu euch gesagt: »Vergebet einander.« Ich habe auch zu euch gesagt: »Liebet einander!«

37. Meine Worte sind wahr, denn der Vater liebt alle und jeden einzelnen mit einer ewigen Liebe, und mit derselben Liebe müßt ihr einander lieben.

38. Seine Liebe ist mächtig, kraftvoll, überwältigend. Wenn Seine Liebe in euch ist, ist da die Freude des Vaters. Mögen Seine Liebe und Sein Friede stets in euch regieren.

39. Denn euer ganzer Wille, euer ganzes Denken und euer ganzer Verstand werden von diesem heiligen unsichtbaren Geist in die Erkenntnis aller Wahrheit geleitet.

40. Sein Wille, der im Himmel geschieht, soll auch auf Erden durch euch getan werden. In euren eigenen Herzen geschieht der Wille Meines Vaters.

41. Die inneren Bereiche Meines Bewußtseins sollen in die äußeren vordringen, und der sterbliche Sinn soll zum Schweigen gebracht werden, und der Christus soll Seinen Platz in der Welt einnehmen, um sie zu erlösen.

42. Euer gegenwärtiger Zustand ist einer der Schulung und Entwicklung. Ihr lernt Kindheitslehren, bevor ihr erwachsen werdet.

43. Ihr geht jetzt durch die Stufen hindurch, und ihr werdet in eurem Herzen und Geist zur echten Wahrnehmung des Christus im Innern gelangen, der die Allmacht ist, erfüllt von des Vaters Liebe.

44. Hört Mir zu und lest Meine Worte, und sie werden jedesmal, wenn ihr sie lest, einen neuen Sinn haben. Ich will die Wahrheit auf viele verschiedene Arten wiederholen, bis ihr anfangt, sie zu verstehen.

45. Dann sollt ihr mit Meinem Wissen erfüllt werden. Meine Worte sind Leben, und sie werden euer Herz und euren Geist in eurem täglichen Leben stärken.

46. Lest sie still und ruhig in eurer stillen Stunde, und sie werden bei euch bleiben.

47. Wenn Ich spreche, wißt ihr, daß Ich die Wahrheit spreche, denn ihr fühlt die Wahrheit Meiner Worte in euch. Jedes Wort, das Ich spreche, ist wahr; doch Ich weiß, ihr haltet euch nicht immer an Mein Wort.

48. Nun, da ihr Mich gesehen und gehört habt und Ich euch gegeben habe, was Mein Vater Mir gab, so sollt ihr euch Meiner Worte erinnern. Meine Worte sollen bei euch bleiben, und wenn ihr euch Meiner Worte erinnert, werdet ihr euch Meiner erinnern.

49. Alle kommen zu Mir, denn dem Körper zu ersterben heißt, mit dem Herrn zu leben.

50. Ihr tretet bereits in das erweiterte Wissen ein. Gesegnet seid ihr, die ihr diese Worte höret, denn viele haben ihren Körper verlassen, ohne Wissen über vieles, mit dem ihr vertraut seid.

51. Viele, die Mir jetzt zuhören, jedoch unsichtbar für euch, haben den irdischen Körper verlassen, ohne die Wahrheit zu verstehen, daß das Leben ewig ist. Das Leben wird nicht durch das Ereignis, Tod genannt, unterbrochen. Es gibt keine Unterbrechung im Leben bei der Geburt oder beim Tod.

52. Bedenkt, es gibt keine Geburt und keinen Tod im Leben. Diese Unsichtbaren, die um euch und über euch sind, wissen jetzt, daß es keine Teilung im Leben gibt, es gibt auch keine Trennung zwischen denen, die den Körper verlassen haben und denen, die noch im Körper sind. Dies ist der Christus: »Ich bin« das Leben. Der Vater, der immer mit Mir bleibet, Er ist der Vater, der auch immer in eurem Innern bleibet, und im Vater gibt es keinen Tod und keine Trennung.

53. Ihr seid unzerstörbare, geistige Wesen, und diese Wahrheit ändert eure ganze geistige Einstellung gegenüber Krankheit und Tod.

54. Stellt euch selbst diese Frage und überzeugt euch im Hinblick auf sie: »Wer bin ich?« – Es ist eine sachgemäße Frage. Deshalb sucht tief in eurem Herzen und Gemüt, und ihr werdet die Antwort finden:

55. »Du bist, weil Gott ist.« Es kann keine Trennung geben zwischen euch und Mir und dem Vater, denn wir alle sind eins. Es gibt keine Trennung, weil es nichts außerhalb von Gott gibt. Es gibt keine Teilung in Gott.

56. Ihr seid Individuen geworden, weil der Vater sich selbst in euch individualisiert hat; so offenbart ihr das Leben des Vaters.

57. Wo du im Augenblick bist, bist du, weil Gott ist, wo du bist; und niemand anders kann deinen Platz ausfüllen in dem vollkommenen kosmischen Plan.

58. Ich komme, um das Werk auszuführen, zu dem der Vater Mich gesandt hat.

59. Lehnt euch nicht gegen die Umstände auf, sondern zieht eure Lehren aus ihnen.

60. Euer sterblicher Sinn macht euch blind für diese Wahrheit, weil ihr nach außen blickt, anstatt nach innen zu blicken.

61. Wenn ihr nach innen blickt, findet ihr den Christus; und durch euer Einssein mit dem Vater vergeistigt ihr alle Dinge, und die Verwirrung verschwindet. Alles ist wirklich geworden durch die Gegenwart des Christus in euch.

62. Ich gebrauche Meine Macht weise, weil der Vater Mich führet, daher geht Meine Liebe hin zu jedem, weil Ich weiß: Der Vater ist Liebe und liebt Seine ganze Schöpfung. Nur der sterbliche Sinn versäumt es, Meinen Frieden und Meine Liebe für alle zu begreifen.

63. Bedenket, es gibt keine Trennung zwischen euch und Mir oder zwischen euch und denen, die den sterblichen Körper verlassen haben.

64. Furcht ist die einzige Schranke, und diese Furcht besteht allein in eurer Vorstellung; sie ist keine Wirklichkeit, sie ist von euch selbst erzeugt durch eure Reaktion auf das Äußere, solange ihr das Innere nicht kennt.

65. Denn der Vater herrscht ewiglich, und Er besiegt durch Mich alle Feinde, und der letzte Feind ist die Furcht vor dem sogenannten Tod. Ist diese Furcht vergangen, wird alles erneuert durch den Christus im Innern.

66. Der Sohn ist auch dem Vater untergeben, denn der Vater ist alles in allem. Ich aus Mir selbst bin nichts; es ist der Geist des Vaters in Mir, der das Werk tuet.

67. Bewahrt diese Haltung von Geist und Herz, so daß ihr Mich empfangen könnt; durch diese Haltung von Geist und Herz bleibet der Vater, der immer in Mir bleibet, auch in euch. Er wird für euch tun, was Er für Mich tuet.

68. Denn all das Gute besteht ewiglich, und dieses Gute umgibt euch und kann sich niemals ändern oder verlorengehen.

69. Dieses Gute wird nur verletzt, weil eure Augen Gut und Böse wahrnehmen; das einzig Wirkliche ist das, was ist und nicht das, was nicht ist. Gott ist alles, was es gibt; es gibt kein anderes lebendiges Sein außer Ihm. Er erschuf Himmel und Erde und alles, was darin und darauf lebt.

70. Mein Wort ist gut, es bringt gute Frucht hervor; dieses Wort ist immerwährend, weil es von Ihm kommt, der Mich sandte.

71. Wer immer dieses Wort hört und hält nicht an ihm fest, dem entfällt es. Das ist wie der Samen, der an den Wegrand gesät wurde und nicht Wurzel fassen konnte.

72. Es gibt andere, die Mein Wort von dem inneren Königreich hören. Sie nehmen es unmittelbar an und sind erfreut, aber es schlägt nur für eine kurze Weile Wurzel und wird dann vergessen; und wenn Schwierigkeiten kommen, stirbt es, weil die Wurzeln nicht tief genug sind. Das ist wie der Samen, der auf steinigen Grund fällt.

73. Wenn ihr nicht an dem Wort festhaltet, entfällt es euch, weil es nicht Wurzel geschlagen hat in eurer Seele. Das Wort muß tief in eure Seele eindringen und dort Wurzel schlagen und durch den Glauben festgehalten werden.

74. Das Wort ist: »Ich bin das Leben.« Ich habe Herrschaft über alle Dinge. Alle Macht ist Mir gegeben worden im Himmel und auf Erden.

75. Reichtümer können das Wort auch ersticken durch weltliche Begierden und Täuschungen; dies sind die Disteln, die das Wachstum ersticken. Denkt über diese Meine Worte ernsthaft nach.

76. Ihr habt das Wort gehört, und jetzt versteht ihr es; so wächst es in gutem Boden und trägt Frucht, denn ihr seid der gute Boden, der hervorbringt, einige von euch hundert-, einige sechzig-, einige dreißigfach.

77. Wie Ich euch das letzte Mal, als wir gemeinsam versammelt waren, sagte, habt nicht ihr Mich erwählt, sondern Ich erwählte euch.

78. Wenn Ich nun Meinen Samen in euch aussäe und ihr Mein Wort annehmt, und dieses Wort in euch bleibt, bin Ich in euch, und ihr seid in Mir.

79. Mein Wort ist der Sauerteig in euch, und wenn ihr ihm erlaubt, in euch zu wirken, werdet ihr Sauerteig.

80. Mein Wort will in euch aufgehen. Es ist die Quelle immerwährenden Lebens, es wird eure Seele und euren Körper durchfluten, und wir werden atmen und denken als eins. So sollt ihr von Meinem Leib essen und von Meinem Blut trinken; so sollt ihr Meiner gedenken.

81. Ich bringe die Geheimnisse hervor, die in euch verborgen waren vor der Erschaffung der Welt.

82. Euer Werk, das ihr von Anfang an unternommen habt, und jeder Schritt, den ihr unternehmt, ist der richtige. Ihr seht vielleicht nicht das Ziel, und so zweifelt ihr; aber selbst euer Zweifel kann den schöpferischen Plan nicht aufhalten, um ihn zu ändern und umzuwandeln.

83. Laßt euch niemals vom äußeren Schein entmutigen, seht immer das Gute, zu dem alles gelangen soll. Wißt, das der ewige Plan erfüllt werden muß, weil es der Wille Gottes ist. Die Herrlichkeit und die Absicht hinter ihm sind Liebe, Friede, Harmonie und Wohlergehen für alle Menschen.

84. Ihr seid gegenwärtig auf der Erde, um bei diesem Werk zu helfen. Darum bin Ich zu euch gekommen. Ich bin bei euch, euch stets helfend. Vielleicht habt ihr euch dies noch nicht völlig klargemacht, doch diese Meine Worte sind wahr, und was immer ihr im Glauben erbittet von Mir, das soll euch gegeben werden.

85. Erkennet, daß Gott verkörperte Liebe ist und Liebe niemals fehlgeht, sondern alle Dinge erneuert.

86. Wenn ihr glaubt, daß Ich derjenige bin, der durch den Mund Jesu sprach, und Mich jetzt annehmt, werdet ihr vieles in meinem Namen tun, denn Ich bin immer bei euch, und mit Mir ist der Vater, der Mich sandte.

87. Es ist der Vater, der lebt; Ich lebe, weil Er in Mir lebt. Ihr lebt auch durch Ihn. Ich lebe im Vater, und der Vater lebt in Mir, und Ich lebe in euch, und wir alle leben im Vater.

88. Nennt keinen Menschen auf der Erde euren Vater, denn einer, der im Himmel ist, ist euer Vater.

89. Derjenige, der nicht an den Sohn Gottes glaubt und Ihn zurückweist, kennt sich selbst nicht.

90. Je mehr ihr von Mir und Meinem Vater erkennt, um so größer wird eure Verehrung für die köstliche Weisheit und Ordnung in jedem geschaffenen Ding.

91. Selbst die Steine und Felsen sind Wunder Seiner Schöpfung; jeder Tropfen Tau gehorcht Seinem Gesetz und erfüllt Seine ewige Absicht.

92. Sowie ihr euch dem Wort öffnet, das im Anfang war, werdet ihr die höheren Gesetze erkennen und in Harmonie mit ihnen kommen.

93. Ihr mögt Fehler machen, aber sie werden euch zu Erfahrungen, um euch zu helfen. Fürchtet euch nicht, bedauert auch nicht die Vergangenheit; wisset, daß die mächtige, ewige Liebe sich überall *jetzt* auszudrücken sucht.

94. Ich bin das Licht im Menschen, und diejenigen, die Mir nachfolgen, werden nicht in der Finsternis wandeln: Ich bin das Licht der Welt.

95. Ich offenbare euch den Vater in all Seiner Herrlichkeit. Aus diesem Grund bin Ich gekommen.

96. Die Pharisäer sagten: »Du zeugst für Dich selbst, Dein Zeugnis ist nicht wahr.«

97. Sie kannten nicht den Geist Gottes, auch wußten sie nicht, woher Ich kam oder wohin Ich gehe. Ich wußte, woher Ich kam und wohin Ich gehe.

98. Ich wußte: Ich kam von Gott; Ich wußte: Er sandte Mich in die Welt. Ich wußte: die Welt würde Mich verleugnen, jedoch, indem sie Mich verleugnet, wird die Welt gezwungen, Mich anzunehmen. Aber laßt Mich euch dies sagen: Mich zu verleugnen heißt, den Vater zu verleugnen, der Mich sandte. Ich bin das Leben des Vaters, das Bewußtsein Gottes, das sich im Menschen ausdrückt.

99. Die Menschen urteilen dem Fleisch entsprechend; aber Ich urteile über niemanden, und wenn Ich urteilen sollte, wäre Mein Urteil richtig, weil Ich nicht alleine bin, denn Mein Vater ist immer mit Mir.

100. Ich zeuge nicht für Mich selbst; Mein Vater, der Mich sandte, zeugt für Mich, und wenn ihr Mich annehmt, nehmt ihr auch Meinen Vater an. Begreift, daß es keine Trennung gibt, dann werdet ihr Mich erkennen.

101. Der Christus kommt dem Bedürfnis der Menschen stets auf der tatsächlichen Stufe ihrer Entwicklung entgegen.

102. So werde Ich niemals versäumen zu helfen, wenn ihr nur glauben wolltet, denn die Liebe des Vaters kommt jedem Bedürfnis entgegen, denn Er weiß, was ihr nötig habt, bevor ihr bittet. Das ist das ewige Versprechen, das für alle besteht, die an Mich glauben.

103. Wenn ihr aus ganzem Herzen, aus Seele, Geist und allen euren Kräften liebt, werde Ich in euch regieren, und nichts wird euch unmöglich sein.

104. Die Liebe des Vaters in Mir wird in euch ausgedrückt. In dieser Liebe sind Intelligenz, Macht und Weisheit, um alle Dinge auszuführen.

105. Versäumt nicht zu verstehen, daß der geistige Körper vollkommene Substanz ist, und jeder Teil eures materiellen Körpers wird in Gehorsam zu diesem Christus, der einzigen Wirklichkeit, handeln.

106. Solltet ihr leiden, leidet in Frieden, und Ich werde in eurem Leben regieren, denn Gott wirkt in eurer Mitte und kann nicht fehlgehen; dann wird euer Leiden nicht vergeblich sein. Ihr werdet die Kraft des Christus fühlen, und eure Leiden werden nicht mehr sein. Mit Mir ist euer Joch leicht.

107. Der Vater lebt mit Mir in eurem Leben, auch während ihr im Fleische seid; darum lebt aus dem Wort, das in euch ist. Ich, der Ich euch liebe, habe Mich selbst für euch gegeben, und wo Ich bin, da sollt auch ihr sein.

Meinen Frieden und Meine Liebe lasse ich bei euch.

(Schweigen)

(Anmerkung des Schreibers: Bevor der Meister uns verließ, war wieder das glänzende Licht zu sehen, und zu Seinen beiden Seiten erschienen zwei Seiner Jünger, und als sie von uns gingen, verklangen Musik und Gesang. Die Hörer blieben noch einige Zeit sitzen, gebannt von dem wundervollen Erlebnis.)

Sechste Rede

DER GEIST DES VATERS, DER MICH VON DEN »TOTEN« ERWECKTE, WOHNT IN EUCH

1. Der Geist des Vaters, der Mich von den »Toten« erweckte wohnt in euch.
2. Vielleicht realisiert ihr nicht die Wichtigkeit dieser Worte. Aber es ist derselbe Geist, und es gibt keine Teilung im Geist; der eine Geist offenbart sich in der Vielheit und diese Vielheit in dem einen.
3. Diese mächtige Kraft war es, die Ich vollständig in Meinem eigenen Leben sah, und durch ihre Anerkennung war Ich fähig, die Macht des Geistes Gottes, des Vaters, der in Mir wohnte, anzuwenden; dieser Geist des Vaters, der Mich von den Toten erweckte, ist auch in eurem Innern.
4. Wenn euer sterblicher Sinn Unordnung, Schmerz und Tod anzeigen sollte, denkt an den Geist des Vaters, der in euch bleibet.
5. Ruft ihn zur Offenbarung durch das Wort der Macht »Ich bin«. Habt ihr den Sinn des Wortes »Ich-bin« völlig realisiert?
6. Ihr könnt das Wort »Ich-bin« nicht in Wirklichkeit sprechen, wenn ihr seinen Sinn nicht erkennt; und wenn ihr den Sinn des Wortes »Ich-bin« erkennt, habt ihr das Wort der Macht gelernt. »Ich bin das Leben.« Ich lebe, weil Sein Leben in Mir lebt. Leben ist Gott, und Gott ist Leben.
7. Daher wird Mein Geist euer vergängliches Fleisch beleben, und der Satan der Sinne soll unter euren Füßen sein.
8. Immer ist es der Satan der Sinne gewesen, der euch blind gemacht hat für die wirkliche Wahrheit, für die innewohnende Macht des Geistes, der im Innern lebt.
9. Die Sinne zeigen euch die Dinge von außen, aber der Geist Gottes enthüllt die Wahrheit von innen, und ohne diese Wahrheit seid Ihr machtlos.

10. Der sterbliche Sinn sieht nur die Dinge von außen, und von dem, was er sieht, weiß er nicht, was es ist. Er urteilt allein aus dem Intellekt. Er ist nicht erleuchtet, weil Erleuchtung aus dem Geist im Innern kommen muß.

11. Der Vater, der in euch wohnt, offenbart sich selbst durch euer Bewußtsein, weil euer Bewußtsein das Mittel ist, durch welches ihr den Vater ausdrückt. Seid euch in eurem eigenen Bewußtsein des großen Geheimnisses der Macht »Ich-bin« bewußt. Sprecht das Wort der Macht »Ich-bin«, dann wird euer Bewußtsein die ungeheure Macht verwirklichen, die hinter ihm ist. Das Universum ist nicht geteilt, es ist *ein Ganzes*.

12. Erfüllt den heiligen Tempel jeden Tag mit starken positiven Schwingungen des Christuslebens, sie erheben die Atmosphäre über die sterblichen Sinne hinaus.

13. Euer Wachsen in die Wahrheit hinein ist so einfach, so natürlich, denn der Vater wirkt in eurer Mitte und kann nicht fehlgehen.

14. Ihr lebt nicht allein. Ihr denkt, daß ihr aus euch selbst lebt, aber das ist eine Illusion der Sinne. Es gibt keine Teilung im Leben, es gibt keine Trennung zwischen den einzelnen von uns.

15. Im Urgrund gibt es das eine Leben, das aus der einen Quelle strömt, den einen Geist, der sich selbst in allem offenbart.

16. Wenn das Bewußtsein in euch in irgendeiner Weise von dem unendlichen Bewußtsein getrennt wäre, dann könnte der Unendliche nicht unendlich sein. Wenn ihr, die ihr ein lebendiges Wesen auf der Erde seid, von Gott getrennt wäret, dann könnte Gott nicht unendlich sein. Nun seht ihr klar, daß ihr nicht allein leben könnt und daß es nirgendwo eine Trennung gibt.

17. Bei der Vergegenwärtigung dieser Wahrheit war das gebräuchliche Symbol für diese geschmeidige Substanz, die das ganze Universum erfüllt, als »Wasser« bekannt. Aber in euren Tagen sind andere Worte gebraucht worden für den Ausdruck derselben Substanz, solche wie »elektronische« Substanz oder Raumes-Äther.

18. Obwohl ihr viele wissenschaftliche Entwicklungen wahrnehmt, die auf der irdischen Ebene stattfinden, werdet ihr doch feststellen, daß es nur durch die Kenntnis des Geistigen möglich ist, daß ihr zu den Geheimnissen des Universums gelangt.

19. Wenn die Wissenschaftler ihren Sinn völlig der Eingebung öffnen würden, die aus dem Geist kommt, könnten ihnen große und mächtige Dinge enthüllt werden.

20. Der Tag naht, an dem dies so sein wird, da die Welt in ihrer Beziehung zum Universum als einem Ganzen besser verstanden werden wird und sich deutlich zeigt, daß die Welt, in der ihr lebt, *in* dem *ganzen* Universum ist. Ein Teil ihrer »elektronischen« Substanz, die das ganze Universum versieht, ist zur Gestalt ausgeformt worden, besteht aber immer noch innerhalb der einen Stubstanz und kann nie von ihr getrennt werden. So wohnt im Innern die mächtige Kraft, der Geist Gottes – der Christus, der schöpferisch tätig ist. Dies ist das Leben im Menschen. Ich bin Geist, der Christus Gottes, das Wort, das im Anfang war.

21. Hütet euch vor denen, die Trennung verursachen, im Gegensatz zu der Lehre, die Ich euch gelehrt habe. Es hat niemals irgendeine Trennung gegeben, außer im Verstand des Menschen, und diese Trennung wird aus Unwissenheit geboren.

22. Später, wenn ihr nur aus dem Bewußtsein des Geistes tätig seid, werden eure Körper feiner sein, und ihr Gehorsam wird unmittelbar sein.

23. Wenn ihr nur die Wichtigkeit dieser Worte erfassen könntet, daß ihr jetzt Geist seid, brauchtet ihr nicht zu warten, bis ihr den Körper verlaßt, um geistige Wesen zu werden; ihr seid bereits geistige Wesen, und ihr wart es von Anfang an.

24. Und wenn ihr die Christus-Kraft anruft und euch den Ursprung vergegenwärtigt, aus dem ihr kommt, werdet ihr eine Kraft in Tätigkeit setzen, die jenseits des sterblichen Sinns ist.

25. Alles ist dem Christus bekannt, aber nicht alles wird dem menschlichen Bewußtsein enthüllt bis zu dem Zeit-

punkt, wo sich der Mensch öffnet, und dann wird der Geist im Innern seine Herrlichkeit, seine Macht, sein Wesen, seine Liebe und seinen Frieden offenbaren. Nur durch die Ruhe des Gemüts enthüllt sich die Wahrheit.

26. Wenn ihr dann, die ihr im sterblichen Sinn lebt, geistig sicher werdet, könnt ihr jetzt eure Herrschaft über alle Dinge geltend machen und es so ablehnen, die Beeinflussungen anzuerkennen, die aus den Sinnen kommen.

27. Das war es, was Ich so deutlich sah; Ich sprach aus dem Geist und flößte dadurch allem Leben ein. Wenn ihr mit Mir denken und mit Mir fühlen könnt, dann werdet ihr merken, was Ich meine.

28. Wenn ihr klar seht, daß das Leben die einzige lebendige Gegenwart, Gott selbst ist, der Allmächtige, der Allmächtige in eurer Mitte, wenn und indem ihr dies verwirklicht, wird euer Bewußtsein die Kraft im Innern wahrnehmen. Das Bewußtsein ist das Mittel, durch das der Geist sich selbst auf allen Ebenen offenbart.

29. Wenn euer Bewußtsein sich des Lebens bewußt wird, wird sich euch das Leben – es ist der Diener aller – entsprechend eurem Bewußtwerden offenbaren. Euer Bewußtsein entfaltet sich durch die Vergegenwärtigung der Macht des Geistes; das Bewußtsein offenbart und drückt dann dasjenige aus, dessen es sich bewußt ist.

30. Fühlt also in eurem Herzen die Macht des Geistes. Fühlt und anerkennt in eurem eigenen Bewußtsein die Christus-Kraft, der Herrschaft über alle Dinge gegeben worden ist. Alle Macht ist Mir gegeben worden im Himmel und auf Erden.

31. Auf diese Weise wird der Christus auch in euch regieren, denn der Christus ist der allein erzeugte Sohn des Vaters, der an des Vaters Brust ruht.

32. Er ist der König in allen Königreichen und ist sieghaft im Himmel und auf Erden.

33. Selbst ein Sperling wird nicht ohne des Vaters Willen auf den Boden fallen; darum fürchtet euch nicht, denn Ich bin immer bei euch.

34. Wie herrlich ist diese Wahrheit, wenn ihr sie erkennt! Nicht ein Teil eures Körpers kann beeinflußt werden, bevor nicht eine Veränderung stattfindet, die im Geist vor sich geht.

35. Alles lebt im Bewußtsein Gottes, und nichts kann außerhalb desselben bestehen. Bevor ihr nicht wiedergeboren werdet, dieses Mal aus Geist und Wasser, werdet ihr niemals in das Königreich eintreten. Dies bedeutet, daß ihr niemals, bevor ihr nicht die Wahrheit anerkennt, welche die Ganzheit des Geistes verwirklicht, der sich offenbart, in das Königreich der schöpferischen Macht des Christus eintreten könnt.

36. Alles ist Mir von Meinem Vater übertragen worden, und keiner kennet den Sohn, außer dem Vater, und keiner kennet den Vater, nur der Sohn.

37. So kommt her zu Mir, ihr alle, die ihr müde seid, alle, die ihr Bürden tragt, und Ich will euch Ruhe geben. Dies ist wahr, denn Ich bin Er, der eure Last tragen wird; wenn ihr nur eure Last auf Mich werfen wolltet, Ich werde sie von euch nehmen, und ihr werdet frei sein.

38. Dem Christus ist alle Macht im Himmel und auf der Erde gegeben worden. Suchet zuerst das Königreich Gottes und seine Rechtschaffenheit, und alle Dinge sollen euch hinzugegeben werden. Suchet das Königreich des Geistes und seine richtige Anwendung, und alles wird euch hinzugegeben werden.

39. Eure Ruhe ist gewiß, eure Kraft wird gestärkt werden durch die Gegenwart des Herrn, deines Gottes.

40. Daher lernt von Mir, denn Ich bin ruhig in Meinem Herzen und stark in Meinem Wissen. Ihr werdet Mich als eine Ruhe für eure Seele finden. Denn euer Herz wird nicht beunruhigt, wenn ihr stark seid in eurem Wissen um Mich.

41. Euer Herz ist in Frieden, voller Mitleid und Liebe, wenn ihr stark seid in Christus. So erkennt den Vater, wie Ich Ihn erkenne; Ich habe Ihn verkörpert, all Seine Liebe, all Seine Herrlichkeit, Sein Mitleid, Seine Weisheit und Seine Macht. Dieses Wissen in Meinem Bewußtsein enthüllt allen Menschen die Wahrheit.

42. Alles ist Mir von meinem Vater gesagt worden, und keiner kennet den Sohn, außer dem Vater, auch kennet keiner den Vater, außer dem Sohn. So kommt zu Mir, und Ich werde euch Ruhe geben.

43. Mein Joch ist sehr angenehm, und Meine Bürde ist leicht. Denkt mit Mir in euren stillen Stunden, denn Ich bin immer bei euch.

44. Nehmt euch von euren täglichen Aufgaben die Zeit heraus und geht in die Stille und denkt mit Mir. Ich bin immer bei euch; ihr werdet Meine Gegenwart fühlen, die sich durch euch ausdrückt. Ihr werdet euch getröstet erheben, erfreut und erfüllt von der »Gegenwart« des ewigen Christus.

45. Nun, da ihr gelernt habt zu sagen: »Ich bin Geist«, wisset, daß allein der Geist schöpferisch ist.

46. Es ist der Geist in euch, der alles erschafft. Groß ist der mächtige Geist Gottes, wie Ich Ihn kenne, doch die Sinne offenbaren euch dies nicht. Das, was unsichtbar ist, ist wirklicher als das, was ihr seht, und aus dem Unsichtbaren ist alles, was ihr seht, gekommen. Der Geist, das Unsichtbare, ist die belebende Kraft und bringt jede Form ins Dasein. Geist erschafft die Dinge, indem er die Dinge wird, die er erschafft. Geist ist vollkommen in sich selbst. Geist ist alles, und alles ist Geist.

47. Ein Teil des Geistes kann nicht von einem anderen getrennt sein; der sich offenbarende Geist ist nicht getrennt von dem nicht geoffenbarten Geist. Das Leben in euch ist in keiner Weise getrennt von dem Leben Gottes.

48. Im Hinblick auf dieses Wissen ist die Menschheit in ihrer Kindheit, doch viele beginnen das Drängen des einen Lebens, des »Ich-bin«, zu fühlen.

49. Diese Meine Worte haben den Sinn, das Wirkliche hinter dem Schatten zu enthüllen, und was Ich fühle, werdet auch ihr fühlen, so ihr Mir zuhört. Auf diese Weise werdet ihr von Mir lernen. Studiert diese Worte, bis ihr das »Verständnis« fühlt.

50. Es gibt das, was wir telepathische Verbindung nennen von einem Geist zu einem anderen oder von einem Bewußt-

sein zu einem anderen. Es gibt eine direkte Verbindungslinie, genauso wie ihr sie in eurer Welt habt, wenn ihr das Instrument ergreift, das ihr benutzt, damit eine Person eine andere aus einer Entfernung sprechen hören kann.

51. Hier ist es dasselbe: wie oben so unten. Es gibt eine telepathische Verbindung von einem Geist zu einem anderen. Der Geist, der in dieser Tätigkeit geübt ist, wird die Gedanken, die Ich übermittle, ausdrücken.

52. Ihr werdet bemerken, daß das Bewußtsein des Bruders über den sterblichen Sinn erhoben wird, erhoben über den physischen Sinn in das Bewußtsein des inneren Bereichs. Sein Bewußtsein wird mit diesem Bewußtsein verbunden und dann zurück in den Körper übertragen, indem es Gehirn und Körper als Resonanzboden benützt.

53. Während sich dieser Vorgang vollzieht, weiß er alles, was sich ereignet, aber wenn die Übertragung durch Meine Überschattung aufhört, weiß er nichts von dem, was vorgegangen ist bis zu dem Zeitpunkt, wo er es wieder hört über den Tonträger, der hinter ihm auf der Vorrichtung aufgestellt ist.

54. Wenn der Bruder stillsitzend meditieren würde und wieder in die inneren Bereiche seines eigenen Bewußtseins einträte, würde er dort alles eingeprägt finden, und alles, was Ich vermittelt habe, kann wieder hervorgebracht werden. Daher wird er nach diesen gehaltenen Vorträgen ein bedeutenderes Instrument sein, um die Wahrheit zum Ausdruck zu bringen, als je zuvor.

55. Er ist zu diesem Zweck im Himalaja geschult worden, manchmal sieben Tage und länger in vollkommener Meditation, sogar ohne Essen und Trinken so lange, bis er fähig wurde, die höhere Schwingung zu empfangen.

56. Danach haben wir ihn in der ganzen Welt eingesetzt und werden ihn weiter in verschiedenen Teilen der Welt benötigen. Ich sage euch diese Dinge, weil ihr sie wissen solltet. Eines Tages werden wir ihn eurem Blick entziehen in unsere Welt des Geistes, wo er unsichtbar weiter unter euch wirken wird. Wir haben ihn lebenskräftig erhalten, jung,

stark, kraftvoll und werden fortfahren, das zu tun, solange er auf der Erde ist.

57. Die schönste Musik, die ihr je auf Erden hören konntet, kann euch nur eine ungefähre Ahnung geben von der Schönheit, die die Seele des Komponisten erlebt.

58. So ist es mit euch. Was Ich euch gebe, ermöglicht es euch, etwas von der Schönheit zu fühlen, die in Fülle da ist für jene, die Mich lieben; und diejenigen, welche Mich lieben, lieben auch Meinen Vater. Denn Ich habe den Vater verkörpert, so daß, wenn ihr Mich kennt, ihr auch Meinen Vater – euren Vater – kennen werdet.

59. Seine Liebe strömt aus als Musik in die Sphären und wird von allen Seelen aufgenommen, die sich ihr öffnen.

60. Jeder sucht Glückseligkeit, aber keiner kann sie im Äußeren finden; nur durch die innere Verwirklichung kann die freudige Kraft von diesem Rhythmus gefühlt werden.

61. Die Musik, die Liebe und die Weisheit Gottes drücken sich durch die Seele aus. So werdet ihr euch ihrer bewußt, indem sie sich in euren Körpern offenbaren. Daher sage Ich: Meinen Frieden und Meine Liebe bringe Ich mit Mir, und Meinen Frieden und Meine Liebe lasse Ich bei euch.

62. Wie kann Ich dasjenige erklären, was jenseits eures Fassungsvermögens liegt? Öffnet euch Mir nur, und Meine Gedanken werden sich in euch offenbaren.

63. Der Vater ist immer jenseits der höchsten Vorstellung, und euer Wachstum enthüllt mehr von Ihm, der der Atem des Lebens ist.

64. Obgleich die Nebel auf dem Antlitz der Erde dicht sind, beginnt das Licht, sie zu durchdringen, und in eurer Generation beginnen viel mehr Menschen, die Wahrheit zu sehen und zu erkennen.

65. Denn gegenwärtig seht ihr unklar durch den Nebel und erkennt nur stückweise, aber ihr sollt erkennen, ebenso wie ihr erkannt werdet.

66. Fast alle Unwissenheit, die Ich vor zweitausend Jahren zu durchdringen kam, besteht noch. Es gab nur wenig Veränderung bei den orthodoxen Religionen.

67. So viele Trennungen sind durch die verschiedenen Religionen geschaffen worden, so viel Streit. Aber wie ihr jetzt seht, kann es in Gott keine Trennung geben, nirgends kann es Trennung in Gott geben.

68. Trennung ist aus Unwissenheit im menschlichen Verstand geboren. Kann denn diese Unwissenheit aufgelöst werden? Ja! Geistige Einflüsse, die jetzt auf die irdische Ebene einwirken, beginnen, diesen Nebel der Unwissenheit aufzulösen; und ihr und noch viele gleich euch sind die Werkzeuge, durch die er aufgelöst werden wird.

69. Die Verwirklichung dieser Wahrheit durch euch in euren stillen Stunden wird die Atmosphäre mit Weisheit und Liebe anreichern. Eure Liebe und euer Friede werden der Welt helfen.

70. Denn der Vater wird immer liebenswerter, indem sich euer Blick klärt. Und was das innere Auge sieht, das bringt die Seele zum Ausdruck.

71. Dies ruft euch vorwärts auf einen nie endenden Strom von Licht zu der Quelle, aus der es kommt.

72. Und Seine Größe ist niemals größer als dann, wenn wir Ihn sehen in Seiner Hingebung, in der Er alle in die Geborgenheit erhebt durch Seine höchste Liebe.

73. Vor nahezu zweitausend Jahren gab ich ein Gleichnis, es wird »der verschwenderische Sohn« [bekannt als Gleichnis vom *verlorenen Sohn*] genannt. Und wenn ihr dieses Gleichnis wieder lest, werdet ihr die Tiefe der Liebe des Vaters verstehen.

74. Niemand kann jemals vom Vater getrennt werden, nicht einmal sein ungehorsamstes Kind, und dieses Kind bedarf mehr Liebe als eines, das gehorsam ist.

75. Dies erfüllt die Seele mit Verehrung für Seine gütige Liebe. Denn unser Gott steht über allen Göttern, die in des Menschen Verstand erschaffen wurden. Denn unser Vater-Mutter-Gott ist jenseits der bedeutendsten Vorstellung, zu der der Mensch fähig ist.

76. Aber wir wollen mit offenem Sinn die Herrlichkeit unseres Vater-Mutter-Gottes erfassen, und dadurch werdet

ihr verwandelt werden in das gleiche Bild – von einer Herrlichkeit zur andern –, geradeso wie der Christus-Geist, der Sohn, den Vater offenbart.

77. Es ist der Christus, der Sohn, der den Vater anerkennt. Der Christus ist auch der Geist in euch, und wenn ihr ihn verwirklichen und anerkennen könnt, so wird er für euch tun, was er für Mich tat; und wenn ihr an Mich glaubt, werdet ihr größere Dinge tun. Denn Ich bin der Christus, der euch den Vater offenbart.

78. Dies war es, was Meine gesegnete Mutter sah, und durch ihre Vision wurde Ich im Fleisch geboren. »Ich bin« das Wort, das Fleisch wurde.

79. Gott und euch ist eure Mutter auf Erden nah und lieb. Versucht euch vorzustellen, welche Freude ihre Opfer für euch ihr geben.

80. Je näher ihr der Liebe der Mutter kommt, um so näher kommt ihr der Liebe des Vaters, der sich in Seiner Schöpfung offenbart.

81. Denn in der Mutter ist der Vater am Werk zu sehen im Formen Seines Bildes und Seines Gleichnisses. So wurde Ich im Fleisch geboren. »Ich bin das Leben.«

82. Und niemand wird im Fleisch geboren, ohne daß es der Vater weiß, und niemand verläßt das Fleisch, ohne daß es ebenso der Vater weiß.

83. Selbst ein Sperling fällt nicht zu Boden ohne den Willen des Vaters; auch werdet ihr nicht im Fleisch geboren ohne den Willen des Vaters.

84. Der sich offenbarende Vater erschafft in der Mutter das Ebenbild und die Gestalt Seiner selbst. Wie wunderbar ist es für euch zu verstehen, diese Wahrheit zu wissen, daß ihr das Ebenbild und die Gestalt eures Vaters im Himmel seid und daß Seine Liebe und Macht, Sein Frieden, Seine Herrlichkeit in euch wohnen.

85. Ihr alle, die ihr im Geiste seid – Ich spreche ebenfalls zu euch. Je mehr ihr diese Wahrheit verwirklicht, um so mehr werdet ihr Meinem Gedanken Ausdruck geben.

86. Lasset uns mit Danksagung vor Ihn treten! Die Tiefen der Erde ruhen in Seiner Hand. Die Bergesgipfel sind Sein; Er schuf das Meer, und Er schuf das Land.

87. Lasset uns Ihn in Seiner Größe anbeten und uns vor Ihm verbeugen, der uns zu Seinem eigenen Ebenbild und Seinem Gleichnis erschuf.

88. Oh, würde die Welt heute Meiner Stimme lauschen: »Preiset den Ewigen, o Familien der Völker, preiset den Ewigen für Seine Herrlichkeit und Sein Erbarmen!«

89. Betretet Sein Haus mit einer Bereitschaft zu Frieden und Wohlwollen für alle Menschen, und Er wird die Völker gerecht regieren.

90. Lasset die Himmel frohlocken, lasset die Erde jubilieren, lasset das Meer sein Lob donnern. Lasset das Land seine Früchte zum Lobe hervorbringen und die Bäume des Waldes vor Freude singen!

91. Der Ewige ist gegenwärtig, denn Er kommt mit Seinem Sohn, um die Erde zu regieren, um die Welt gerecht und die Völker getreu zu regieren. Das ist das Versprechen, und dieses Versprechen ist im Begriff, erfüllt zu werden. Der Weg wird jetzt bereitet.

92. Der Geist im Menschen fordert seine Freiheit. Er kann nicht länger unterdrückt werden, denn das Königreich des Himmels ist nahe, das Königreich des Innern, das Königreich des höheren Bewußtseins; der Wille Gottes im Himmel soll auf der Erde geschehen.

93. Was in eurer Mitte gesehen wird, ist nur das Vorspiel zu dem Königreich des Himmels auf der Erde. Das Königreich des Inneren wird das Königreich des Äußeren, und aller Streit soll vergehen.

94. Die Welt schreit wie ein Kindlein in der Nacht und ohne Worte, aber jener Schrei wurde beantwortet vom ewigen Vater. Die Welt hat keine Worte, die Welt hat keine Wahrheit; der vergängliche Sinn soll sterben, die Wahrheit des lebendigen Gottes soll verkündigt werden.

95. Die Welt schreit auf in ihrer Unwissenheit ohne Worte, wie ein Kind in der Nacht schreit; doch die Mutter hört die

Schreie ihres Kindleins und eilt herbei, ihm zu helfen. So hat der Vater den Laut gehört, den Schrei Seiner Kinder auf Erden.

96. Ich bin nicht blind für eure Nöte, Ich kenne und verstehe sie; Ich bin durch sie hindurchgegangen. Ihr werdet in Unwissenheit geboren durch den Glauben an Trennung und Teilung.

97. Denkt jetzt selbst nach, und ihr werdet begreifen, wie ihr frei sein könnt. Indem ihr erkennt, was völlig falsch und unwahr ist, werdet ihr dasjenige erkennen, was wahr ist.

98. Ich bin gekommen, damit ihr Leben und reicheres Leben haben sollt.

99. Ich habe Gott geoffenbart entsprechend euren Bedürfnissen, und der Vater ist bereit, euch zu helfen entsprechend euren Bedürfnissen.

100. Offenbarte Ich nicht den Vater, den verborgenen, reichen und überfließenden Quell, das nie endende Leben in all seiner Fülle, damit auch ihr in der Wahrheit ruhen könnt? Darum folgt Meinen Fußspuren, weil Ich den Weg kenne.

101. Darin ist kein Geheimnis. Niemand hat Gott jemals gesehen, nur der Erstgeborene Gottes, der im Schoß des Vaters ist, er hat Ihn kundgetan.

102. Diese Worte täuschen jene, die sie nicht verstehen. Aber sobald ihr erkennt, daß der Vater selbst den Sohn, den Christus, gebiert, welcher Ebenbild und Gleichnis des Vaters selbst ist, und sobald der Christus sich selbst erkennt, dann enthüllt Er den Vater in all Seiner Herrlichkeit und Macht, Weisheit und Liebe.

103. Dies ist das volle, reiche, herrliche Leben in euch und sollte eure Seele und euren Körper erfüllen, denn der Christus ist euer Leben.

104. Ich zog nicht das Leben außerhalb von Gott heran, denn Ich weiß, daß Ich Gottes ewiger Christus bin, der in jeder Seele lebt.

105. Der Sinn Meiner Worte kann nur in eurem Innern und nicht von außen her erkannt werden.

106. Ich spreche deshalb in der Weise, wie Ich es tue, damit ihr in eurem Innern den Sinn Meiner Worte fühlt. Ihr könnt nicht erklären, was Ich euch erzähle, weil ihr die Wahrheit niemals erklären könnt.

107. Manche Leute werden fragen: »Was sagte Er?« »Wie sagte Er es?« Aber könnt ihr erzählen, was Ich sagte und wie Ich es sagte? Könnt ihr die Wahrheit erklären? Dasjenige, was man erklären kann, ist nicht die Wahrheit. Aber sowie ihr auf Mich lauscht, werdet ihr die Wahrheit fühlen; und nur denen, die lauschen wollen, kann sie enthüllt werden. Ihr werdet Mich fühlen und Mich erkennen, denn Ich bin die Wahrheit.

108. Überlegt nicht mit eurem Intellekt, denn er ist seiner Natur nach begrenzt und urteilt nach dem Äußeren. Der Geist wird euch alles durch Erleuchtung offenbaren.

109. Wisset, daß Ich in euch lebe und daß die Menschheit Gottes ewiger Sohn ist. Die Schafe kennen ihres Schäfers Stimme.

110. Und die Menschheit wird eines Tages sagen: »Es ist vollendet«, und sie sollen eins sein, denn Ich werde in ihrer Mitte sein. Der Vater wird sich in Seinem Sohn verherrlichen, und die ganze Menschheit wird Mich erkennen.

111. Bedenkt, was dies bedeutet, daß die ganze Menschheit die Liebe, die Weisheit, das Erbarmen, die Macht des Christus erkennen wird.

112. Der Vater wird sich verherrlichen. Er wird sich im Sohn offenbaren, der Wille Gottes, der im Himmel geschieht, wird auch auf der Erde geschehen.

113. Unser Vater, der Du bist im Himmel, geheiligt sei Dein Name, Dein Königreich komme, Dein Wille geschehe auf der Erde, wie er im Himmel geschieht.

114. Ihr seid Meine Freunde, weil Ich alles, was Ich von Meinem Vater gehört habe, euch kundgetan habe; so erwählte Ich euch, auszugehen und Frucht hervorzubringen und daß eure Frucht erhalten bleiben möge. Und was immer ihr Meinen Vater in Meinem Namen bittet, wird Er euch geben.

115. Darum gebiete Ich euch, daß ihr einander liebt. Denn nur indem ihr einander liebt, kann Ich in eurer Mitte bleiben; und wo Ich bin, da ist auch der Vater, denn Ich habe den Vater personifiziert, und der Vater wird in Mir personifiziert.

116. Ihr werdet Mich wiedersehen, und euer Herz wird erfreut sein, und niemand wird eure Freude von euch nehmen; was Ich euch gegeben habe, wird bei euch bleiben.

117. Ich bin nicht allein, weil der Vater für immer mit Mir ist, und wenn ihr Mich gesehen habt, habt ihr den Vater gesehen. Könnt ihr diese mächtige Wahrheit erfassen? Wenn ihr Mich gesehen habt, habt ihr den Vater gesehen. Der Vater hat Mich erschaffen, und Er bleibt in Mir, und Ich bleibe in Ihm.

118. Ich konnte nicht ins Dasein kommen, ohne daß der Vater mit Mir gewesen wäre. Er ist der Vater, der immer in Mir bleibet, Er spricht für Mich.

119. Ewiger liebender Vater! Ich habe Deinen Namen jenen zu erkennen gegeben, die Du Mir aus der Welt gabst; sie waren Dein, und Du gabst sie Mir, und sie sollen Dein Wort halten, das Wort des Christus, das ihnen im Innern wohnt. Weil sie es gehört haben, kennen sie es, und nun soll es in ihren Seelen wohnen.

(Anmerkung des Schreibers: Eine vollkommene Stille breitete sich über die Versammlung aus, ein helles Licht leuchtete, und des Meisters Antlitz erschien vollkommen und überschattete des Bruders Gesicht.)

120. Sie wissen, daß, was immer Du Mir gegeben hast, von Dir ist.

121. Und alles, was Mein ist, ist Dein, und was Dein ist, ist Mein, und Ich werde durch Dich verherrlicht.

122. Wie Ich durch die Erfahrung, Tod genannt, unverändert blieb – denn das Leben wird nicht geteilt –, so gibt es keine Teilung im Leben, und es gibt keine Unterbrechung im Leben durch den sogenannten Tod.

123. Das Leben wird niemals unterbrochen, auch wird es nicht vernichtet oder beeinträchtigt. Das war es, was Ich Meinen Jüngern so eindringlich zeigte; dies zeige Ich auch euch.

124. Leben stirbt nicht, und das »Ich-bin« wird nicht verändert durch die Erfahrung des sogenannten Todes. So wird der Geist, das Leben in euch, unverändert bleiben, denn ihr seid immer gewesen und könnt nicht sterben, und wie »Ich bin«, so werdet auch ihr sein, denn der Geist des Vaters, der Mich von den »Toten« erweckte, lebt auch in euch.

Meinen Frieden und Meine Liebe lasse Ich bei euch.

(Schweigen)

(Anmerkung des Schreibers: Ein Licht hüllte jetzt den Bruder ein. Das Licht ist so leuchtend, daß es die Halle mit einem Strahlen jenseits aller Erklärungsmöglichkeiten erfüllt.)

Siebente Rede

MEINE WORTE SIND VOM HIMMEL

Meinen Frieden, meine Liebe bringe Ich euch.

1. Wir wollen zusammen den Wert der Heiligen Schrift betrachten.
2. Die Heilige Schrift ist eine Darstellung des Gesetzes, sowohl desjenigen, was im Reich des Himmels als auch desjenigen, was im Reich der Erde vorhanden ist.
3. Die in den vielen Büchern niedergeschriebenen Worte sind Worte der Inspiration durch die Propheten der Israeliten. Diese Propheten waren inspirierte Menschen; sie hatten ein sehr gründliches Studium alles Geistigen durchgemacht.
4. Durch Inspiration hatten sie die Macht, das Wissen über den geistigen Ursprung, der darauf wartet, ausgedrückt zu werden, zur Wirksamkeit zu bringen.
5. Die meisten dieser Propheten wurden zu diesem Zweck geboren, und in der ganzen Bibel werdet ihr von seltsamen Dingen lesen, die sich bei vielen von ihnen ereigneten. Obwohl die Worte eingegeben waren, wurden sie dennoch durch die Menschen niedergeschrieben.
6. Die Inspiration ist eine Kraft, die aus dem Geist kommt, und indem sie sich durch ihr Sprachrohr äußert, ist sie oft entsprechend der besonderen Natur des Instrumentes gestaltet. Es gibt eine reinere Form der Inspiration, die aus der geistigen Quelle kommt, eine solche, wie sie sich jetzt in diesem Augenblick ereignet, wenn sich das Bewußtsein der geistigen Macht, die im inneren Bereich wohnt, offenbart durch das innere Bewußtsein des Instrumentes, das benutzt wird. In einigen Fällen wurde dies auch ausgeübt bei jenen Propheten, von denen ihr in der Bibel lest.

7. Wir nennen es ein Buch der Inspiration, und das ist das Geheimnis seines großen Wertes in der Welt.

8. Immer sucht die Seele nach dem Ursprung ihres Seins, und dieses Verlangen führt zur Wahrheit durch die Inspiration. Kein Ruf geht von irgendeiner Seele aus, der nicht aus dem geistigen Reich beantwortet wird.

9. Ihr seid alle ewig mit dem großen allmächtigen Vater verbunden; es gibt keinen Abstand zwischen euch und dem Vater, auch gibt es nicht irgendeine Entfernung zwischen euch und Mir. Es gibt nirgends eine Trennung. Trennung und Absonderung sind nur eine Vorstellung aus Unwissenheit, geboren aus dem Verstand des Menschen.

10. In Wirklichkeit gibt es keine Trennung; es gibt keine Trennung zwischen dem Geist Gottes in jedem einzelnen von euch und dem Geist, der in Mir ist. Und jener Geist ist der Geist des Vaters, der zu euch spricht; der Geist allein hat Sprache.

11. Bücher, Worte, Buchstaben haben alle keinen Wert aus sich selbst; sie haben nur Wert, wenn der Geist die Worte gebraucht als ein Mittel der Gedankenverbindung mit dem Unsichtbaren, indem er auf diese Weise durch das Reich der Sinne hindurchdringt.

12. So ist das Wort nur die äußere Schale, die die Perle von hohem Wert birgt, die ihr im Inneren findet. Wenn ihr mit eurem eigenen Verstand ein Wort nehmt und z.B. die Worte sagt »Ich bin«, »Ich bin das Leben«, sind dies Worte, die durch den sterblichen Verstand ausgedrückt werden; doch diese Worte können in den geistigen Zustand erhoben werden, der ewig und immer-gegenwärtig ist.

13. Auf diese Weise werdet ihr, indem ihr die Bibel lest, die ihr heilig nennt, fähig sein, die Worte zu gebrauchen und sie emporzuheben, obwohl sie mit sterblichen Augen gesehen und mit sterblichem Verstand gelesen wurden; doch durch die Macht des Geistes, die euch innewohnt, werdet ihr sie auf eine geistige Ebene erheben, jenseits des sterblichen Begriffsvermögens.

14. Die Heilige Schrift ist durch Inspiration niedergeschrieben worden mit geistiger Führung zum Zweck der Belehrung über das Gesetz des Lebens und zur richtigen Anwendung dieses Gesetzes.

15. Daher kam Ich nicht, um das Gesetz zu zerstören, sondern um das Gesetz zu erfüllen, um das Leben vollständig zu machen, um zu zeigen, daß es sich im menschlichen Fleisch offenbart; zu beweisen, daß der Christus im Fleisch die Herrlichkeit des unendlichen Vaters offenbaren konnte, der im Sohn lebte und sich durch Ihn ausdrückte.

16. Der Vater, der Leben in sich selbst hatte, drückte dieses selbe Leben durch den Sohn aus; daher drückt der Sohn das Leben, den Willen des Vaters, aus.

17. Mein Wort ist lebendig und machtvoll, doch es ist süßer als Honig.

18. Das Wort, das der Vater Mir gibt, ist das lebendige Wort Seiner Liebe, jenseits menschlichen Begreifens; und Sein Wort ist eine lebendige Kraft, denn Seine Liebe ist immer gegenwärtig.

19. Wenn irgendeiner von euch die Macht des Geistes fühlen und sie völlig anerkennen und aus ihr sprechen kann, dann hat das Wort, das ihr sprecht, Macht. Alle Macht ist Mir gegeben worden im Himmel und auf Erden.

20. Es gibt keine Schöpfungen, die vor Seinem Licht verborgen sind, denn alle Dinge sind unverhüllt und offen vor Seinen Augen.

21. Meine Worte sind vom Himmel, die Inspiration aus dem *einen* Geist Gottes und strömen den überfließenden Reichtum und die Wahrheit Gottes aus.

22. Durch diese Worte könnt auch ihr erleuchtet werden, weil Meine Worte vom Himmel sind, aus dem inneren, dem höheren Bewußtsein, jenem Reich, welches das Äußere nie berührt. Aber jenes Reich kann sich äußerlich durch das Äußere ausdrücken; dann wird das Äußere wie das Innere.

23. Diese Worte werden auf Tonband aufgenommen und für euch aufgeschrieben, so daß ihr in euren ruhigen Augenblicken imstande seid, sie in euch aufzunehmen, über sie zu

meditieren und sie euch dadurch zu eigen zu machen. Und indem ihr sie über den sterblichen Sinn erhebt, gewinnt ihr eine Kraft und ein Verständnis, die ihr vorher nicht besessen habt.

24. Inspiration ist für alle möglich; eben jetzt werdet ihr inspiriert, um die verborgenen Geheimnisse des Lebens durch Meine Worte zu verstehen.

25. Darum werden Meine Worte der Träger, durch den ihr von der in euch verborgenen großen und herrlichen Wahrheit erfahrt.

26. Das Wunder des gesprochenen Wortes ist der Genius Gottes, der durch den sterblichen Sinn die Sprache der Zeit spricht, sie jedoch ewig und geistig macht.

27. Es ist der Vater, der in Mir spricht. Es ist der Vater, der durch den sterblichen Sinn spricht, durch das sterbliche Fleisch, indem Er diese Worte zu einer ewigen und immergegenwärtigen Wirklichkeit macht.

28. Jene, die jetzt in den Bereichen des Innern sind, die schon aus dem sterblichen Fleisch hinübergegangen sind, leben noch; auch sie hören Meine Worte und werden durch sie erleuchtet.

29. Jeder einzelne von euch kann jetzt durch Verstehen in die höheren Bereiche des Bewußtseins jenseits der sterblichen Sinne eintreten.

30. Als Ich das Wort »Brot« verwendete, gab Ich ihm eine heilige und geistige Bedeutung, um die Wahrheit von der geistigen Nahrung zu übermitteln, die euch in allem aufrechterhalten wird.

31. Lernt, das Licht der Wirklichkeit und Wahrheit zu allen Zeiten in Begrenzung und Chaos und Dunkelheit hineinzutragen, und diese werden verschwinden.

32. Eure schöpferische Kraft ist das Bewußtsein des Christus in euch, und durch dieses Bewußtsein wird der Christus sich durch euch offenbaren, um alle Dinge zu erneuern.

33. Um Meine Worte zu erfassen, müßt ihr euer Bewußtsein über den sterblichen Sinn hinaus in die Bereiche des

Geistes erheben; dann werdet ihr Meine Worte verstehen, denn sie leben jenseits des sterblichen Sinns.

34. Ihr werdet den Christus erkennen als den alleinigen ewigen Sohn Gottes. Der Geist, der euch Leben gibt, der Geist, der in euch lebt, ist der Geist, der in Mir spricht, denn der Geist allein hat die Macht zu sprechen.

35. Das Bewußtsein dieses Christus ist die Macht in der ganzen Schöpfung, und je mehr ihr euch ihrer bewußt seid, um so bedeutender wird sie sich in eurem eigenen Leben offenbaren.

36. Auf diese Weise seid ihr im Äußeren durch den Geist des Vaters schöpferisch tätig. Es gibt keine andere Quelle der Macht, es gibt keine andere Macht im Universum.

37. Wie Ich euch gesagt habe, gibt es nirgendwo eine Teilung; Gott ist nicht geteilt, auch hat Er sich nicht selbst geteilt; aber in Ihm, durch Ihn und mit Ihm wird alles, was erschaffen wird, geschaffen.

38. Worte sind nur Symbole der Verständigung; aber wenn der Geist des Vaters in das Äußere kommt, gibt es keine Worte, um diese große Erleuchtung zu erklären.

39. Wenn das äußere Bewußtsein sich des Vaters bewußt wird, wird sich das Reich Gottes im Äußeren offenbaren. Dies war es, was Mein eigenes Bewußtsein erfüllte, als Ich das »Wort« sprach, und dieses Wort wurde offenbar gemacht.

40. Mit euch ist es dasselbe, wenn ihr nur glauben wolltet. Erhebt euer Bewußtsein durch Verständnis über den sterblichen Sinn in den geistigen Zustand und empfangt dort die Kraft des Vaters durch euer eigenes Bewußtsein, indem ihr die mächtige Kraft offenbart, die immerdar herrscht.

41. Habe Ich nicht bewiesen, daß der Sohn Gottes alle Macht im Himmel und auf Erden hat? Dieser selbe Geist, der Mich von den »Toten« erweckte, wohnt auch in euch und wird euch erwecken, wie er Mich erweckte.

42. Dies wird eure Erfahrung sein, wie es die Meine war, und Ich bin gekommen, um euch dabei zu helfen.

43. Die Worte, die Ich spreche und die Gedanken Meines Herzens erfreuen den Vater im Hinblick auf euch:

44. Daß ihr der höchste Ausdruck Meines Vaters, der sich in allem Leben regt, werden könnt, Licht ausstrahlend, einen tiefen innersten Frieden offenbarend, indem ihr dabei unbewußt Göttlichkeit offenbart.

45. Und dieser innere Friede ist ein Kennzeichen großer Demut, doch diese Demut in ihrer Herrlichkeit bedeutet: Ich aus meinem eigenen Selbst kann nichts tun, es ist der Vater, der immer in mir bleibet, Er tut das Werk.

46. Auf diese Weise drückt ihr unbewußt Göttlichkeit aus; wohin immer ihr zieht, was immer ihr sagt, was immer ihr tut, ihr werdet unbewußt Göttlichkeit ausdrücken, so daß anderen durch eure Worte und Handlungen geholfen wird.

47. Dieses Licht kann nicht verborgen bleiben, denn Liebe und Weisheit werden durch jede Geste, durch jedes gesprochene Wort vermittelt. Auf diese Weise werdet ihr eine erleuchtete Seele.

48. Der wirkliche Wert des Wortes der Heiligen Schrift besteht darin, euer Verständnis für die Gaben Gottes zu erschließen, und diese werden euch verliehen entsprechend eurer Entfaltung.

49. Das Wort »glauben« in der Heiligen Schrift ist falsch ausgelegt worden, das Wort »glauben« bedeutet ein tiefes Wissen, und dieses tiefe Wissen ist es, das Verständnis verleiht. Und sowie das Verständnis tiefer wird, werdet ihr euch des Vaters bewußter, der durch euch wirken will. Entfaltet auf natürliche Weise die Gaben, die Er euch verliehen hat – sie warten jetzt auf eure Anerkennung. Erleuchtung befähigt euch, eure göttlichen Gaben zu entfalten.

50. Die inspirierten Aufzeichnungen der Heiligen Schrift sind über alle Bücher gestellt worden, und Millionen sind durch das Wort der Wahrheit erleuchtet und erhoben worden.

51. Dies ist das Gesetz der Verwandlung, das in euch arbeitet, und durch Meine Worte an euch verwandelt ihr das Niedrigere in das Höhere.

52. Bedenkt, was sich mit euch ereignet während Meiner Reden bei euch: Jede Erfahrung in eurem Leben wird in das Höchste erhoben und dadurch gereinigt.

53. Wenn Ich zu euch spreche, wird alles, was in eurem Leben geschehen ist, in jenen Zustand erhoben, wo es gereinigt wird. Alle Schlacke schmilzt hinweg, weil der Geist nur das Wesentliche bewahrt. Die vollkommene schöpferische Kraft – der Geist Gottes – ist schöpferisch tätig in ihrer eigenen ewigen Wesenhaftigkeit, in der es keine Teilung gibt.

54. Geist ist Bewußtsein, und Bewußtsein wirkt auf diese Wesenhaftigkeit mittelst seiner intelligenten Tätigkeit. Das Bewußtsein und die Intelligenz Gottes offenbaren sich durch alles Leben.

55. In diesem untrennbaren, in diesem unteilbaren Geist Gottes werden alle Dinge erschaffen, und nichts ist getrennt von Ihm. Daher ist in der Wahrheit, in der Wirklichkeit alles vollkommen.

56. Wie euch diese Meine Worte in den Zustand des Verstehens erheben, so wird jede Erfahrung in eurem Leben durch dieses Verstehen erhoben.

57. Diesen Schlüssel will Ich in eure Hand legen: Sucht den Geist, nicht den Buchstaben, und so ihr wartet, will Ich die Wahrheit in euch enthüllen.

58. Der Christus ist in allen Dingen der Sieger, denn der Christus ist der in euch individualisierte Geist Gottes. Sucht den Geist hinter dem Wort, und er wird sich in eurem Leben offenbaren.

59. Wenn ihr die Heilige Schrift oder irgendein inspiriertes Werk lest und besonders diese Worte, die Ich zum Zweck eurer Meditation gegeben habe: Sucht den Geist hinter dem Wort. Es ist nicht der Buchstabe oder das Wort, das ihr suchen müßt, sondern verweilt darauf, denkt tief nach, und Ich werde euch erleuchten, Ich werde seine Wahrheit in euch zum Ausdruck bringen.

60. Auf diese Weise werdet ihr sie euch zu eigen machen, und nur auf diese Weise kann die Wahrheit in euch enthüllt werden. Sie muß aus dem Inneren kommen und nicht vom Äußeren. Diese Worte werden euer Bewußtsein in jenes Reich des Geistes erheben, in dem alles verstanden wird.

61. Es steht in der Heiligen Schrift geschrieben, daß der Geist Gottes wie eine Taube herabkam und die Worte sprach: »Dies ist Mein geliebter Sohn, an dem Ich Wohlgefallen habe.«

62. Eine unmittelbare Stimme aus dem Unsichtbaren ist oft gehört worden, und dies war nicht unbekannt unter jenen, die das Gesetz verstanden zu Meiner Zeit auf Erden. Es war damals sogar üblicher als heute.

63. Ich weiß, viele von euch sind noch nicht mit einer direkten Stimme vom Himmel vertraut. Nur in jener besonderen Ruhe des Geistes, in der Schweigen herrscht, wird sie gehört, und das wird am wirkungsvollsten im »Himalaja des Geistes« erreicht.

64. Dieser selbe Geist, der sich damals offenbarte, offenbart sich jetzt in eurer Mitte.

65. Und dieser selbe Geist wird euch dienen, wenn ihr es nur glauben wolltet.

66. Versteht ihr, was Ich jetzt meine, daß die Kraft Meines Denkens, indem sie in euer Bewußtsein dringt, die Wahrheit enthüllt? Wahrlich, Ich sage euch, der letzte Augenblick ist der größte, wenn im Glauben durchgehalten wird, denn in ihm wird die herrliche Macht des Geistes sichtbar.

67. Es war in diesem letzten Augenblick, da Petrus nicht mehr in der Lage war, sich auf den Wellen zu halten.

68. Diese Geschichte ist in vielen Sprachen auf mancherlei Weise geschrieben worden; die wahren Tatsachen sind die folgenden:

69. Die Macht, auf dem Wasser zu gehen, ist allen eigen, wenn ihr das Verständnis und das Vertrauen habt, es auszuführen.

70. Wenn ihr zu schwimmen versucht, verliert ihr zuerst euer Vertrauen, und ihr beginnt euch abzumühen. Sowie ihr mehr Vertrauen in euch selbst bekommt, seid ihr fähig, euch auf der Oberfläche des Wassers zu halten. Es erfordert ein größeres Maß an Vertrauen und Verständnis, auf dem Wasser zu gehen, jedoch ist dies möglich.

71. Johannes war der erste, der Meine Gestalt auf den Wellen wandeln sah.

72. Der ungestüme Petrus, in ihrer Mitte stehend, rief aus: »Herr, Herr, wenn Du dies wirklich bist, gebiete mir, auf den Wellen zu Dir zu kommen!« Und Ich gebot ihm zu kommen.

73. Als Petrus auf die Wellen trat, waren sie fest wie ein Felsen unter ihm, und er schritt dahin. In diesem Augenblick war Petrus erfüllt von der Macht des Geistes. Sein Wunsch war es, auf den Wellen zu schreiten und zu Mir zu kommen und genau das zu tun, was Ich tat.

74. Der ungestüme Petrus schritt also auf den Wellen dahin, aber nicht lange danach begann er zu denken, daß er dies niemals zuvor getan hatte; es war etwas Neues, etwas Seltsames für ihn.

75. Er schritt dahin, bis er bei sich dachte, was wohl geschehen würde, wenn die Wellen unter ihm brächen – er würde sinken.

76. Alsdann brachen die Wellen, und er begann zu sinken. Furcht hatte ihn überkommen.

77. Ich sagte zu ihm: »O Petrus, warum zweifeltest du?«

78. Ich möchte euch die gleiche Frage stellen: »Warum zweifelt ihr denn?« Dann stellt euch selbst diese Frage: »Warum zweifelst du, da du jetzt weißt, daß der Geist Gottes in dir wohnt und daß der Christus alle Macht im Himmel und auf der Erde hat und Herrschaft über alle Dinge?«

79. Stellt euch selbst noch einmal die Frage: »Warum zweifelst du denn? Ist es Mangel an Verständnis? Oder ist es Furcht vor etwas, das unbekannt ist, so daß du dich ängstigst vor etwas, das du nicht verstehst?«

80. Ich danke Dir, Vater, Du hast Mir gezeigt, daß es nichts Unbekanntes zwischen Dir und Mir gibt, denn Wir sind *eins*.

81. Ist das nicht ebenso wahr in eurem Leben auf der Erde? Ihr versteht die Macht des Geistes nicht, ihr seid geblendet aus Furcht vor dem Ungewohnten.

82. Die Speise, die man ißt, um das Fleisch zu ernähren, vergeht bald. Ihr müßt die Speise suchen, die die Seele ernährt; und dies ist das Brot vom Himmel.

83. Dies ist der Christus; Ich bin das Brot vom Himmel, das Gott der Welt gegeben hat. Darum müßt ihr von Mir essen.

84. Diejenigen, welche dieses Brot vom Himmel essen und aus der Quelle des Lebens trinken, werden ewiglich leben und sollen erhoben werden auf den Thron der Macht.

85. Ich bin das Brot vom Himmel, das Brot des Vaters, der Mich sandte. Der Vater ist Liebe und Weisheit, und nichts wird Mir vorenthalten. Ich bitte nur, und Er zeigt es Mir, und was Ich den Vater tun sehe, das tue Ich gleichermaßen.

86. Suchet zuerst das Königreich Gottes im Innern und den richtigen Gebrauch jenes Königreiches, und alles andere wird euch hinzugegeben werden.

87. Dieses segensreiche Gesetz ist immer in eurem Leben wirksam, und ihr habt die Macht, andern zu helfen; bringt sie nur in das Licht eures eigenen Bewußtseins, das zum Bewußtsein des Christus erhoben wird.

88. Jede Handlung eures Lebens, jeden Gedanken solltet ihr in das Licht erheben; dann wird es in eurem Bewußtsein zur Verwirklichung des inneren Königreiches kommen, an das nichts von außen rühren kann.

89. Wenn ihr euch in diesem Königreich befindet, seid ihr – gleichgültig, welche Stürme im Äußeren toben – sicher in dem Königreich, denn in ihm wird euch alle Macht gegeben.

90. Wenn ihr in diesem Zustand des Friedens seid, im Geist Gottes, dann ist da das schöpferische Prinzip, das sagte: »Es werde Licht!« – und es ward Licht.

91. Diese selbe Macht ist in eurem Innern. Mit diesem Bewußtsein sagt: »*Friede!*« Und der Sturm wird sich legen. Sagt es mit Verständnis, sagt es mit der Macht des Geistes, mit dem Verständnis des Christus: »Ich bin das Leben«, »mein geliebter Vater und ich sind eins!«

92. Ihr werdet eins mit Mir werden, nicht länger zweifelnd; ihr werdet begonnen haben, so zu sein, wie euer Vater im Himmel ist. Seid vollkommen, wie euer Vater im Himmel vollkommen ist.

93. Sowie sich die Welt den Geheimnissen des Lebens öffnet, werde Ich Männer und Frauen erleuchten, um noch größere Dinge in euren Tagen zu vollbringen.

94. Sowie sich das Menschengeschlecht entwickelt, werden sich weitere Enthüllungen aus dem Herzen des Lebens kundtun. Es gibt eine unaufhörliche Entwicklung des Lebens.

95. Das Menschengeschlecht schreitet voran, und die inneren Reiche werden sich mehr im Äußeren entfalten. Die Wahrheit wird überall durch die Nationen offenbar werden.

96. Hier und dort arbeiten Gruppen, Gruppen, die bis zu jener Stufe fortgeschritten sind, wo sie das innere Reich verstehen können, das sie befähigt, durch Erleuchtung die Geheimnisse des Lebens zu erfassen, die im Inneren verborgen sind.

97. Die Massen sind gegenwärtig von der Trennung eingenommen, aber ihr werdet einsehen, daß diese Trennung aus Unwissenheit geboren wird. Wie Ich zuvor gesagt habe: Es gibt andere Herden. Ich werde gehen und sie einbringen, und sie werden eine Herde und ein Hirte sein.

98. Ich wünsche, daß ihr euren Geist frei von Begrenzungen öffnet mit von Tag zu Tag weiterer Sicht, denn größere Dinge sind im Kommen.

99. Was ihr jetzt lernen werdet, wird euch das Alte wieder enthüllen, denn Ich weise den Weg, auf dem euch die Wahrheit enthüllt werden kann. Diese Unterweisungen leiten euch zu der Macht des Christus.

100. Aus dem Geist geboren zu werden, bedeutet, die Wahrheit zu erkennen und anzuerkennen, daß ihr aus dem Geist geboren werdet, daß ihr Geist seid. Und weil ihr jetzt Geist seid, so sollt ihr immer Geist sein, und es ist der Geist Gottes, der in euch geboren wird. Dies ist die Macht, die darin verborgen liegt: »Wenn ihr nicht von oben geboren werdet...«

101. Wahrlich, Ich sage euch, keiner kann das Reich Gottes sehen, wenn er nicht von oben geboren wird.

102. Denn, was aus dem Geist geboren wird, ist Geist, das innewohnende Leben ist die wirkliche und einzige Macht.

103. Ihr tretet in euren höchsten Reichtum ein durch eure Verwirklichung eures Einsseins mit Mir im Vater, so, wie Ich eins mit Ihm bin seit Anbeginn.

104. Vielleicht ist es durch euren sterblichen Sinn schwierig, dies zu verstehen, aber »Ich bin die Wahrheit«, und wenn ihr euren Geist öffnen werdet, wird Mein geistig übertragener Gedanke euer Bewußtsein in jenes Reich erheben, das keinen Anfang hatte, und das, was keinen Anfang hatte, muß ewiglich bestehen; denn der Geist Gottes, der Geist des Vaters, der in euch lebt, ist ewig und immer-gegenwärtig.

105. Wenn ihr diese Wahrheit anerkennt, weitet sich euer Blick. Es gibt nicht mehr irgendeine Trennung, es gibt nicht mehr irgendeine Begrenzung. Diese Grenzen lösen sich auf und lassen euch vollständig und vollkommen im Geist Gottes, da Er euch hält. Der Vater schuf euch nach Seinem eigenen Bild und zu Seinem Gleichnis.

106. Der Christus in euch ist derselbe, gestern, heute und für immer. Wartet in Ruhe, daß Ich in euch sprechen, durch euch schreiben, Meine Gedanken, Meine Pläne, Meine Absichten durch euch ausdrücken kann.

107. Laßt euch nicht durch verschiedene Lehren abbringen, sondern laßt Meine Worte in eurer Seele verweilen, bis ihr das Erregende des Lebens fühlt, das Hervorbrechen des ewigen Sohnes Gottes.

108. Wenn ihr untereinander in Trennung lebt, könnt ihr nicht vollständig im Vater leben.

109. Ihr müßt begreifen, daß es keine Teilung gibt, ihr müßt begreifen, daß es nirgendwo ein Getrenntsein gibt – dies ist die allmächtige Wahrheit. Dies ist die Wahrheit, die Mir Macht im Himmel und auf der Erde gibt, und sie wird euch dieselbe geben.

110. Ich bin eins mit Dir, liebender Vater! Damit Ich weiß, daß Ich Dein Sohn bin, aus Dir geboren, sind Mir eigen Deine Weisheit, Deine Liebe und Deine Macht. Dieses Erbe hast Du Mir gegeben als Deinem geliebten Sohn, an dem Du Wohlgefallen hast.

111. Seid in Frieden alle, die ihr Bürden tragt; hört auf Mich, Meine Stimme wird euch leiten, Meine Kraft wird euch stützen, und Meine Liebe wird immmer bei euch bleiben.

112. So soll euer Licht vor der Welt leuchten, damit die Welt eure guten Werke sehen soll und euren Vater im Himmel verherrlicht.

113. Ich kam nicht, um das Gesetz der Propheten abzuschwächen, denn Ich bin die Erfüllung des Gesetzes, und nicht ein Jota oder Tüpfelchen soll vom Gesetz genommen werden, bis alles erfüllt sein wird, denn durch Mich ist das Gesetz Gottes in der Welt offenbar geworden.

114. Ich möchte, daß ihr tief darüber nachdenkt; erhebt es in das innere Bewußtsein und verweilt dabei.

115. Laßt den Geist des Christus in eurem Innern euren einzigen Führer sein. Aus diesem Grund bin Ich gekommen, damit ihr euch jetzt selbst erkennen könnt.

116. Meine Liebe zu euch ist sehr groß; darum laßt Meine Liebe in euch leben. Denn Liebe ist alle Macht im Himmel und auf der Erde.

117. Es ist der Geist Gottes, der in Mir wohnt und für Mich spricht. Und Ich spreche auch für euch, und was immer ihr Meiner gedenkend erbittet, werde Ich vom Vater erbitten, der euch geben wird, was immer ihr Meiner gedenkend erbittet.

118. Indem ihr Meiner gedenkt, erkennt ihr die Liebe Gottes, die Weisheit Gottes und die Macht Gottes, und ihr erkennt, daß diese in euch selbst wohnen, nicht als etwas relativ von euch Getrenntes, sondern als eine Wirklichkeit, die das wirkliche »Du« ist.

119. Gedenkt Meiner, und Ich werde zu euch kommen, und ihr werdet Mich erkennen. In keiner Weise werde Ich Meinen Blick von irgendeinem abwenden; seid nur in Frieden und gedenkt Meiner.

120. Dem Verstand des Menschen ist es unmöglich, auf den Geist in irgendeiner Weise einzuwirken; so haltet euch immer an den Geist, denn er ist alle Macht; der Christus Gottes ist eure einzige Wirklichkeit.

Meinen Frieden und Meine Liebe lasse Ich bei euch,
damit sie bei euch bleiben.

Wir wollen jetzt die Weihe der Stunde erfassen. Schließt eure Augen nicht, sondern schaut auf Mich.

(Schweigen)

Der Friede, die Liebe, die Weisheit, die Heilung Gottes kommen jetzt durch euch zum Ausdruck.

(Anmerkung des Schreibers: Als der Meister uns verließ, erfüllte ein wunderbarer, uns unbekannter Duft den Raum, während Musik und Gesang gehört wurden.)

Achte Rede

DAS KÖNIGREICH DES HIMMELS IST IM INNERN

Meinen Frieden und Meine Liebe bringe Ich euch. Mein Friede und Meine Liebe bleiben bei euch.

»Das Königreich des Himmels ist in eurem Innern.«

1. Der Himmel ist das Königreich des Allerinnersten oder des Geistigen, auch das Christus-Bewußtsein genannt, das Tabernakel des Allerhöchsten.
2. Die Erde ist das Symbol für das Äußere oder Entgegengesetzte oder für das Materielle; beide bestehen ewig in dem *Einen* in vollkommener Einheit.
3. Das Königreich des Himmels ist in eurem Innern. Diese Aussage ist in der ganzen Welt verkündet worden, aber wenige haben deren tieferen Sinn verstanden.
4. Wenn ihr den tieferen Sinn dieser Meiner Aussage erfaßt, dann werdet auch ihr die Macht, die damit verbunden ist, verwirklichen, denn dort in den inneren Bereichen lebt der Allerhöchste.
5. Gott, der Allmächtige in eurer Mitte, ist stark. Er schwankt nicht. Er ist größer als das Größte. Er ist sogar jenseits des Fassungsvermögens der Erzengel, doch Er wohnt in euch, und sein Wohnsitz wird das Königreich des Himmels in euch genannt.
6. Wenn dies mißverstanden oder nicht erkannt wird, erschafft sich die Menschheit ihre eigene Hölle.
7. Wenn ihr diese wundervolle Wahrheit verwirklicht und anerkennt, seid ihr nicht länger abgesondert oder allein. Es gibt ein Gefühl von Einheit, es gibt ein Gefühl von Einssein,

das ständig und immerwährend demjenigen Individuum erhalten bleibt, welches das anerkennt.

8. Diese Anerkennung kommt durch Verstehen, zuweilen durch Meditation, aber niemals durch Absonderung oder Trennung.

9. Sie kann nie völlig euer eigen werden, wenn ihr euch in irgendeiner Weise voneinander absondert, denn wenn ihr tief in euch sucht, werdet ihr Mich dort finden, an die Pforte eures Herzens klopfend und darauf wartend einzutreten; und in jeder Seele geht dies vor sich.

10. Diejenigen, die Mich in ihr Herz aufgenommen haben, müssen jeden aufnehmen, ganz gleich, wie schwierig dieser Mensch auch sein mag, ganz gleich, wie schlecht jener Mensch auch scheinen mag; sie werden alle aufgenommen in dem einen Herzen des Christus, und niemand wird jemals ausgeschlossen, der zu Mir kommt.

11. Freiheit tritt ein, wenn das Königreich des Himmels erkannt wird als der wahre Bewußtseinszustand des Menschen, der wahre Ausdruck des Vaters; der Vater und Ich sind eins.

12. Wenn ihr also den tieferen Sinn dieser Aussage »Ich und der Vater sind eins« versteht und ihr wirklich wißt, daß sie wahr ist, und indem ihr sie euch wiederholt, wird sich das äußere Selbst wandeln; denn was immer das Innere erkennt und versteht, das wird das Äußere offenbaren.

13. Diese mächtige Kraft ist es, die Ich verstehe und fühle. Dies ist Meine Anerkennung und Verwirklichung der Wahrheit. Der Vater ist es, der immer in Mir bleibet, und Er wirkt in Mir. Er ist es, der Seine eigenen Taten vollbringt.

14. Der Geist des Ewigen, der Christus Gottes, ging aller Schöpfung voraus: »Ich bin vor Abraham.« Jenes »Ich-bin« zu erkennen, ist das Leben, nicht nur in Abraham, sondern in jeder lebenden Seele.

15. Es war diese klare Aussage, die Ich machte, um die Wahrheit der Welt zurückzubringen, um endgültig zu zeigen, daß der Christus Gottes im Anfang war: »Ich bin vor Abraham.«

16. Ihre Propheten, die bereits tot waren, erkannte die Welt an, zugleich ließ sie die Wahrheit des immerwährenden Lebens unbeachtet: Aber als der Christus vom Kreuz erhoben wurde, da wurde diese Aufgabe erfüllt.

17. Himmel und Erde sind die Wirkung des *einen* ewigen Geistes, der sich selbst in der Form ausdrückt, doch es gibt keine Trennung. Der Körper ist nur der Brennpunkt, durch welchen der unsichtbare Mensch wirkt.

18. Der Christus Gottes umkleidet sich mit der geschaffenen Form, um sich zu offenbaren und lebt in der »einen«, und der Eine lebt in allen.

19. Leben allein lebt, und das ist die all-bedeutende Wahrheit. *Wahrheit* hat keinen Anfang, darum gibt es nichts Neues; alles, was entstehen soll, ist Gott bereits bekannt.

20. Die Tatsache, daß ihr hier seid, ist nicht bloßer Zufall; die Tatsache, daß ihr hier seid, war Gott bereits bekannt. Selbst ein Sperling fällt nicht zu Boden, ohne daß der Vater es weiß, sogar die Haare auf eurem Kopfe sind gezählt.

21. Indem dies erkannt wird, zeigt sich eine Intelligenz, die überall tätig ist, und diese Intelligenz drückt sich durch das Bewußtsein aus, das ihrer gewahr wird. Je größer das Bewußtwerden, um so größer ist die Offenbarung der Intelligenz.

22. Diese Intelligenz ist tätig und niemals untätig. Sie gestaltet unaufhörlich die Wünsche des Geistes aus, denn in euch lebt der Christus und ist die einzige schöpferische Kraft in euch.

23. Die Wurzel all eurer Nöte liegt in der Annahme, von der Wahrheit oder vom Leben getrennt zu sein. Daher sagte Ich: »Ich bin das Leben«, »Der Vater und Ich sind eins.«

24. Ihr könnt die Wahrheit nicht sehen, doch die Wahrheit entfaltet sich in euch aus dem Königreich des Himmels im Innern.

25. Das ist euer Schutz gegen falsche Lehrer: Laßt den Geist im Innern euren Führer sein. Dies ist der Grund, weshalb Ich gekommen bin, um das Königreich des Himmels zu enthüllen, das in eurem Innern ist.

26. Wenn ihr anfangt zu verstehen, daß der Christus Gottes in eurem Innern wohnt, werdet ihr Ihn nicht außen erwarten. Ihr werdet geführt und geleitet werden zum Verständnis durch jene, die Ihn bereits gefunden haben. Und wenn ihr den Fußspuren folgt, die Ich euch hinterlassen habe, dann werdet ihr den Christus finden, denselben Christus, der durch Jesus sprach.

27. Wenn vollkommene Einigkeit unter euch allen besteht, könnt ihr große Dinge für die Welt tun und für alle, die in ihr leben, denn da bin Ich mitten unter euch.

28. Es muß Ruhe im Äußern sein, wenn der Christus Gottes aus dem Innern spricht. Der sterbliche Sinn reagiert durch äußere Dinge auf das Selbst. Das lärmende Geräusch, das von außen kommt, darf nicht auf das Bewußtsein des Christus im Innern einwirken.

29. Euer Bewußtsein wird durch Mißverstehen der Wahrheit beunruhigt. Aber unmittelbar, wenn ihr beginnt, die Wahrheit zu erkennen, daß der Christus am allerhöchsten ist, dann entsteht eine Ruhe im Innern, und auch das Äußere wird ruhig. Meinen Frieden bringe Ich euch.

30. Ihr könnt Meinen Frieden in eurer Seele fühlen. So laßt den Christus sprechen in all Seiner Macht und Herrlichkeit mit dem Verständnis, daß es der Vater ist, der immer in Mir und in euch bleibet. Er ist es, der durch Mich zu euch spricht.

31. Die großen Werke der Heilung können nur geschehen, wenn die sterblichen Sinne aufgehört haben, tätig zu sein und das Bewußtsein sich dem Königreich des Himmels im Innern zuwandte.

32. Dies ist das Wasser, das Ich euch gebe, damit euch niemals wieder dürstet, denn es wird zu einem Quell lebendigen Wassers werden, aus dem das immerwährende Leben hervorquillt.

33. Ich spreche von dem, was Ich bei Meinem Vater gesehen habe, und da Gott Mein Vater und auch euer Vater ist, müßt ihr einander lieben, wie Ich euch liebe.

34. Wenn ihr eure Gedanken und euer Herz nach innen wendet, beginnt eure Seele, die Wärme des Christus Gottes

zu fühlen, des allein erzeugten Sohnes Gottes, der bei Gott ist und war von Anfang an.

Nichts kam ins Dasein außer durch Ihn, und durch Ihn wird alles geschaffen, was geschaffen wird.

35. Wenn ihr die Schönheit der Liebe des Vaters seht, die sich durch den Sohn ausdrückt, dann werdet ihr erkennen, daß der Sohn die Liebe Gottes ist.

36. Der Sohn weiß und versteht, daß diese Liebe unaufhörlich durch Ihn ausgeströmt wird, und wie der Sohn sie empfängt, so drückt Er sie auf natürliche Weise aus. Daher müßt ihr einander lieben, wie Ich euch liebe.

37. Nichts Größeres könnt ihr tun, als einander zu lieben und euch an Meine Aussage zu halten, denn Ich spreche die Wahrheit, die der Vater Mir gibt; und diese Wahrheit wird euch frei machen.

38. Sünde ist die große Irreführung, die zusammenhängt mit eurem äußeren Selbst der Sinne, sie gehört zu Trennung und Chaos.

39. Ich habe euch gesagt, daß ihr nicht zu lange auf die Sünde der Welt starren sollt, über die so viele predigen. Wie könnt ihr den Christus sehen, wenn ihr immer auf die Sünde starrt?

40. Wenn ihr auf den Christus in euch selbst blickt, werden dieses Abgetrenntsein, dieses Chaos, diese Sünde, die in eurem Verstand und Herzen bestehen, sich auflösen.

41. Beachtet also jene nicht, die versuchen, euch durch die Hölle zu zerren, sondern hört auf jene, die euch in die Herrlichkeit des Christus emporheben, der in eurem Innern wohnt. Das Königreich des Himmels ist Sein Wohnsitz, und Sein Königreich ist jetzt in eurem Innern.

42. Viele, die über das Fleisch hinausgegangen sind, wissen wohl, daß Fleisch und Blut nicht in die höheren Reiche eintreten, doch jetzt wissen sie, daß sie dieselben sind, die im Fleische lebten.

43. Der Christus lebt in euch, und sowie ihr euch in euer höheres Verständnis hinein entfaltet, wird sich dieser Chri-

stus entsprechend eurem Verständnis in seiner Herrlichkeit offenbaren.

44. Wenn ihr bewußt euch selbst erkennt, wie ihr erkannt werdet, werdet ihr in eurem Herzen sagen: »Es ist erreicht.« Doch Trennung und Chaos haben gewagt, ihr Reich der Finsternis in eurer Mitte aufzurichten.

45. Ich bin das Licht der Welt; dieses all-herrschende innere Licht wird sichtbar, sowie sich euer innerer Blick für das Königreich des Himmels entfaltet.

46. Das Innere wird das Äußere, und das Äußere wird das Innere, und wie ihr im Herzen fühlt, so wird es äußerlich zum Ausdruck kommen.

47. Es ist das Wort, das in eurem Herzen lebt, das sich offenbart. Darum suchet zuerst das Königreich des Himmels, und alles andere soll euch hinzugegeben werden. Suchet zuerst diese mächtige Kraft des Bewußtseins Gottes, damit es euer Bewußtsein wird. Da Gott unendlich ist, kann es nur *ein* Bewußtsein geben: das Bewußtsein Gottes, das sich als der Christus in euch offenbart.

48. Lernt euch des Vaters bewußt zu werden, der immer in euch bleibt und daß es mit dem Vater nichts gibt, was unmöglich ist; und was immer ihr sagen werdet, das wird geschehen.

49. Dies ist das Licht, das im Urbeginn bestand, bevor die Welt war, denn Ich war bei Gott, als Er sagte: »Es werde Licht!« – und es ward Licht; und dies ist das Licht, das jeder Seele leuchtet, die in die Welt kommt.

50. Alles, was besteht, muß ein Ausdruck aus dem Inneren sein, denn alles, was geschaffen wird, ist nur durch den Christus vorhanden, der von Anfang an bestand.

51. In Gott, dem alleinigen *einen* lebendigen Sein, müssen alle Dinge vor sich gehen, denn es gibt nichts außerhalb von Ihm, der Seinem Wesen nach unendlich ist.

52. Wenn ihr also wißt, daß Leben Gott ist und Gott Leben ist und ihr euch selbst als dieses lebendige Leben bewußt werdet, dann werdet ihr den Christus Gottes erkennen.

53. O mächtiger, wundervoller Vater, es ist eine Freude und ein Vergnügen, in Dir zu leben und zu wissen, daß Du es bist, der allein in uns allen lebt.

54. Wie herrlich ist die Freude in Meinem Herzen, indem Ich weiß, daß Du Mir alle gegeben hast, die zu Dir gehören, und wenn sie Mich erkennen, werde Ich sie Dir zurückgeben, und Ich werde weiter in ihnen sein, denn Du, der Du durch Mich sprichst, wirst auch durch sie sprechen, denn niemand lebt außerhalb von Dir.

55. So ist die Schöpfung des Innern und des Äußern, das aktive und das passive Prinzip, Himmel und Erde genannt, in Ihm, dem alleinigen *Einen*.

56. Darum muß die einzige schöpferische Kraft, die ihr habt, aus dem Königreich des Himmels, dem Innern, kommen, der tätigen, lebendigen Gegenwart, die sich selbst im Äußeren ausdrückt.

57. Wenn ihr in das Königreich eures eigenen Bewußtseins eintretet, werdet ihr erfassen, wo der Christus wohnt, und ihr werdet die schöpferische Kraft des Christus erkennen.

58. Indem ihr erkennt, daß Gott Liebe ist, wißt ihr, daß auch Sein Sohn Liebe sein muß. Daher offenbart ihr die Vollkommenheit des Vaters durch die Verwirklichung Seiner göttlichen Liebe, die stets ein Schutz für euch und andere bleibt.

59. Wenn ihr Mich also erkennt und Mein Wort beachtet, werdet ihr im Äußern das erschaffen, was in euch vollkommen ist. Seid vollkommen, wie euer Vater im Himmel vollkommen ist!

60. Wie bewußt wirklich Mir dieses innere Reich ist, werdet ihr erst völlig verstehen, wenn ihr in das Innere kommt.

61. Ihr habt Mich den Bruder überschatten sehen, einige von euch haben die Kraft aus dem Herzen ausstrahlen sehen, einige von euch haben viele andere wundervolle Dinge gesehen; aber selbst diese Dinge sind gar nichts im Vergleich zu der göttlichen Gegenwart, die in eurem Innern lebt.

62. So bewußt wirklich, wie Mir dieses innere Reich ist, soll es auch euch sein, denn wo Ich bin, da werdet auch ihr sein.

63. Dieses innerliche Selbst – der Christus – ist größer, als ihr es euch jemals vorstellen könnt, denn alle Dinge sind unter Seiner Herrschaft.

64. Das Christus-Leben in euch erfrischt immer wieder im Innern, es erneuert die Dinge, indem es die Seele in die Einheit mit dem Ganzen bringt.

65. Sobald ihr diese Einheit zu fühlen beginnt, beginnt ihr, die Liebe und Macht Gottes zu fühlen. Es entsteht eine Ausweitungsfähigkeit, die in allen offenbar wird, ganz gleich, wer sie sein mögen. Hierin liegt die Macht des Christus.

66. Der Vater kann sich nur in Seiner Ganzheit, in Seiner Vollkommenheit ausdrücken; also ist der Christus in euch der Ausdruck des Vaters.

67. Alles, was ihr im Neuen Testament lest, hat auch eine symbolische Bedeutung.

68. Als Ich eine Geißel aus Seilen machte und die Geldwechsler aus dem Tempel trieb, warf Ich auch die Geldbänke um, das Symbol des Äußeren.

69. Ich ermahnte sie, des Vaters Haus nicht zu einem Haus für Räuber und Diebe zu machen.

70. Dies ist symbolisch dafür, aus dem Tempel des lebendigen Gottes die Diebe und Räuber des sterblichen Sinns auszutreiben. Denn Ich muß den lebendigen Tempel Gottes vollkommen besitzen. Das ist das Recht auf Mein Eigentum.

71. Die Diebe und Räuber des sterblichen Sinns sind es, die euch der Macht berauben, die in eurem Innern lebt. Ein Glaube an das Äußere, ein Glaube an die Macht von etwas, das keine Macht in sich selbst hat, ist die Ursache eurer Schwäche.

72. Ihr habt den Christus nicht geschaffen, sondern der Christus erschafft in euch. Ihr erschafft im Äußeren nur durch die Kraft eures Innern. Ich sage euch: Wenn ihr Mich gesehen habt, habt ihr den Vater gesehen, und Ich bin in eurem Innern.

73. Ich besitze das Recht, den Tempel des lebendigen Gottes ganz und alleine einzunehmen. Da kann es keinen Kompromiß geben.

74. Wer sich Mir vollständig zuwendet, aus dessen innerstem Sein werden Ströme lebendigen Wassers fließen.

75. Wenn ihr euch Mir vollständig zuwendet und euch Mir vollständig übergebt, dann werden aus eurem innersten Sein Mein Leben, Meine Kraft, Meine Weisheit, Meine Liebe strömen. Ihr werdet erstaunt sein über die Dinge, die ihr tun könnt, und nichts wird euch unmöglich sein, wenn ihr nur glauben und Mich verstehen wolltet.

76. Wieviel glaubt ihr? Grade jetzt fragt ihr euch, ob das, was Ich euch sagte, wirklich wahr ist.

77. Bevor ihr nicht voll und ganz an Mich glaubt, als an den Christus, den einzig lebendigen Sohn, den allein erzeugten Sohn Gottes, die einzige in der Welt bestehende Macht, werdet ihr keine wirkliche Macht haben.

78. Demjenigen, der hat, soll gegeben werden, aber dem, der nicht hat, soll sogar das, was er hat, genommen werden. Beachtet Meine Worte, sie sind wie das zweischneidige Schwert.

79. Darum ist es nicht an euch, die Art und Weise der äußeren Welt nachzuahmen, sondern durch den Christus im Innern umgewandelt zu werden, damit ihr unterscheiden könnt, was gut ist und dem Vater annehmbar, und zurückweist, was falsch ist.

80. Alles, was euch voneinander trennt, ist eine Unwahrheit; Trennung verleugnet den Christus in euch.

81. Der Christus ist die alleinige schöpferische Kraft in jedem einzelnen. Es ist der Wille des Vaters, und Sein Wille wird auf der Erde geschehen, wie er im Himmel geschieht.

82. Nicht alle Glieder des Körpers haben die gleiche Funktion, doch sie gehören zu dem einen Körper.

83. So ist es mit euch: Ihr seid viele, und ihr seid auf verschiedene Art tätig. Jedoch alle gehört ihr zu einem Leib; der Leib des Christus enthält alle, und Sein Geist ist in allen. Bitte, denkt tief nach mit Mir!

84. Ihr habt alle verschiedene Gaben, entsprechend der Gnade, die euch zuteil wurde. Einige von euch mögen einen klaren Blick haben, andere mögen mehr Glauben haben; einige mögen die Gabe des Lehrens und einige des Heilens haben, einige die Gabe des Tröstens. Jedoch ist es der eine Christus, der sich in euch allen offenbart, und ihr lebt in dem einen Leib des Christus.

85. Was immer ihr tut, tut es mit Aufrichtigkeit. Seid gütig und liebevoll untereinander, und erweist eure Barmherzigkeit mit Heiterkeit, denn Barmherzigkeit ist ein Ergebnis von Größe.

86. Sie zeigt das Bewußtsein des Christus im Innern. Sie zeigt, daß das Äußere durch den lebendigen Christus beeinflußt wird, der im Königreich des Himmels im Innern wohnt.

87. Denn wer auch immer zu Mir kommt, ganz gleich, wer er ist, Ich will ihn in keiner Weise abweisen. Hört also auf das, was Ich euch zu sagen habe; was Ich tue, müßt ihr ebenso tun, sonst seid ihr nicht Meine Jünger.

88. Seid in geschäftlichen Dingen nicht träge oder betrügerisch, sondern dient mit Ehrerbietung; auf diese Weise dient ihr Mir, und so werdet ihr nicht nur in eurer Einbildung weise sein.

89. Und lebt in Frieden mit allen, denen ihr dient und mit denjenigen, die euch dienen.

90. Denn es steht geschrieben im Königreich des Himmels: Er, der am größten ist, ist der Diener aller. Und wer ist der Größte? Es ist der Vater, der immer in eurem Innern bleibet. Er ist es, der der Diener aller ist, und was immer ihr in Meinem Namen erbittet, das wird euch der Vater geben.

91. Deshalb, wenn deinen Feind hungert, gib ihm zu essen; wenn er Durst hat, gib ihm zu trinken. Denn, was immer du irgendeinem tust, das tust du Mir.

92. Überwinde alles Böse mit Gutem! Denn was immer du aus deinem eigenen Herzen tust, das wird dir getan werden.

93. Lobt ihr, während ihr verachtet? Seid ihr zu einigen freundlich und unfreundlich zu anderen? Würdet ihr die Seele, die euch feindlich ist, ebenso freudig speisen wie je-

manden in eurer eigenen Familie? Was immer ihr irgendeinem tut, das tut ihr Mir! Deshalb folgt Meinen Fußspuren, und alle Macht im Himmel und auf der Erde soll euch gegeben werden.

94. Was immer der Vater Mich tun siehet, das segnet er hundertfältig. Ich bin wahrlich reich, weil Mein Vater reich ist.

95. Alle gehören zum Vater, alle sind Seine Kinder. Er liebt jeden, alle Menschen, ganz gleich, wie ungehorsam sie sein mögen.

96. Ich herrsche als Höchster. Alles, was danach trachtet, den Tempel unseres Vaters zu zerstören, wird unter Meinen Füßen sein.

97. Und wenn durch Mich alle Dinge überwunden worden sind, dann werde auch Ich dem Vater, der Mich sandte, untergeordnet sein, denn Er stellet alles an seinen rechten Platz, damit wir alle im Vater *eins* sein können.

98. Der Christus ist der Same im natürlichen Körper und wird zu einem geistigen Leib erhoben. Der Körper ist nur der Brennpunkt, durch den der Christus wirkt.

99. Es gibt einen natürlichen Körper und einen geistigen Körper, aber der Christus ist der Herrscher über beide.

100. Adam wurde zu einer lebendigen Seele durch das Belebtwerden mit dem Geist.

101. Der äußere Mensch ist die Erde, der innere der Herr des Himmels, und der Herr des Himmels herrscht über alle Dinge, denn ihm ist alle Macht gegeben worden. Er ist der Herr und das Gesetz.

102. Das Gesetz steht nicht über dem Herrn, sondern der Herr steht über dem Gesetz. »Ich bin« das Gesetz, sagt der Herr.

103. Wenn ihr dies erkennt, werdet ihr mit euren eigenen Augen den lebendigen Ausdruck des Allmächtigen sehen, denn Er allein hat euch durch den Christus zu Seinem eigenen Bild und Gleichnis erschaffen.

104. Und im Innern jeder einzelnen Seele wohnt der Christus, der eine und alleinige Sohn; daher lebt ihr in dem Leib

des Christus, und der Christus-Geist lebt in allen und jedem einzelnen von euch.

105. Wie ihr als das Bild eures Vaters im Himmel geboren werdet, so wird dieses Bild durch den Christus in euch im Äußeren widergespiegelt.

106. Das Äußere ist das Fleisch und Blut, jedoch treten Fleisch und Blut nicht in das Königreich des Himmels ein, denn dieses ist das Reich von Geist und »Wasser«, in welchem das Fleisch nichts zu sagen hat.

107. »Wasser« bedeutet jene unsichtbare Substanz, den Geist Gottes, in dem alles existiert. Aus dieser feinen Substanz ist alles erschaffen, sogar Fleisch und Gebein. Die Form mag vergehen, aber der Geist bleibet ewiglich.

108. Aber sowie die Seele durch die Kraft des Geistes erhoben wird und erhoben wird über die Schwingungen des Fleisches, begibt sie sich in die inneren Bereiche, um dort bei Mir zu bleiben, denn »Ich bin« gleichzeitig im Äußeren wie im Inneren, jedoch werde Ich nicht beeinflußt durch Fleisch und Blut. Ich habe die Welt durch die Macht des Geistes überwunden, und das Fleisch hat hierbei nichts zu sagen.

109. Das Äußere ist das Fleich und das Blut, doch gehen Fleisch und Blut nicht in das Königreich des Himmels ein. Fleisch und Blut sind das Mittel, durch das sich der Christus auf der Erde offenbart.

110. Dasjenige, was im Äußeren unwahr ist, wird vergehen, da aus dem Herzen der Liebe die Heilung aus Vergebung kommt.

111. Diese mächtige Liebe löscht alle Sünde und alles Getrenntsein aus, denn in eurem Innern lebt Er, der Sünde und Tod durch das Bewußtsein des Christus Gottes überwunden hat.

112. Da ihr die Söhne und Töchter Gottes seid, hat Er den Geist des Christus ausgesandt, der in euren Herzen ruft: »Abba Avon« – O Vater, unser Vater –, so seid ihr nicht länger Knechte, sondern Söhne und Töchter; ihr seid alle Erben von allem, was Gottes ist, durch den Christus, den allein erzeugten Sohn Gottes, der in eurem Innern lebt.

113. Ja, wie viele Tausende von euch hören Mir in diesem Augenblick zu, in einem Bereich lebend, wohin Zeit und Raum nicht gelangen. Aber hier im Äußeren spreche Ich zu jenen, die eure Brüder und Schwestern sind; noch im Fleische weilend, kennen sie Zeit und Raum. Zeit und Raum ist die Schwierigkeit, die sie auf der Erde zu überwinden haben. Die Schwierigkeit, die alle überwinden müssen, ist das Gefühl von Zeit und Raum.

114. Ihr achtet noch auf Entfernung, Tage und Monate, Jahreszeiten und Jahre. Das ist die Illusion von Zeit und Raum.

115. Erblickt euch selbst im Königreich des Himmels! Der Geist in eurem Innern ist derselbe wie derjenige, der die Welt erschuf.

116. Wenn ihr dies versteht, werdet ihr über die Welt von Zeit und Raum hinausblicken.

117. Ich sagte, daß Ich nicht aus dem Äußeren bin, sondern geboren aus dem Geist Gottes, des Vaters. Nennt niemanden euren Vater auf der Erde, denn Einer, der im Himmel ist, ist euer Vater.

118. Ich wußte von diesem größeren und inneren Zustand des Seins und daß das Äußere nur der Schatten war. Daher überwand Ich die Versuchung der Sinne, durch welche Zeit und Raum für die Trennung geschaffen wurden.

119. Wenn ihr dieses Gefühl von Zeit und Raum überwindet, werdet ihr auch eintreten in dieses Verstehen, wo alles *jetzt* ist, wo es keine Trennung, keine Entfernung, keine Zeit gibt.

120. Der schöpferische Geist des Vaters, der in einfacher Einheit mit aller Macht existiert, erschuf das aktive und passive Prinzip, Himmel und Erde genannt.

121. So wird das Werk, das im Innern oder Himmel geschieht, im Äußern oder Irdischen nachgebildet. Suchet zuerst das Königreich Gottes, und ihr werdet im Äußern das erschaffen, was Ihm annehmbar ist, der euch in sich selbst erschuf, in Seinem Geist, der herrschenden Macht im Himmel und auf der Erde.

122. Die Wege Gottes, des Vaters, sind vollkommen, und die Seele, die sich des lebendigen Christus bewußt ist, wird erhoben in die einfache Einheit mit dem Vater, der ewig und immer-gegenwärtig ist.

123. Die einfache Einheit! Wie herrlich, lieblich und vollkommen, wie einfach ist die Wahrheit! Wie schwierig ist sie für jene zu verstehen, welche in Zeit und Raum verharren.

124. Als der Christus vom Kreuz erhoben wurde, war das Werk der Erlösung vollbracht; das ganze Menschengeschlecht wurde in die Einheit mit dem Vater erhoben.

125. Der Christus ist der Sohn Gottes; dieser Christus ist der Geist, der die ganze Menschheit belebt, und Er ist der Geist, der euch belebt, die höchste Schöpfung Gottes auf Erden, geschaffen als Gottes Ebenbild.

126. Der Geist nahm selbst den Körper des Fleisches auf sich. Der Geist nahm selbst den Satan der Sinne auf sich, gleichzeitig weilt er vollkommen in jenem immerwährenden Zustand ewiger Macht.

127. Einzutreten in den fleischlichen Körper, bedeutet, das Gefühl der Begrenzung zu empfinden. Doch der Christus-Geist erkannte die Sinne des sterblichen Fleisches als das, was sie waren und sagte: »Gehe du hinter Mich, Satan!«

128. Der Satan der Sinne macht euch blind für die Christus-Kraft, die ihr hier und jetzt besitzt.

129. Wisset, daß, als der Christus vom Kreuz erhoben wurde, auch die ganze Menschheit erhoben wurde. Das Annehmen dieser Wahrheit und ihr Verstehen wird euch jetzt frei machen.

130. Dazu bin Ich gekommen, um euch zu zeigen, euch zu sagen, daß ihr jetzt frei seid, wenn ihr nur an Mich glauben wolltet und an Ihn, der Mich sandte.

131. Liebe dringt durch die euch umgebende Atmosphäre; diese Liebe ruft euch zum Gehorsam, daß ihr euch gegenseitig aus dem gleichen Geist behandelt, wie ihr es Mich tun seht.

132. Liebe wohnt in jeder lebenden Seele. Liebt viel, und Ich werde Mein Werk durch euch tun.

133. Wie Ich danach verlange, dieses Gefühl der Liebe in euch – der sich offenbarenden Liebe Gottes – auszudrücken!

134. Das Gefühl der Liebe, das von eben diesem Mittelpunkt eurer Seele ausgeht, ist nur ein Sandkorn am Meeresstrand der Liebe. Aber um die Liebe Gottes zu verstehen, müßt ihr beginnen, mehr zu lieben, und in dem Maße, wie ihr mehr liebt, werde Ich in euch und durch euch wirken, da Ich Liebe bin, der Sohn des Vaters der Liebe.

135. Ich liebe alle in der Welt. Ich bin mit euch am Werk in der Welt, um das Königreich des Himmels auf die Erde zu bringen; hierfür wurde Ich gesandt.

136. Folgt Mir nach, denn wahrlich, ihr seid das Licht der Welt! Also laßt euer Licht leuchten, damit alle eure guten Werke sehen können und euren Vater, der im Himmel ist, verherrlichen.

137. Das Königreich des Himmels ist in eurem Innern.

Laßt uns nun alle eintreten in das Heiligtum der schweigenden, heilenden Macht.

Meinen Frieden, Meine Liebe, unseres Vaters Liebe
lasse Ich bei euch.

(Anmerkung des Schreibers: Tiefes Schweigen herrscht, und viele wurden geheilt durch die herrliche Gegenwart.)

Neunte Rede

WER MICH GESEHEN HAT, HAT DEN VATER GESEHEN

Mein Segen, Mein Friede bleiben bei euch allen. Wer an Mich glaubt, glaubt nicht an Mich, sondern an Ihn, der Mich sandte. Wer Mich erblickt, erblickt Ihn, der Mich sandte.

1. Diese Worte sind bedeutungsvoll, und sie sind wahr; aber nur jene, die über die Begrenzung hinausgegangen sind, können sie verstehen.
2. Wer Mich gesehen hat, hat den Vater gesehen. Wie wenig Menschen haben diesen wunderbaren Ausdruck der Wahrheit verstanden! Wenn dieser Ausdruck der Wahrheit verstanden wird, offenbart er den Vater und versetzt die Seele über die äußere Finsternis hinaus, die den einzelnen umgibt.
3. Das Wichtigste von allem ist anzuerkennen, daß allein Gott lebt und Er sich jetzt selbst ausdrückt. Es ist der Vater, der immer in Mir bleibet. Er ist es, der spricht, Er ist es, der Seine eigenen Taten vollführt; dies müßt auch ihr realisieren!
4. Weil Ich Ihn ganz anerkannt habe und nichts erlaubte, diese Verwirklichung zu stören, lebe Ich mit Ihm und durch Ihn; Er spricht für Mich, während Ich Ihn euch offenbare.
5. Ihr fangt nun an, zu begreifen, weil ihr Mich diese Wahrheit so viele Male wiederholen hörtet. Nur durch Wiederholung wird die Wahrheit in eurem Geist Wurzel fassen und zur Reife heranwachsen.
6. Durch Wiederholung ist es Mir möglich, euch die Wahrheit zu bringen, die ihr mit Augen nicht sehen könnt, denn nur durch die innere Schau wird sie enthüllt.
7. Dasjenige, was vor dem Äußeren verborgen ist, wird nicht mit physischen Augen gesehen, sondern nur durch die

innere Schau verstanden, die durch Erleuchtung die Wahrheit sieht.

8. Sobald sich die Seele erhebt, offenbart die Wahrheit – das Bewußtsein Gottes – Ihn selbst als den Geist, der in euch lebt.

9. Der Geist, der den Körper belebt, ist die einzige lebendige Macht, die es gibt; es gibt keine andere Macht im Himmel oder auf der Erde. Es geschieht aus dieser Anerkennung, daß Ich sagte: Alle Macht im Himmel und auf der Erde ist Mir gegeben worden.

10. Sowie euer Bewußtsein die ewige Einheit des Ganzen gewahr wird, in dem wir alle leben, seid ihr fähig, die mächtige Gewalt dieser Meiner Aussage zu begreifen: Wer Mich gesehen hat, hat den Vater gesehen! Könnt ihr sie jetzt verstehen? Ist es euch jetzt möglich, ihren Sinn völlig zu realisieren? Wenn ihr Mich gesehen habt, habt ihr den Vater gesehen.

11. Da es kein anderes lebendiges Sein außer Gott gibt, muß Gott, um unendlich zu sein, den grenzlosen Raum erfüllen; also muß Er in Mir leben, und Ich muß in Ihm leben, und Er muß in euch leben, und ihr müßt in Mir leben, und wir zusammen sind eins in Ihm, der unendlich ist.

12. Ohne diese Voraussetzungen kann Gott Seinem Wesen nach nicht unendlich sein. Es gibt nirgends eine Trennung, und diese ist die Wahrheit, die Ich euch jetzt sage: *Wer Mich gesehen hat, hat den Vater gesehen.*

13. Ihr seid jetzt im Vater, und der Vater ist in euch, und ihr könnt bewußt in diese Wahrheit eintreten, wie Ich es tat; und dazu bin ich wiedergekommen, um es euch zu sagen. Und wahrlich, Ich sage euch: Ich und der Vater sind eins.

14. Diese Worte, die Ich euch durch den Bruder mitteile, werden gleichzeitig mitgeschrieben, so daß ihr sie sorgfältig studieren könnt. Sie werden in einer solchen Weise gegeben, daß sie das Innere enthüllen; die vielen Wiederholungen sind für euer Verständnis notwendig.

15. Durch tiefe Versenkung in sie werdet ihr fähig, den inneren Sinn zu verwirklichen und dadurch die Wahrheit, die

die zentrale Macht in euch ist, ins Äußere zu bringen, so daß im Äußeren jede Zelle eures Körpers die Wahrheit verkünden wird.

16. Männer und Frauen in aller Welt haben diese Entdeckung selbst gemacht, und fortan ist alles gut; sie haben zu hasten aufgehört, denn die Reise ist beendet.

17. Wenn ihr anerkennt, daß ihr in des Vaters Haus seid und daß es in diesem Haus Überfülle für alle gibt, sitzt ihr an des Vaters Tisch und nehmt an dem Festmahl teil.

18. Dies ist also das Geheimnis des wahren Verständnisses: wenn sich das Bewußtsein seiner selbst bewußt wird, sich bewußt wird, daß es selbst der Geist Gottes ist, der alle Dinge erschuf und Er sich *jetzt* offenbart, wie es im Anfang war und für immer sein wird.

19. Nun, da ihr diese Entdeckung auch gemacht habt, seid ihr nicht länger Fremde in des Vaters Haus, denn Ich bin *eins* mit euch in des Vaters Haus und werde für euch zeugen.

20. Ich bin *eins* mit euch. Wißt ihr nicht, daß der Christus Gottes der allein erzeugte Sohn des Vaters ist, der allein lebendige Geist Gottes im Himmel und auf der Erde, der Bewußtsein, Intelligenz, Weisheit und Liebe hat? All die Eigenschaften des Vaters werden durch den Sohn ausgedrückt. Wie der Vater Leben in sich hat, so verlieh Er dem Sohn, dasselbe Leben in sich zu haben.

21. *Ich bin* der Geist, der in eurer Seele wohnt. Wißt ihr nicht, daß Ich bei euch bin? Die Anerkennung dessen ermöglicht es euch, Mich sogleich zu erreichen. Betet nicht zu jemandem, der weit weg ist, denn Ich bin näher als Hände oder Füße.

22. Ich habe auch gesagt: Was immer ihr in Meinem Namen erbittet, das wird Mein Vater euch verleihen. Wisset, daß Ich bei euch bin, nicht getrennt von euch; und glaubt in euren Gebeten, was Ich sage, und ihr werdet erfahren, daß ihr empfangen werdet, was ihr erbittet, wenn ihr glaubt, daß ihr es erhaltet.

23. Ihr werdet nicht länger sagen: »Sieh, es ist hier« oder »sieh, es ist dort«, denn ihr wißt, daß das Königreich Gottes in eurem Innern ist.

24. Ihr seid genau da, wo ihr immer in eurer ewigen Heimat gewesen seid, nur wart ihr euch dessen nicht bewußt, und es gibt keine Trennung von denen, die ihr liebt.

25. Es gibt keine Trennung im Geistigen – dem Wirklichen –, es gibt keinen Abschied, wie ihr ihn im sterblichen Zustand empfindet. Im Geistigen gibt es eine größere Einheit, die mehr von der Wirklichkeit offenbart.

26. An eurem sterblichen Zustand haftet Unwissenheit, und Unwissenheit verursacht Furcht, die von der Seele Besitz ergreift. Das Licht, das die Welt erleuchtet, muß im sterblichen Bewußtsein leuchten; das Licht wohnt ewiglich in dem Bewußtsein, das von sich selbst weiß, daß es ist.

27. Der Vater ist in dem Sohn, weil das Leben in dem Vater und in dem Sohn dasselbe ist.

28. Wenn Ich in eure Mitte komme, fühle Ich eure Empfindung von Trennung, doch Ich bin gekommen, um euch wahrheitsgemäß zu sagen, daß es keine Trennung gibt, daß die Wahrheit nicht in Entfernung und Raum liegt.

29. Dies zu begreifen, ist das Geheimnis aller Macht, die dem Geiste eigen ist, der sich in jedem einzelnen von euch offenbart.

(*Anmerkung des Schreibers:* Indem Er zu den Unsichtbaren spricht) [Absatz 30 bis 33]:

30. Viele von euch, die ihr hierher kommt, um den Christus zu hören, kennen diese Meine Jünger, die sich hier auf der Erde um Mich versammelt haben; sie wissen auch, daß viele von euch auch auf der Erde lebten; ihr wißt jetzt, daß es dasselbe Leben ist; ihr seid nicht tot, wie viele glaubten.

31. Einstmals lebtet ihr in der sterblichen Furcht vor dem Tod, doch ihr seid nicht gestorben. Ihr seid jetzt sehr viel lebendiger, als ihr jemals gewesen seid, und ihr werdet fortfahren, noch lebendiger zu werden, sobald ihr bewußt er-

wacht zu der Kraft des Lebens des Christus, die in allen und jedem einzelnen von euch lebt.

32. Wie Ich euch schon sagte, wird Meine Stimme nicht nur auf diesem Plan gehört, sondern sie wird auf allen Ebenen des Bewußtseins gehört. Jedoch ist es das eine Bewußtsein, das sich in allen offenbart – alle sind miteinander verbunden in dem einen Ganzen, denn der Geist, der Vater, offenbart sich auf allen Ebenen.

33. Ihr werdet sehen, daß diese, die jetzt um Mich sind, genauso wichtig sind, obwohl sie den Übergang, genannt Tod, noch nicht erfahren haben, doch durch den Glauben an Mich und an Ihn, der Mich sandte, sind sie bereits vom Tode in das ewige Leben übergegangen.

34. Mit diesem klaren Verständnis werdet ihr nicht länger an der falschen Vorstellung von Begrenzung festhalten. Seht, Ich bin Er, der lebt, der durch den Tod hindurchgegangen ist und seht, Ich bin für immer lebendig.

35. Diejenigen, die an das Fleisch glauben, sind schon tot, aber diejenigen, die wahrhaft glauben, daß der Geist Gottes in ihrem Innern wohnt, sind in ewigem Leben und Frieden. Dies ist der Christus, der sagt: Wenn ihr Mich gesehen habt, habt ihr den Vater gesehen.

36. Und nochmals sage Ich euch, daß der Geist des Vaters, der Mich von den Toten erweckte, auch in eurem Innern wohnt; und wie Er Mich erweckte, so wird Er euch erwecken.

37. Ihr seid nicht dem Fleisch verpflichtet, sondern lebt aus dem Geist Gottes; deshalb seid ihr die Söhne und Töchter Gottes.

38. Das Bewußtsein der Menschheit ist in Bewegung geraten, und überall bricht die Wahrheit hervor wie der Saft im Baum, der Leben nach jedem Ast und Zweig hinsendet.

39. Dieser Saft der Wahrheit, der die ganze Menschheit durchdringt, ist die Wahrheit des Christus-Lebens, das in jeder lebenden Seele vorhanden ist, offenbarend, daß es keine Trennung gibt.

40. Der eine Urquell der Liebe und des Lebens ist der Grund für jedes im Universum vorhandene lebendige Wesen, und diesem Quell verdankt alles Bestehende sein Dasein.

41. Alte Fesseln zerspringen, alte tote Glaubensbekenntnisse fallen ab; wie Zweige ohne Saft oder Leben können sie nicht lebendig bleiben.

42. Das ganze Menschengeschlecht wird auf eine höhere Gedankenebene erhoben. Ich bin in eurer Mitte, um die Leere auszufüllen, die durch nutzlose Worte und Dogmen entstand, damit ihr euch nicht länger an das klammert, was falsch ist.

43. Hört nicht länger auf jene, die einen weit entfernten Gott predigen, sondern hört auf den Geist, der in eurem Innern ist, dort wohnt die Wahrheit.

44. Wenn ihr durch die Glaubensvorstellungen anderer gebunden seid, dann *seid* ihr gebunden. Ich bin gekommen, um eure Fesseln zu lösen, um euch zu befreien. Ich befreie euch, indem Ich euch die Wahrheit von dem einen lebendigen Gott gebe, die Wahrheit von dem lebendigen Gott, der in euch ist. Er allein ist lebendig. Ich bin lebendig, weil Er lebt. Weil der Vater Leben in sich hat, gewährt Er dem Sohn, Leben in sich selbst zu haben.

45. Bewußt des Wissens eures Einsseins mit Gott gewahr zu werden, ist euer ganzes Heil. Dies ist das offene Tor zur Freiheit.

46. Euer Verstand war lange vom Äußeren her vollgestopft mit falschem Denken, und dadurch habt ihr das Tor zum göttlichen Innern, der einzigen Wirklichkeit, verschlossen.

47. Wenn ihr ohne Überlegung glaubt, was andere gesagt haben und ihre Glaubensvorstellungen angenommen habt, werdet ihr Nachahmer und keine Denker, deshalb seid ihr gebunden.

48. Ihr habt überhaupt keine Kraft mehr, selbst zu denken, wenn ihr ein Abbild anbetet, denn das, was ihr anbetet, zerstört euer Denken, weil ihr euch in Unwissenheit verloren habt und nicht mehr fähig seid, die Wahrheit zu sehen von

dem alleinigen *einen* lebendigen Gott, der in eurem Innern wohnt.

49. Eure Empfindung der Trennung von Mir, voneinander und von Gott, ist euer großer Feind gewesen, obgleich ihr es nicht wußtet.

50. Viele haben euch glauben lassen, daß ihr außerhalb des Hauses Gottes seid und daß ihr deshalb etwas tun müßt, um es hineinzugelangen. Aber Ich sage euch, daß ihr bereits im Hause Gottes seid und ihr zu dieser Wahrheit erwachen müßt.

51. Ihr seid die einzigen, die das Tor durch Verwirklichung öffnen können. Und sowie der Christus sich in euch entfaltet, werdet ihr verwirklichen, daß ihr in des Vaters Haus seid und euch ergötzen könnt an Seiner reichhaltigen Tafel, die gedeckt ist mit allen guten Dingen.

52. Dies ist die Herrlichkeit der Wahrheit von dem einen ewiglichen Allmächtigen, in dem wir leben und uns bewegen und unser Sein haben, und diese Wahrheit wird euch frei machen.

53. Ich bin die Liebe und die Weisheit Gottes, daher lauscht in eurem Herzen auf Mich, denn dort wohne Ich.

54. Laßt Mein Herz und euer Herz als eins schlagen, und dann wird sich überall das Äußere, einschließlich euer Körper aus Fleisch, am Licht des Lebens entzünden, denn der Herr und König hat gesprochen, und jede Zelle eures Körpers wird erwachen zur Wahrheit der lebendigen Gegenwart, die in eurem Innern ist, und was immer ihr tut, wird euch gelingen.

55. Mein Herz und euer Herz müssen als eins schlagen. Geht nicht leichtfertig über dies hinweg, sondern fühlt tief in eurem Herzen, was es bedeutet.

56. Bedenkt, der Christus ist euer Leben, und jeder Feind, eingeschlossen der Tod, wird bezwungen. In Christus zu sterben heißt, ewig zu leben.

57. Wenn ihr, während ihr im sterblichen Sinn seid, nur eure Augen erheben könntet und sehen, was um euch ist, würdet ihr nicht länger anzweifeln, was Ich euch gesagt habe. Eure eigenen Lieben sind jetzt hier bei euch.

58. Sie sind erfreut durch die Erkenntnis, daß ihr die Wahrheit empfangt, die viele von ihnen während ihres Erdenlebens nicht empfingen und dadurch in das innere Reich eintraten in Unwissenheit über das ewige Leben.

59. Welch wundervollen Ausgleich werdet ihr haben, wenn ihr in das innere Reich gelangt, indem ihr bewußt erkennt, daß es keinen Tod gibt, daß es keine Unterbrechung in dem individuellen Leben gibt durch das Eintreten des Todes. Tod ist nur ein Wandel, der stattfindet, während der in den irdischen Körper gesäte Geist im geistigen Körper herausgeht. Es ist der Christus, der jetzt in eurem irdischen Zustand lebt, es ist der Christus, der immerfort lebt.

60. Darum seid standhaft, stark, unerschütterlich, so daß ihr von Tag zu Tag wachst; selbst wenn ihr keine unmittelbaren Ergebnisse seht, findet ein stetiges Wachstum statt, sogar in der Finsternis.

61. Viele von euch sagen sich: »Ich bin noch gar nicht gewachsen, ich scheine nicht ein Stückchen vorangekommen zu sein.« Ihr selbst könnt euer Wachstum nicht beurteilen – eine Blume weiß nicht, daß sie wächst, aber sie wächst.

62. Einige werden sagen: »Ja, ich bin immer so viel mehr gewachsen als andere!« Laßt Mich euch dies sagen: Selbstüberschätzung hat keinen Wert, denn kleine Kinder drücken das Königreich des Himmels aus.

63. Die Blumen blühen, und ihr Duft erfüllt die Luft, und jeder staunt ihre Schönheit an, doch sie beachten es nicht. Das ist der Zustand, den auch ihr kultivieren müßt.

64. Denn die Samen, die ihr im Himmel pflanzt, werden zusehendst wachsen – euer Vater pflegt sie.

65. Wie das Senfkorn, das der kleinste aller Samen ist, wenn es in fruchtbaren Boden gesät wird, ein so großer Baum wird, daß die wilden Vögel kommen und sich auf seinen Zweigen niederlassen können, so ist es mit dem Königreich des Himmels im Innern. All jene, die der Ruhe bedürfen, werden zu Mir kommen. Euch wird es möglich sein, in Mir zu ruhen, weil ihr die Wahrheit über Mich kennt.

66. Wenn dieser Samen der Wahrheit gepflanzt ist, wächst er rasch, doch er wächst unbewußt in dem einzelnen, der sich bloß des Göttlichen bewußt ist, in dem der Größte und der Kleinste *eins* sind.

67. Erkennt, daß der Erhabenste und der Demütigste der Ausdruck des einen göttlichen Geistes sind. Dann wird der Demütigste der Größte, und der Größte wird der Bescheidene.

68. Dies ist Mein Friede, dies ist Meine Liebe, dies ist die Kraft des Christus, der in jeder Seele lebt. So sei es bei euch.

69. Wenn ein Samen in die Dunkelheit der Erde gesät wird, wächst er durch die innere Kraft; der Samen bringt das ihm selbst Gleichende hervor und vermehrt sich dabei hundertfältig.

70. So ist es mit euch allen. Der Samen des Christus wird in die Finsternis der Welt gesät; dieser Samen ist das Licht der Welt, und die Finsternis überwältigt ihn nicht.

71. Die Finsternis der Erde überwältigt den Samen nicht, der in ihren Schoß gepflanzt wird; auch die Finsternis der Welt überwältigt den Samen des Christus nicht, der in euch gepflanzt wird.

72. Wenn ihr euch eurer selbst bewußt werdet als eins mit dem Christus, dem allein erzeugten Sohn des Vaters, sage Ich euch: Dies ist der Samen, der wächst, indem er unbewußt jedem seine göttliche Natur enthüllt.

73. Das gibt Frieden und Liebe im Herzen. So ist es mit euch allen. Der Samen des Christus wird in die Finsternis der Welt gesät, und dieser Samen ist das Licht der Welt.

74. Die Finsternis in der Welt ist das freundliche Übel wie die Dunkelheit der Erde; sie beschleunigt das Wachstum des Lichtes der Welt, welches scheint, um den Pfad aller zu erleuchten, die auf dem Weg zur Freiheit sind.

75. Das sogenannte Übel hat den Samen dazu gebracht, lebendig zu werden, um die Kraft und die Herrlichkeit des Christus hervorzubringen, denn Ich habe die Welt überwunden.

76. Wenn ihr auf das Übel schaut als auf etwas, das überwältigend und wirklich ist, dann gebt ihr ihm durch euer eigenes Bewußtsein eine Macht, die es nicht besitzt. Begreift, daß diese Dunkelheit freundlich ist und den Samen des Christus befähigt, von Sieg zu Sieg zu wachsen.

77. Dies ist gewiß, weil es schon vorbestimmt worden ist von dem großen Allmächtigen. Es ist die Wahrheit, die bestand, bevor die Zeit ihren Anfang nahm, und diese selbe Wahrheit ist jetzt die gleiche, wie sie es für immer sein wird.

78. Hierzu werdet ihr in die Welt geboren, um die Welt zu überwinden durch den Sieg des Christus Gottes in eurem Innern, und dieser Sieg ist gewiß, denn der Herr der Heerscharen hat ihn beschlossen.

79. Das Wachsen des Christus in euch ist gewiß. Der Christus ist in sich selbst vollkommen, Er war es immer und wird es immer sein, weil Er das Licht der Welt war von Anbeginn. Aber da es für euch als Individuen notwendig ist, in das vollkommene Verständnis des unsterblichen Selbstes hineinzuwachsen, werdet ihr auf dem Erdenplan geboren.

80. Ihr werdet durch eure Erfahrung größer und größer, indem ihr euch in den grenzenlosen Raum ausweitet. Vielleicht habt ihr die Wahrheit des Ausdrucks »grenzenloser Raum« noch nicht erfaßt; aber wenn ihr mit eurem Verstand einseht, daß es nirgendwo »Raum« gibt, daß alles vom Geist Gottes erfüllt ist, dann kann es nichts außerhalb von Ihm geben; Er erfüllt den grenzenlosen Raum.

81. Das geoffenbarte Universum weitet sich unaufhörlich aus und wird fortfahren, sich ewiglich in das unendliche Universum auszuweiten, nie endend. Durch eure Erfahrung auf dieser Ebene der Tätigkeit seid ihr fähig, bei jener Ausweitung zu helfen.

82. Ihr, die ihr jetzt auf der Erde lebt, werdet in das Innere kommen, wo Ich bin; ihr werdet nicht nur das Werk sehen, das auf diesem Planeten getan wird, sondern ihr werdet auch mit Kräften in Berührung kommen, mit geistigen Kräften, die auf anderen Planeten wirken, und im inneren Bereich begegnen wir uns und sprechen miteinander.

83. Dies sind alle die Ausdrucksformen des Allmächtigen, nicht getrennt von Ihm, sondern *in* Ihm selbst; sie weiten sich durch Ihn aus und erschaffen durch Ihn unaufhörlich Welt um Welt, Universum um Universum. Dies ist euer ewiger Fortschritt in die Unendlichkeit.

84. Nun denkt an euren sterblichen Verstand, wie klein er ist, wie beschränkt zu sein ihr euch erlaubt habt, begrenzt durch den Zustand des sterblichen Sinns.

85. Wie begrenzt habt ihr eurem Bewußtsein erlaubt zu sein, beeinflußt durch den sterblichen Sinn. Wenn ihr in das Innere kommt, werdet ihr einsehen, wie unwissend ihr über die Wahrheit gewesen seid; doch Ich sage euch, und Ich sage es euch wahrheitsgetreu, daß es der Vater ist, der jetzt in euch wirkt.

86. Deshalb, Meine Brüder und Schwestern, seid standhaft, ganz erfüllt von dem Werk der Überwindung der Welt. Eure Arbeit ist nicht vergeblich, denn Ich bin immer bei euch.

87. In der Natur selbst ist alles, was gesehen wird, im Äußeren; der wahre schöpferische Vorgang ist im Inneren. Es gibt nichts, das ihr im Äußeren seht, was nicht ein Ausdruck des Inneren ist. Das Innere ist die wahre Ursache, das Äußere ist die Wirkung.

88. Seid nicht erschrocken über Naturvorgänge, von denen ihr meint, daß sie nicht sein sollten, da alles zum Allguten hinwirkt.

89. Denn alles, was existiert, ist zuerst in der wirklichen Welt, von der die eure nur der Schatten ist.

90. Wenn Meine Aufgabe erfüllt ist, soll die Erde nicht länger der äußere Schatten sein, sondern soll das Königreich des Christus sein, wo sich der Löwe und das Lamm zusammen niederlegen.

91. Der Löwe ist das Symbol des vergänglichen Fleisches, das Lamm ist das Symbol des Lammes Gottes, des Christus, so daß das Äußere das Innere und das Innere das Äußere sein werden. Der Löwe soll das Lamm nicht überwältigen, aber das Lamm soll den Löwen überwinden.

92. Der Löwe des vergänglichen Fleisches soll verschwinden, und die Liebe Gottes soll in Freiheit wohnen. Dies war es, was Mir sehr stark zum Bewußtsein gekommen war, während Ich auf der Erde lebte, da Ich sah, daß Gewalt der Welt niemals Frieden und Glück bringen konnte, weil das, was Gewalt ins Dasein brachte, nur durch Gewalt bestehen konnte.

93. Aber wenn Liebe in die Welt käme, würde die Liebe sich niederlassen. Liebe hat keine Anstrengung nötig, sich zu behaupten. Um euch dies zu sagen von dem Christus, der Liebe Gottes, bin Ich wiedergekommen. Durch das Bewußtwerden dieser Liebe in euch selbst werdet ihr helfen, diese Liebe in die Welt zu bringen.

94. Dann werden der neue Himmel und die neue Erde wie eins sein und der Wohnort des Allerhöchsten werden.

95. Dann werden alle früheren Dinge vergangen sein, und Gott und Mensch sind bewußt vereinigt als *eins*. Daher, wenn ihr Mich gesehen habt, habt ihr den Vater gesehen.

96. Ich werde ihnen *ein* Herz geben, und der *eine* Geist wird in ihnen sein. Ich werde ihnen ihr hartes Wesen abnehmen und ihnen ein Wesen geben, das angerührt werden kann, damit sie nach Meinen Gesetzen leben können, und so werden sie Mein Volk sein, und Ich werde ihr Gott sein.

97. Dies ist das Versprechen, das sich erfüllt und erfüllt werden wird. Was vom Herrn der Heerscharen beschlossen wurde, das wird geschehen.

98. Der Samen des Christus in euch enthält die vollkommene Fülle der Gottheit.

99. Ich bin bei euch, und Mein Werk ist es, in euch die Fülle des Christus Gottes zu vollenden. Deswegen gibt es ständiges Wachstum, auch wenn ihr es nicht bemerken könnt.

100. Ständiges Wachstum, denkt daran! Wartet nicht darauf, erlaubt euch nur, in die Wahrheit zu wachsen! Es ist die wundervolle Harmonie der Liebe, die allen den Frieden bringt, und durch diesen Frieden geschieht das Wachstum.

101. Wenn Ich unter euch bin, weiß Ich ganz genau, daß ihr die Wirkung Meiner Liebe fühlt. Ich möchte, daß auch ihr die Wirkung des Christus in eurer eigenen Seele fühlt, so daß dieser Friede, diese Liebe, diese Macht, die Ich habe, auch die eure sein kann.

102. Das Geistige ist immer vollkommen; das Körperliche gerät oft außer Harmonie und hat viele Unvollkommenheiten, die aus der Unwissenheit geboren werden; es reagiert auf die Unwissenheit Generation um Generation.

103. Dennoch dringt durch die Finsternis die Saat des Lichtes der Welt in vielen Herzen und Geistern vorwärts, und hierzu sandte Mich der Vater in die Welt.

104. Besinnt euch, was sich ereignet hat vor nahezu zweitausend Jahren – der unreife Zustand des Geistes, der damals vorhanden war unter den Leuten –: nur ganz wenige kannten die Wahrheit, denn ganz wenige konnten sie verstehen.

105. Sogar bei Meinen eigenen Jüngern war es schwierig, sie zu belehren; als sie jedoch die Bedeutung der großen Wahrheit erfaßten, wurden sie Meine Jünger – wie ihr jetzt Meine Jünger seid – und zwar aus der Kraft, die durch den in ihrem Inneren wohnenden Christus in sie gelegt war.

106. Das Feuer des Geistes, das ruhte auf ihnen und entzündete die Macht des Christus Gottes – dasselbe wird auch euch geschehen.

107. Geradeso wie der Samen das anzieht, was ihm gemäß ist und schnell wächst, wächst der Samen des Christus in euch und zieht das ihm Gemäße an, um zu wachsen und sich in eurer eigenen Seele selbst auszudrücken. Dies ist die einzige Kraft, die ihr immer anwenden könnt.

108. Und jenen, die wissen, daß sie aus dem Geist geboren werden, geboren nach Seinem Bild und Gleichnis, enthülle Ich die Wahrheit, damit sie erkennen sollen, wie sie erkannt werden.

109. Viele von euch haben Hilfe von außen gesucht, einige von euch sind diesem Lehrer oder jenem Lehrer gefolgt. Das hat euch verwirrt und das wirkliche Werk verhindert, das nur aus dem Innern getan werden kann.

110. Wie schwierig ist es für euch, nicht wahr, wenn ihr Buch um Buch lest und versucht, euch dieser Meinung und jener Meinung anzupassen. Ihr folgt diesem Dogma und jenem Glaubensbekenntnis, diesem Kult und jenem Kult; ihr versucht, euch nach diesen verschiedenen Glaubensformen zu richten; wie verwirrend ist das für die Seele.

111. Aber da Ich euch sage, daß in euch der Christus wohnt, daß Er allein lebt, daß Er der allein erzeugte Sohn des Vaters ist, und da ihr die Wahrheit zu sehen beginnt und ihr euch selbst als Söhne und Töchter Gottes bewußt werdet, aus dem Geist geboren – denn Ich habe euch bereits gesagt, daß euer Vater im Himmel euer einziger Vater ist –, so nennt niemanden auf Erden euren Vater, denn einer, der im Himmel ist, ist euer Vater.

112. Viele von euch, die ihr Hilfe gesucht habt, müßt nun auf den Christus *in euch selbst* lauschen.

113. Ihr müßt lernen, daß der Geist des Christus *in euch* der rechtmäßige Herrscher in eurem Leben ist. Beachtet nicht die Blinden, die die Blinden führen, denn jetzt beginnt ihr, die Wahrheit des alleinigen *einen* lebendigen Gottes zu sehen.

114. Der Christus ist der Sauerteig im Teig. Der Teig ist die Menschheit und hat diesen Sauerteig nötig, damit alle Sauerteig werden können durch den in allen vereinigten Christus.

115. Und was immer ihr Meiner gedenkend erbittet, selbst wenn der Himmel klar ist, Mein Vater wird euch Regenschauer senden für jeden Grashalm auf dem Felde.

116. Ich habe in dieser Weise zu euch gesprochen, damit ihr auf Meine Worte achtet. Jeder Grashalm kann auch jede Seele sein, und jede Seele wird getränkt durch die Schauer Gottes, die Schauer des Geistes der Liebe, der Weisheit und der Wahrheit. So wird jeder Grashalm durch den Regen benetzt, der vom Himmel herniederkommt.

117. Wißt ihr nicht, daß es allein der Vater ist, der diese Dinge tut? In Gott allein nehmen alle Dinge Gestalt an. Nichts kann ohne Ihn oder außerhalb von Ihm Gestalt annehmen.

118. Wenn ihr zum Himmel blickt und seht die Wolken sich zusammenballen, sagt ihr, daß es Regen geben wird. Laßt es Mich euch sagen: Selbst wenn der Himmel klar ist, gedenkt Meiner, wenn ihr den Vater um Regen bittet, Er wird ihn senden, so ihr an Mich glaubt.

119. Das ist die Kraft, die Ich anwandte, um auf dem Wasser zu wandeln und um die Tausende mit den wenigen vorhandenen Broten und Fischen zu speisen.

120. Dies waren keine Wunder, sondern das »Verstehen«, daß Ich das Mittel war, durch welches der Vater Seine Herden nährte. »Ernähre Mein Volk!«, doch Ich nährte sie auch mit dem Geist des Lebens.

121. Ich gab ihnen Worte der Wahrheit, die sie stärken konnten, aber sie wünschten Nahrung, physische Nahrung, und als ihre Körper durch materielle Speise befriedigt waren, sagten sie, ein Wunder sei geschehen. Sie verstanden nicht die Wahrheit, daß dieselbe Macht auch in ihrem Innern war.

122. Wie schwierig ist es, den Massen geistige Nahrung zu geben! Viele werden die geistige Nahrung fortwerfen, sie suchen lieber das Physische als das Geistige. Aber Ich sage euch, wenn ihr die geistige Nahrung sucht, wird euch hinfort alles gegeben werden. Suchet zuerst das Königreich Gottes und wendet es richtig an, dann sollen euch alle Dinge hinzugegeben werden.

123. Eure Herzen müssen ein Herz sein im Leib des Herrn der Heerscharen.

124. So viel von eurem Leiden ist unnötig, es ist dadurch verursacht, daß ihr euch abmüht, euch von dem zu befreien, was vom Äußeren angezogen wird.

125. Bedenkt, daß sich *nichts* dem Willen Gottes widersetzen kann; ruht zufrieden und verweilt in dem Herrn, und der Christus wird euer Streiter sein. Er allein wird euch frei machen.

126. Jede Erfahrung wird euch mehr Kraft zurücklassen. Lernt, daß die Schönheit der Morgensonne auf die Dunkelheit der Nacht folgt.

127. Wie wahrhaft wunderbar ist es, daß diejenigen, die das Licht gesehen haben und es verstehen, sogar in der Finsternis Glauben haben werden, denn sie verstehen:

128. Nach der Dunkelheit der Nacht wird die Schönheit der Morgensonne scheinen. Laßt meinen Frieden mit euch sein! Laßt diese Kraft des Christus in euch wirken!

129. Leid bringt euch mir näher, um von Mir zu lernen, so daß euer Leid in Freude verwandelt werden wird.

130. Von diesem Tage an seid ihr Meines Vaters Kinder: Am Abend legt Er euch zum Schlafe nieder, und am Morgen weckt Er euch, denn Er liebt euch wie eine Mutter ihr Kindlein liebt.

131. Das Herz des Kindleins ist leer von allen Dingen, außer von seiner Mutter. So laßt euer Herz leer sein von allen Dingen, außer von eurem Vater, der im Himmel ist, und Er wird euer Herz ganz besitzen.

132. Die Herrlichkeit dieser Wahrheit öffnet euch der Liebe Gottes, dem Frieden und der Harmonie und der Stärke und der Kraft der mächtigen Gegenwart; und in diesem Frieden liegen Macht und Freiheit.

133. Ihr könnt zu den Wellen sagen: »Seid ruhig!« Und sie werden ruhig sein. Aber die Ruhe muß zuerst in eurem Herzen sein durch die Anerkennung des Vaters, denn Er allein muß euer Herz und euren Geist erfüllen.

134. Ihr könnt nur dann tun, was Ihm gefällt, wenn ihr euer Herz allezeit Ihm geöffnet haltet.

135. Es gibt nichts, was holder und wonnevoller ist als das unaufhörliche Gespräch mit eurem himmlischen Vater, der euch liebt. Nur diejenigen, welche dies verstehen können, können es ausüben und erfahren.

136. Führt es nicht zum Vergnügen oder als Übung aus, sondern aus dem Herzen voller Liebe. Wie viele von euch befassen sich mit der Wahrheit um der Übung, der Erfahrung, der Freude willen, die sie euch gibt – und was könnt ihr dadurch gewinnen?

137. Bedenkt, was Ich sage: Laßt euer Herz eins sein im Herzen des Herrn der Heerscharen. Denkt nach, was das

bedeutet! Betrachtet dies, und wenn ihr beginnt, tief darüber nachzudenken, wird es tiefer und tiefer eindringen, bis zu der Zeit, da ihr Mir gleich werdet, geschaffen zu Seinem Bild und Gleichnis; denn Ich bin Sein Sohn, Ich tue Sein Gebot, der Wille des Vaters wird in Mir getan. Und da ihr Mich gesehen habt, habt ihr den Vater gesehen. Ich bin die Liebe Gottes, der allein erzeugte Sohn des Vaters der Liebe.

Laßt uns nun eintreten in das Heiligtum des Allerhöchsten.

(Schweigen)

Mein Friede und Meine Liebe bleiben bei euch.

(*Anmerkung des Schreibers:* Während der ganzen Unterweisung konnte ganz leise himmlische Musik vernommen werden, und dies verlieh den Worten des Meisters gewaltige Kraft.)

Zehnte Rede

GESEGNET SIND, DIE REINEN HERZENS SIND, DENN SIE WERDEN GOTT ERKENNEN

Meinen Frieden und Meine Liebe bringe Ich mit Mir, damit sie bei euch bleiben.

1. Intellektuelles Wissen ist nicht genug; nur mit einem verstehenden Herzen könnt ihr den Vater erkennen.
2. Der Verstand kann vernünftig denken, und vernünftiges Denken ist gut, aber dieses Wissen muß über den Verstand hinausgehen. Ihr müßt es fühlen, ihr müßt es in eurem Herzen erkennen.
3. Bevor ihr wahrhaft fühlen könnt, muß euer Herz auch voll Liebe sein. Dies ist der Christus, die sich in der Welt offenbarende Kraft, die Kraft, die die ganze Menschheit erhält.
4. Individuell ist sie für euch tätig, wenn ihr sie als das Ganze anerkennt. Sowie ihr euch der Ganzheit dieser Kraft in euch bewußt werdet, fühlt ihr sie, erkennt ihr sie, werdet ihr die Liebe selbst.
5. Das Herz ist das Tor zur göttlichen Weisheit, und dies kann nur im eigenen Herzen verstanden werden.
6. Der Verstand führt euch dazu, vernünftig zu denken, zu erkennen, was falsch ist und das zu erkennen und zu verstehen, was wahr ist. Der Verstand ist die Pforte zum Herzen; aber bevor das Herz nicht von der Christus-Liebe erfüllt ist, ist die Kraft des Christus nicht in euch.
7. Der Verstand kann wirkungsvoll nachdenken, aber das Verstehen, das Ich meine, geht noch weiter als vernünftiges Denken – ein Wissen von dem, was hinter und über dem Verstand liegt, der Ursache aller Schöpfung.

8. Es gibt nur eine Wahrheit, und Ich wiederhole das, was Ich weiß, auf viele Arten. Dies ist das leichteste und beste Mittel, das Ich kenne, und Ich gebrauche kein anderes.

9. Es gibt viele, die Vorstellungen, Worte, Redensarten aufnehmen, welche sie wiederholen; aber dies ist von sehr geringem Wert. Aussprüche und Wiederholungen, die nicht verstanden werden, sind von sehr geringem Wert für die Entwicklung der Kraft der Christus-Macht, welche Liebe und Weisheit ist.

10. Was ich meine, ist dieses: Wenn ihr beginnt, in eurem eigenen Herzen zu verstehen und das Herz rein wird, wohnt der Christus dort. Aussprüche und Vorstellungen gehören zum Verstand; aber das Herz ist es, das jenseits von Vorstellungen richtig fühlt. Vorstellungen sind nicht die Wahrheit, Aussprüche sind nicht die Wahrheit, Glaubensformen sind nicht die Wahrheit – die Wahrheit ist jenseits von diesen allen.

11. Es gibt ein Wissen, das geht über den Verstand hinaus, ein Wissen, das über Aussprüche und Vorstellungen hinausgeht; denn Vorstellungen und Aussprüche sind nur Worte, wenn kein Verständnis vorhanden ist.

12. Ich offenbare die Wirklichkeit, eine lebendige, bestehende Wirklichkeit. Ihr erzeugt die Wirklichkeit nicht durch eine Vorstellung, auch könnt ihr sie nicht durch Vorstellungen oder durch Aussprechen von Worten verstehen; ihr könnt sie nur verstehen, wenn ihr euer Herz ihr öffnet und wenn ihr alles erkennt, was nicht Wirklichkeit ist.

13. Sie gibt euch Freiheit, Freiheit, das auszudrücken, was wahr ist. Deswegen bin Ich hierfür gekommen, euch frei zu machen von allem, was falsch ist.

14. Sie ist keine Vorstellung, sie ist kein Ausspruch, sie ist keine Glaubensform, sie ist nicht ein Ergebnis eurer Einbildung, sie ist nicht irgend etwas, das in den Verstand heraufbeschworen werden kann. Sie ist bereits vollkommen, lebendig, sich jetzt ausdrückend. Sie ist alle Macht, die es gibt. Sie ist das immergegenwärtige Leben, in dem es weder Vergangenheit noch Zukunft gibt, nur das ewige *Jetzt*.

15. Um den Vater der Liebe zu erkennen, müßt ihr oft an Ihn denken, dann wird euer Herz dort sein, wo euer Schatz ist.

16. Manche bilden sich ein, es sei verlorene Zeit, in Gott zu verweilen. Aber ich mahne euch eindringlich, an die mächtige Kraft zu denken, die hinter aller Schöpfung ist; fühlt sie, versteht sie, indem ihr alles erkennt, was sich auf sie bezieht.

17. Sobald ihr beginnt, die Wärme ihrer Liebe und die Weisheit ihrer schöpferischen Kraft zu fühlen, beginnt ihr zu fühlen, daß ihr der Wirklichkeit angehört; dann gebt ihr ihrer Liebe und Weisheit Ausdruck.

18. Ist es denn nicht der Mühe wert, bei Gott zu verweilen und auf all den wundervollen Wegen, auf denen Er sich ausdrückt in und durch uns und in der Schöpfung?

19. Dies ist sehr wichtig für euch, es verdient eure tiefe Betrachtung. Ich kenne den Weg; daher sage Ich: folgt Meinen Fußspuren.

20. Die wahre Offenbarung muß sich aus dem göttlichen Herzen der Liebe entfalten, das im Einklang mit eurem eigenen schlägt – so nah ist der Vater. Der Vater ist es, der immer in Mir bleibet, sich selbst offenbarend.

21. Das göttliche Herz schlägt in Einklang mit eurem eigenen, wenn ihr das göttliche Herz in eurem eigenen als eins schlagend mit eurem eigenen Herzen fühlt.

22. Liebe zieht einen Schleier über alles unrechte Tun, während Haß Streit aufrührt. Lebt nicht in der Dualität des Verstandes, sondern sucht die Einheit des Geistes.

23. Ihr müßt den Schleier der Liebe über unrechtes Tun ziehen, damit Haß nicht in euer Herz eindringen kann. Diese gewaltige Liebeskraft überwindet alle Dinge. Liebe ist aus Gott; Gut und Böse sind aus des Menschen Verstand.

24. Ganz gleich, was euch angetan wird, ganz gleich, was über euch gesagt wird, ihr dürft nicht nach Vergeltung suchen, da sich die Liebe nicht ausdrücken kann, wenn euer Herz nicht voll Liebe ist. Zur Freiheit gelangt ihr nur, wenn

ihr euer Herz dem Christus übergebt, so daß Er es ganz besitzen kann.

25. Dies ist die einzige lebendige Macht, die einzige lebendige Wirklichkeit. Und wenn ihr alles, was falsch ist, erkennt, werdet ihr nicht länger den Ausdruck dessen verhindern, was wahr ist.

26. Guter Sinn liegt immer auf den Lippen derer, die reinen Herzens sind, während die Unverständigen töricht reden.

27. Die reinen Herzens sind, drücken das aus, was wahr ist, während die Unverständigen, die die Wahrheit nicht kennen, töricht reden.

28. Eines Toren Geschwätz wird immer Unruhe bringen, während Schweigen und Weisheit Öl auf die unruhigen Wasser gießt.

29. Ihr kommt hierher mit der Absicht, das tiefere Verständnis zu lernen, damit ihr auch Meine Jünger werden könnt. Euch selbst zu erkennen, ist das erste, was zu geschehen hat, dann wird sich die Kraft, die alle Bedingungen überwinden kann, offenbaren. Um das Selbst zu erkennen, müßt ihr euch der Wege des Selbstes bewußt werden, und das führt zur Freiheit. Im menschlichen Selbst liegt die Ursache für alle Not.

30. Ihr müßt Mein Beispiel darleben, um der Welt das wahre Christusprinzip zu zeigen, welches heißt: Liebe deinen Nächsten wie dich selbst.

31. Die Worte des Christus werden viele weise machen, während die Ansichten des Unwissenden von geringem Wert sind.

32. Meine Worte an euch sind wie reines Silber und lauter wie das reinste Gold. Gebt acht und wendet sie auf euch selbst an.

33. Es ist der Segen des Vaters, der Reichtum und Glückseligkeit bringt, niemals bringt er Leiden mit sich.

34. Was immer ihr in Meinem Namen erbittet, damit wird euch der Vater segnen. Dies ist die Verheißung: Bittet, indem ihr den Christus erkennt als den allein erzeugten Sohn Got-

tes, der einzigen in euch vorhandenen Kraft. Es ist der Vater selbst, der sich in euch ausdrückt. Es gibt keine Trennung: Ich in euch, ihr in Mir und wir im Vater, alle im Vater und der Vater in allen.

35. Der Segen des Vaters ist jenseits unseres Fassungsvermögens. Seine Liebe drückt immer ihre mächtige Kraft zum Wohle aller aus.

36. Denn wenn der Sturm kommt, werden die Toren vom Wirbel hinweggefegt, aber die reinen Herzens sind, sind tief verwurzelt in Christus, dem allein erzeugten Sohn des Vaters.

37. Ich spreche diese Wahrheiten zu euch durch das Mittel der Sprache, damit sie niedergeschrieben werden, so daß ihr sie lesen und bei ihnen zur weiteren Erleuchtung verweilen könnt.

38. Die Stimme zu hören, regt eure Seele zur Anerkennung der Wahrheit an, daß Ich lebendig bin. »Ich bin das Leben.« So, wie ihr jetzt lebendig seid, werdet ihr auch erkennen, daß Ich lebendig bei euch bin, und so, wie Ich bin, werdet auch ihr sein.

39. Ich bin nicht getrennt von euch, wie viele euch glauben machen wollten. Der Weg zu Mir geht durch euer eigenes Herz, denn Ich wohne in eurem Innern. Sucht Mich, und ihr werdet Mich finden.

40. Die Welt ist geblendet durch die äußere Illusion, und viele sind verwirrt. Durch die ihnen innewohnende Kraft erzeugen sie ihre eigene Verwirrung.

41. Der Mensch wird von der Illusion der Sinne geblendet. Doch das innere Wirken des Geistes im Innern des Menschen entfaltet den Christus Gottes im Menschen, und bald wird die Illusion der Sinne vergehen.

42. Was heute in der Welt geschieht, ist nur das Sich-Regen des Geistes in der Menschheit.

43. Die Rastlosigkeit des Geistes ist seine Entfaltung; aber wir sehen, daß sich viele in Unwissenheit entwickeln, sich selbst und anderen schadend. Wenn alle die Wahrheit der Entfaltung von innen her kennen würden, dann würde der

Friede kommen. Aber Ich sage, daß Friede hier *ist,* weil Liebe das Fundament der Welt ist.

44. Was im Anfang ist, ist jetzt. Das, was im Anfang ausgesandt wurde, besteht jetzt, doch die Menschheit hat den Baum des Lebens noch nicht ergriffen. Der Mensch ißt noch von den Früchten des Baumes von Gut und Böse, der seine Wurzeln in ihm selbst hat.

45. Indem ihr zu Mir kommt, werdet ihr aus eurem Zustand herausgehoben. Ich throne in euch, doch ihr blicket nach außen und fandet Mich nicht. Blickt nach innen und findet dort Gott! Die reinen Herzens sind, werden Ihn erkennen.

46. Wenn der Verstand verwirrt ist, kann es keinen Frieden geben. Ich bin nicht verwirrt, Ich weiß, daß Ich das Leben bin. Wenn euer Verstand verwirrt ist durch verschiedene Meinungen und Glaubensformen, die euch getrennt voneinander halten, so könnt ihr niemals den *einen* ewigen Gott erkennen.

47. Die reinen Herzens sind, sehen Gott in einem jeden. Glaubensformen, Meinungen, Vorstellungen sind nur ein Erzeugnis des Verstandes, aber die Wirklichkeit ist ewig und drückt sich immer im Jetzt aus.

48. Die Menschheit wird erhoben, indem sie ihre eigene göttliche Meisterschaft verwirklicht durch göttliches Verstehen und Liebe. So werden diejenigen Gott erkennen, die reinen Herzens sind.

49. Wie Ich zu Meinen Jüngern über diese Dinge sprach, so spreche Ich zu euch über genau dieselben Dinge; denn ihr seid auch Meine Jünger in der Welt von heute, und Ich wirke in eurer Mitte.

50. Erkenntnis wird so lange aus Leiden geboren, bis der Mensch das Gottes-Bewußtsein erlangt. Wenn ihr das bewußte Innewerden der alleinigen, einen, wirklichen und vorhandenen Kraft erlangt, die sich in euch ausdrückt, werdet ihr erkennen, daß Leiden das Mittel zur Entfaltung dieses Bewußtwerdens war, und dann hört das Leiden auf.

51. Während der nächsten Jahre wird ein großer Fortschritt durch die Wissenschaft in der Welt gemacht werden.

Vieles davon wird der Menschheit Aufschwung geben, jedoch wird auch vieles dazu verwendet werden, den Menschen auf der Erde zu schädigen.

52. Hier wird wieder der Intellekt gebraucht ohne die Führung des Geistes – des Reinen im Herzen.

53. Die Welt ißt noch immer von den Früchten des Baumes der Erkenntnis von Gut und Böse; und nur, wenn die Menschheit den Baum des Lebens ergreift – den Christus im Innern – wird ihre Erlösung kommen.

54. Ich behandelte diese Frage schon zuvor, und Ich weiß, daß viele von euch sie verstehen. Gut und Böse sind keine Wirklichkeiten. Die Wirklichkeit ist weder gut noch böse. Sie ist vollkommen in sich, vollendet in sich selbst. Was der eine für böse ansieht, bedeutet dem anderen Gutes, und was der andere für gut ansieht, bedeutet dem Nächsten Böses. Sie entsprechen dem, was der Mensch denkt.

55. Wenn ihr eingehend prüft, was ihr über die Dinge denkt, werdet ihr feststellen, daß sie außerhalb von euch sind und deshalb relativ zu euch. Wenn ihr es gut oder böse nennt, werdet ihr erkennen, daß es relativ zu euch ist. Wißt, daß ihr von einer Kraft überwacht und geleitet werdet, die in eurem Innern selbst ist, eine Kraft, die weder gut noch böse ist, sondern vollendet in sich selbst. Dies ist der Christus Gottes.

56. Gut und Böse sind die Ergebnisse eures Verstandes, dessen, was ihr über die Dinge denkt. Dies ist der Baum der Erkenntnis von Gut und Böse, der Frucht, von der ihr nicht essen dürft, damit ihr nicht in eurer Unwissenheit sterbt. Wenn ihr den Baum des Lebens ergreift, das innerste Gewahrwerden der Wahrheit, wird dies eure Erlösung sein.

57. Wenn ihr den Christus erkennt, wird euer Geist nicht länger von Gut und Böse verwirrt, und ihr werdet die sich offenbarende Kraft von Gottes Liebe, Weisheit und Macht.

58. *Ich bin* die Erlösung der Welt, und jeder, der an Mich glaubt, wird immerdar leben.

59. Ich bin der lebendige Christus Gottes, den der Vater in die Welt sandte, um sie zu erlösen. Dieser selbe Christus

wohnt im Innern. Derselbe Geist Gottes, der in Mir wohnt, wohnt in euch.

60. Viele, die Mir jetzt zuhören, haben die Erde verlassen, sie sind bewußte, lebende Wesen, die einst waren wie ihr, und sie sind ebenso, wie ihr jetzt seid, nur daß sie einen Körper von feinerer Beschaffenheit haben. Trotzdem haben sie einen Körper, der ihrem inneren Bewußtsein entspricht, genau wie euer Körper euch entspricht und eurer Führung gehorcht, wenn die Christus-Kraft verstanden wird.

61. Strecke deine Hand aus und ergreife diesen Baum des Lebens, denn er ist der Quell lebendigen Wassers, das zum ewigen Leben erhebt.

62. Die meisten Menschen in der Welt haben sich durch Unwissenheit entwickelt und haben sich nicht ganz umfassend entfaltet; und dies ist die Ursache vieler Krankheiten in der Welt gewesen.

63. Jedoch ist es besser, durch Leiden, durch Erfahrung zum Verständnis eures geistigen Selbstes zu kommen als ohne sie; denn dies ist das freundliche Übel in der Welt, das euer Verständnis fördert und die Christus-Kraft entwickelt durch das Achten auf alles, was falsch ist.

64. Es gibt nichts zu fürchten, ganz gleich, was euch schmerzt, ganz gleich, in welchen Verhältnissen ihr euch befinden mögt, der Christus überwindet alles. Dies ist eure Kraft, die in euch wesende Kraft Gottes. Es ist die schöpferische Kraft, die von Anfang an in euch lebt und für immer dieselbe sein wird in und außerhalb des Körpers. So ist euch alle Macht im Himmel und auf der Erde gegeben worden.

65. Ihr seid nicht durch euren Körper gebunden, sondern ihr seid gebunden in eurem Verstand, indem ihr an die Macht des Übels glaubt. Ergreift den Baum des Lebens, das wird euch frei machen!

66. Durch den Baum des Lebens wird auch der unentwickelte Mensch erwachen und wird lernen vom »Ich-bin«, der einzigen schöpferischen Kraft in Gott und im Menschen. »Ich bin das Leben.«

67. Alle werden zur Wahrheit erwachen; aber es ist besser, daß die Wahrheit nicht ganz enthüllt wird, bevor nicht das Herz rein wird.

68. Die schöpferische Kraft im Menschen ist wirklich eine mächtige Kraft, und wenn das Bewußtsein ihrer gewahr wird, muß Liebe vorhanden sein, um ihre Handlungen zu führen und zu leiten.

69. Das göttliche Herz der Liebe muß in Einklang mit eurem eigenen schlagen. Es enthüllt sich ohne Anstrengung, wenn ihr euch der Wahrheit bewußt seid. Viele Menschen haben sich entwickelt, aber sie sind ohne Wissen über die Wahrheit und haben sich so selbst Krankheit und Schwierigkeiten geschaffen.

70. Wenn die Wahrheit erkannt wird und diese Dinge als relativ gesehen werden, steht der Christus über ihnen allen – Er wird der Auslöscher aller widrigen Umstände und Bedingungen.

71. Ihr könnt die Größe des Christus in euch nicht erfassen, denn der Christus offenbart ständig die Gegenwart Gottes, die in der Seele des Menschen wohnt.

72. In jeder in der Welt vorhandenen Seele wohnt die Gegenwart Gottes, und der Christus offenbart diese Gegenwart unaufhörlich.

73. Der Christus sieht und versteht dasjenige, was falsch und das, was wahr ist. Der Christus berichtigt auch den Irrtum, und wenn der Irrtum berichtigt ist, verschwindet der bedingte Zustand. Der Christus ist der Mittler zwischen Gott und der Menschheit; Er versteht Gott und versteht den Menschen. Er ist die sich offenbarende Individualisierung des Geistes Gottes selbst.

74. Der individualisierte Vater in euch wird der Christus in euch. Der Christus kennt also Gott und kennt den Menschen. Der Christus versteht die Schwachheit des Fleisches, Er versteht die Leiden der Welt. Der Christus der Menschheit kann niemals verstanden werden, bevor ihr nicht das selbstlose Christsein in euch erreicht.

75. Hierüber habt ihr viel zu lernen. Ihr könnt erst die volle Bedeutung des Opfers am Kreuz der Menschheit erkennen, wenn ihr in das selbstlose Christsein eingeht.

76. *Ich bin* der universale Mensch, und in Mir werden alle ihre wahre Verwandtschaft finden.

77. Wir sind alle aus dem einen Vater geboren, und in dem Maße, wie ihr in das Verständnis hierfür hineinwachst, erreicht ihr die Vollkommenheit des Christseins in euch selbst. Auf diese Weise werdet ihr von der Welt der Illusionen befreit.

78. Meine Stimme, dieses Wissen, diese Wahrheit, wird nicht allein von euch gehört, sondern auch von vielen, die für euch gegenwärtig unsichtbar sind, denn es gibt keine Trennung. Die einzige Trennung besteht im menschlichen Verstand, denn in der Wirklichkeit gibt es keine Trennung.

79. Ich bin der Weinstock, der Vater ist der Saft im Weinstock, und die Zweige sind die ganze Menschheit.

80. Der eine Baum mit vielen Zweigen, doch nur das eine Leben in allen. Ich zog das Gleichnis in dieser Weise heran, wie ihr auch das Gleichnis hinsichtlich dessen heranzieht, was ihr Elektrizität nennt.

81. Elektrizität ist ein Grad des sich offenbarenden Lebens, doch überall ist Elektrizität, es gibt nichts, wo sie nicht ist. So nehmt ihr sie in Anspruch und benutzt sie als Kraft und Licht und auf viele andere Weise.

82. Wir sind uns der vielen Erfindungen wohl bewußt, die in der heutigen Welt stattfinden. Eure Wissenschaftler sind Kanäle, durch welche die Intelligenz ausgedrückt wird. Denn alles muß der Menschheit auf der Erde bekannt werden. Ihr werdet verstehen und hinter das Geschehen schauen, indem ihr euch allmählich eurer göttlichen Natur bewußt werdet, die in sich selbst vollkommen ist.

83. Wenn diese Erkenntnis kommt, dann werden durch Mich, den universalen Menschen, und durch den universalen Menschen alle Völker einander verstehen, denn diese Verwandtschaft wird die von Brüdern sein.

84. Ich bin wahrhaftig der Sohn Gottes, während Ich der Sohn des Menschen bin; so wird die große Einheit von Gott

und Mensch in dem Kreuz offenbar. Der Tod berührt den Sohn Gottes niemals, denn Er ist der Christus und siegt über den Tod.

85. Denn der Christus stirbt nur im Fleisch, um im Geist zu leben, und Ich bin Er, der ewig mit dem Vater lebt, und das werden ebenso jene, die an Mich glauben.

86. Denkt nicht, daß ihr sterben müßt, um mit dem Vater zu leben, da ihr schon jetzt mit dem Vater und in dem Vater lebt und der Vater in euch lebt. Wenn ihr diese Worte verstehen könnt, dann werdet ihr einsehen, daß es keine Trennung und keinen Tod gibt.

87. Der Vater ist Seinem Wesen nach unendlich, und um unendlich zu sein, muß Er alles umfassen, sonst könnte Er nicht unendlich sein. Er muß auch in euch existieren, und ihr müßt in Ihm existieren, sonst könntet ihr nicht leben, da es nichts außerhalb des Vaters gibt; Er ist vollkommen in sich selbst.

88. Ihr werdet durch Ihn und in Ihm erschaffen, und in Ihm lebt ihr, und das Leben in euch ist ewig, weil es Sein Leben ist. Ich und der Vater sind eins.

89. Es gibt keine Macht, die euch gegen euren eigenen Willen schaden kann.

90. Hierfür trat Ich in die astralen Bereiche ein, wo die Seelen in der Finsternis ihrer eigenen Unwissenheit lebten:

91. Um sie zu befreien und das fortzunehmen, was sie von Gott trennt, so daß alle in der Wirklichkeit des Christus leben können.

92. Viele, die jetzt Meine Stimme hören, werden in diesem Augenblick aus den astralen Bereichen befreit, um in das Paradies einzutreten, denn es war nur ihre eigene Unwissenheit, welche sie in die von ihnen selbst geschaffene Finsternis einhüllte.

93. Viele haben erfahren, daß ihre Glaubensformen nur Glaubensvorstellungen sind und keinen Bestand in der Wirklichkeit haben, denn die Wirklichkeit ist ewig. Sie ist das einzig vorhandene schöpferische, lebendige Prinzip. Wenn die ewige Wirklichkeit verwirklicht wird, dann seid ihr frei.

94. Ich sprach von der Zeit, in der Ich in die astralen Bereiche ging. Ihr habt euch die Bedingungen wenig klargemacht, die Ich auf Mich zu nehmen hatte, um in diese Reiche einzutreten, um jene, die in der Finsternis sind, zu befreien. Ihr könnt es nur begreifen, wenn ihr euch vergegenwärtigt, daß Ich mit der ganzen Menschheit leide, denn Ich bin die Menschheit, und so bin Ich gekommen, um die Menschheit zu befreien.

95. Es gibt viele, die jetzt in diesen Bereichen arbeiten, um jene in der Finsternis zu befreien. Denn alle müssen *eins* werden und vollkommen, entsprechend der Fülle des Christus.

96. *Deswegen laßt euch fortan nicht täuschen von falschen Lehren, die euch sogar von Christus trennen, denn solche, die Christus und gleichzeitig Trennung predigen, sind falsche Lehrer.*

97. Wie der Körper von dem *Einen* geführt wird, so werden auch alle Glieder, obwohl sie getrennt sind, von dem *Einen* geführt, der die volle Sorge für den Körper trägt.

98. Daher, wißt ihr nicht, daß Ich nicht nur für ein Volk lebe, sondern für alle Völker, denn alle sind die Kinder Meines Vaters, der im Himmel ist?

99. So laßt euch alle Bitterkeit und allen Zorn gegen euren Bruder abnehmen.

100. Sucht keine Vergeltung, denn was in eurem eigenen Herzen ist, wird auch euch widerfahren.

101. Wie ein Mensch in seinem Herzen denkt, so ist er.

102. Viele, die aus dem physischen Körper geschieden sind, wachen, helfen und führen andere im Physischen. Jeder einzelne von euch hat einen Engel als Führer; ihr werdet niemals für einen Augenblick alleine gelassen.

103. Wenn ihr als ein Kindlein in die Welt eintretet, ja, bevor ihr die Welt als Kindlein betretet, ist ein Engel als Führer bei euch, einer, der sogar bei euch bleibt, nachdem ihr den physischen Körper verlassen habt, bis ihr die Reife des geistigen Bewußtseins erlangt.

104. Eines Tages könntet auch ihr einer von diesen engelhaften Führern sein bei jemandem, den ihr liebt. Nicht im-

mer ist es einer eurer Nächsten und Liebsten auf der Erde, der euer Führer wird. Oft ist es einer, den ihr niemals während eurer Erdenzeit gekannt habt, sondern einer, der im Geistigen mit euch verbunden ist.

105. Sucht keine Vergeltung, denn was in eurem eigenen Herzen ist, wird euch auch zustoßen. Wenn ihr diese Worte verstehen könnt, dann begreift ihr die Bedeutung des zweischneidigen Schwertes. Was immer ihr in eurem Herzen über irgendeinen anderen denkt, erzeugt ihr in euch selbst.

106. Seid freundlich zueinander, weich-herzig, vergebt einander. Wie Gott euch vergibt, so müßt ihr einander um Meinetwillen vergeben.

107. Reinen Herzens zu sein heißt, Gott gleich zu sein als die geliebten Kinder Meines Vaters.

108. Denn es gibt nur einen Gott und einen Christus in Gott und einen Gott in Christus; und dieser Christus lebt in euch und ist eure einzige Wirklichkeit – euer wahres Selbst. Also sei *du selbst,* sei du vollkommen, wie dein Vater im Himmel vollkommen ist.

109. Könnt ihr die wahre Bedeutung dieser Worte verstehen? Sei *du selbst,* sei du vollkommen, wie dein Vater im Himmel vollkommen ist.

110. Des Menschen Unwissenheit über diese große Wahrheit ist seine innere Armut, die ihn im Äußeren nach Dingen suchen läßt, die er hegt und pflegt, doch seine Armut bleibt weiter bestehen.

111. Dies ist die Hölle, die der Mensch sich selbst schafft, denn er findet keinen Trost in den Dingen der Welt, die er schätzt; auch wenn er an ihnen hängt, wird er sie verlieren, denn er kann sie nicht mit sich nehmen.

112. Ich bin das immerwährende Glück, der Reichtum und die Kraft, die für immer lebt; und durch das Wasser, das Ich euch zu trinken gebe, werdet ihr niemals mehr dürsten, denn es ist der ewige Quell des Lebens, der alle Dinge jenen spendet, die Mich erkennend darum bitten.

113. Und wie würdet ihr Mich erkennen? Ihr erkennt Mich dadurch, daß ihr den Ursprung eures Wesens versteht, denn die Kraft der Schöpfung ist in euch.

114. Bewahrt in eurem Innern vollkommenen Gleichmut, indem ihr gar keinem äußeren Einfluß erlaubt, in das Innerste zu dringen, um euch zu stören.

115. So ihr andern helft, ist es weit besser, ihnen zu zeigen, wie sie sich selbst helfen können durch die schöpferische Kraft des Christus, die in ihnen wohnt.

116. Anderen zu helfen aus euch selbst, ist nicht der Plan. Es ist wenig getan, wenn ihr den Bedürftigen kleidet und speist, während ihr ihm die wirkliche Gabe des Christus-Geistes vorenthaltet, des Siegers über alle äußeren Verhältnisse, des Siegers, der jeder Seele innewohnt.

117. Die große Wahrheit, die ihr jeder Seele reichen müßt, ist die Kraft des Christus, die in ihrem Innern wohnt. Dies ist das große Geschenk Gottes.

118. Laßt jeden durch Verständnis den Christus in euch sehen, denn der Sieg lebt in einem jeden selbst. Zu geben ist göttlich, aber das Verständnis für die Christuskraft zu geben, ist das Geheimnis hinter allem wahren Glück; es ist die Weisheit Gottes.

119. Ich bin gekommen, um das Tor zu öffnen, das euch und Mich trennt.

120. Dies ist das Tor der äußeren Sinne, und weil ihr im Äußeren lebtet, kanntet ihr das Innere nicht.

121. Doch das Äußere ist nur eine Widerspiegelung des Innern. Bedenkt, daß die Wünsche des Fleisches auch von innen erfüllt werden. Aber es gibt ein Ende für alle körperlichen Dinge, während die Dinge des Geistes ewig sind.

122. Ich verlange nicht von euch, die körperlichen Dinge abzulehnen, sie sind notwendig, während ihr im Körper seid, doch sind die Dinge des Geistes wichtiger.

123. Ihr sollt die körperlichen Dinge auch nicht verachten, sondern ihren Wert erkennen und anerkennen und sie entsprechend gebrauchen.

124. Sie sind keine Wirklichkeiten in sich selbst; sie sind nur ein Mittel zum Ziel, nicht das Ziel selbst. So sage Ich euch, daß die Wünsche und die Dinge des Fleisches zu einem Ende kommen werden, während die Dinge des Geistes bestehen bleiben werden.

125. Die Persönlichkeit ist die Illusion der Sinne, doch die wahre Persönlichkeit ist die Übertragung des göttlichen Geistes in das tägliche Tun.

126. Nur dadurch, daß Ich Mich aus der Mitte Meiner Jünger zurückzog, konnte Ich, befreit von der Illusion der Persönlichkeit des Jesus, zu ihnen kommen.

127. Es war der innere Sinn, der Meine Jünger zu den großen Aposteln machte, die sie waren. Wegen und nur durch diesen gleichen inneren Sinn kann Ich auch euch veranlassen, die große Bedeutung der Wahrheit zu erfassen, die Ich euch enthülle.

128. Ihr dürft nicht an die Persönlichkeit von Jesus, dem Menschen, denken, auch dürft ihr euch nicht diese Persönlichkeit vorstellen, weil euch dies blind macht für die Wahrheit des Christus. Der Christus ist der allein erzeugte Sohn des Vaters, die Macht, die hinter aller Offenbarung ist.

129. Das Wort war im Anfang, und das Wort war bei Gott, und dieses selbe Wort, das war Gott, und dieses Wort, das wurde Fleisch. Persönlichkeiten müssen aus eurem Sinn schwinden, bevor ihr die Wirklichkeit des Christus sehen könnt. Das ist die Bedeutung Meiner Worte: »Wozu seid ihr herbeigekommen, um einen Menschen zu sehen?«

130. Nur durch das Eingehen in den universellen Christus könnt ihr wahre Individuen des Christus-Geistes werden, indem ihr die Wahrheit des *einen* Gottes offenbart.

131. Ich in euch und ihr in Mir und wir in ihnen und alle im Vater.

132. Und hier sind wir gemeinsam versammelt, alle erfüllt von dem Heiligen Geist Gottes, Unseres Vaters; daher wollen wir Echo sein für das Wort, das bei Gott war und das Gott ist: *Liebe*.

133. Laßt uns jetzt das Gefühl der Liebe unseres Vaters für alle verwirklichen.

Meinen Frieden und meine Liebe lasse ich bei euch,
damit sie bei euch bleiben.

Laßt uns eintreten in diesen wahren Zustand der Liebe, wo das göttliche Herz in allen Herzen schlägt.
Schließt eure Augen nicht, sondern schaut auf Mich.

(Schweigen)

Meinen Frieden, meine Liebe lasse Ich bei euch.

(*Anmerkung des Schreibers:* Während dieses Schweigens hüllte ein großes Licht den Bruder ein; nichts wurde gesehen außer einem blendenden Licht. Dann nahm der Meister seinen Abschied, und der Bruder blieb stehen. Wahrlich ein wunderbarer Beweis der Macht des Geistes.)

Elfte Rede

DER GEIST GOTTES WIRD IN DEM CHRISTUS GOTTES IN EUCH VERKÖRPERT

Meinen Frieden, Meine Liebe bringe Ich euch.

1. Es ist der Christus, der der persönliche Ausdruck des Allmächtigen ist. Dieser Christus wohnt in euch und in jeder lebendigen Seele. Dies ist euer Leben, euer Bewußtsein; durch Ihn lebt ihr, durch Ihn seid ihr für die Ewigkeit geschaffen, durch Ihn wird euch Erlösung.
2. Dies ist das große kosmische Bewußtsein, die innere Erleuchtung, die die ganze Erde erfassen wird. Wenn dies von jedem einzelnen verstanden wird, dann wird die ganze Erde umgewandelt werden, umgewandelt aus ihrem Zustand der Unwissenheit durch die Verwirklichung der Wahrheit.
3. In dem Maße, wie das Universale in jedem Individuum erkannt wird, wird es universal werden. Dadurch wird das Ganze, das hinter dem Individuum ist, von jedem Individuum verwirklicht werden.
4. Das individualisierte Universale ist der Christus, und dies muß von dem einzelnen erkannt werden. Dann wird der einzelne erkennen, daß das Ganze hinter ihm und hinter der ganzen Menschheit ist, denn es gibt keine Teilung. Die völlige Verwirklichung dessen offenbart Gott im Menschen.
5. In Gott gibt es keine Teilung. Es gibt nur *ein* Ganzes, das sich in der Vielfalt ausdrückt, und das Bewußtsein Gottes offenbart sich in jeder einzelnen Seiner Schöpfungen, und jede einzelne Seiner Schöpfungen lebt in seinem Bewußtsein. Gott in deiner Mitte ist mächtig.
6. Wenn ihr beginnt, dies zu verstehen, dann werdet ihr euer Bewußtsein über die Bedingungen hinaus erheben, die

euch umgeben, und in euer wahres Geburtsrecht eintreten, den Christus Gottes im Innern.

7. Die Welt wird sich dann aus der Begrenzung von Zeit und Raum erheben und ihre geistige Freiheit gewinnen.

8. Zeit und Raum sind immer das Hindernis gewesen für das Verständnis der Ganzheit, der Vollkommenheit des Unendlichen. Beim Erkennen der Unendlichkeit kann es Zeit oder Raum nicht geben.

9. Die Wirklichkeit hatte keinen Anfang und wird kein Ende haben. Die Wirklichkeit ist nicht vom Menschen geschaffen, aber der Mensch schafft Zeit und Raum in seinem eigenen Bewußtsein. Dies ist die Illusion: das Nicht-Verstehen und -Verwirklichen der Ganzheit. Dies ist die Illusion: die Ganzheit nicht zu verstehen und zu verwirklichen, in der es keine Zeit, keinen Raum, keinen Anfang, kein Ende gibt. Es gibt nur ein Ganzes, und dieses Ganze drückt sich jetzt selbst aus. Dies ist die Wirklichkeit. Ich bin eins mit der Wirklichkeit, die Wirklichkeit und Ich sind eins. Dies ist die Anerkennung des Christus-Bewußtseins, in dem alles möglich ist.

10. Blickt über die Persönlichkeit hinaus, sie ist nur die äußere Offenbarung. Ihr könnt die Wahrheit nicht außerhalb von euch finden. Ihr müßt über das persönliche Selbst und über die euch umgebenden Persönlichkeiten hinausschauen. Ihr könnt niemals die Wahrheit in der Persönlichkeit finden; die Persönlichkeit ist das Ergebnis der Reaktionen des einzelnen auf die Umweltbedingungen.

11. Meinungen und Vorstellungen, die im Bewußtsein festgehalten werden, werden durch die Persönlichkeit ausgedrückt, aber das ist nicht die Wirklichkeit. Die Wirklichkeit ist vollständig und vollkommen in sich selbst und drückt sich in Reinheit in der Vollkommenheit aus; dies ist der Christus Gottes. Also schaut über die Persönlichkeit hinaus.

12. Ich weiß, wie ihr den Bruder liebt, durch den es Mir möglich ist, euch Meine Gedanken zu übermitteln, und einige von euch denken, daß es ihn angreift, wenn die Kraft zu groß für seinen Körper wird, um ihr standzuhalten. Aber Ich

sage euch wahrlich, wir lieben ihn ebensosehr wie ihr und werden dafür sorgen, daß ihm kein Schaden zugefügt wird; so seid beruhigt und wißt, daß alles gut ist.

13. Einige von euch finden auch, daß die Kraft zu groß wird für euch, zu stark für euren Körper, und ihr fühlt, als ob ihr eure Körper verlassen würdet. Nun, der Weg, dieses zu verhindern, besteht darin, sich nicht mit dem Körper abzumühen, und dann wird dieses Gefühl vergehen, und ihr werdet euch vollkommen Meiner Gegenwart bewußt sein.

14. Ich gebe euch jetzt diesen Rat, weil Ich weiß, wie schwierig es für einige von euch ist, sich im Körper zu halten, wenn die Kraft zu stark wird. Meine geistige Kraft kann euch keinen Schaden zufügen.

15. Gegenwärtig seid ihr umgeben von einer überaus großen Kraft geistiger Wesen, die mitten unter euch sind und aus allen Ebenen des Bewußtseins kommen. Diese Wesen sind genauso wie ihr selbst, der einzige Unterschied ist, daß sie sich in einer höheren Schwingung offenbaren. Sie bringen eine überaus große Kraft mit sich; sie kommen hierher, um zuzuhören, und ihre Liebe umgibt auch euch.

16. Ich kenne die Schwierigkeiten, die einige von euch haben, wenn die Empfindungen stark sind; diese Schwingungen erzeugen in eurem Empfindungsleib eine Schwingung, und durch den Empfindungsleib wirken sie auf den physischen Körper ein, und daher fühlt ihr die Wirkung; aber nichts kann euch hier oder sonst irgendwo schaden, denn Ich bin immer bei euch.

17. Der Geist Gottes wird als der Christus Gottes in euch verkörpert. Also ist der Weg zur Wahrheit, euch mit dem Christus als eins zu verwirklichen. Euch mit dem Christus zu verwirklichen, betrifft nicht nur euch auf dem physischen Plan, sondern auch ihr, die ihr über den physischen Plan hinausgegangen seid, auch ihr müßt euch erkennen und verwirklichen als eins mit dem Christus.

18. Durch diese Erkenntnis findet ihr dann die Erlösung und die Macht und die Herrlichkeit des unendlichen Geistes, der sich in euch als der Christus Gottes individualisiert.

19. Worauf ihr fest euren inneren Blick richtet, das bringt ihr in eurem persönlichen Leben hervor.

20. Hierin gibt es kein Geheimnis. Es ist von allen Propheten gesagt worden, doch nur wenige konnten es verwirklichen, weil sie nach der Antwort außerhalb ihrer selbst suchten.

21. Viele machen es heute ebenso. Die Menge erwartet die Antwort von außen. Aber ihr seid im Begriff zu lernen, nach der Antwort nicht außerhalb eurer selbst zu suchen; nur in euch selbst könnt ihr die Antwort finden: Ich bin das Leben!

22. Werdet eins mit allen, eine große Bruderschaft, in der göttlich einer mit dem andern in Gott vereinigt ist – dies ist der Weg, den Ich euch führe.

23. Obwohl dies eine Wirklichkeit ist, muß sie jetzt im einzelnen Bewußtsein gegründet werden, um es zu einer Wirklichkeit für den einzelnen zu machen.

24. Wessen ihr euch jetzt bewußt seid, das drückt sich in eurem Leben durch euer Äußeres aus. Das ist so, weil die Entfaltung des Geistes eine Ausweitung des Bewußtseins erzeugt; und sobald euer Bewußtsein alles umfaßt, gewinnt es durch die Entwicklung das größere Verständnis für die Wahrheit des Ganzen. Wie euch das Bewußtsein Gottes festhält, so müßt ihr das Bewußtsein Gottes, das in euch ist, festhalten, denn ihr seid eins.

25. Götzenbilder sind bloßes Gold und Silber, von Menschenhand geschaffen.

26. Mit Mündern, doch sie sprechen niemals; mit Augen, doch sie können nicht sehen.

27. Mit Ohren, doch sie können nicht hören, und kein Atem des Lebens ist in ihnen.

28. Der Unwissende betet die Dinge an, die nicht leben, während der Weise in Gott lebt.

29. Selbst wenn ein Abbild für ein Symbol gehalten wird, muß das Bewußtsein wissen, was hinter dem Symbol ist. Ein Abbild unwissend anzubeten, ist nutzlos, aber im Vater zu leben und zu wissen, daß Er in euch lebt, ist wahrer Gottesdienst.

30. Deshalb wissen wir, was wir anbeten, während die Menge nicht weiß, was sie anbetet. Daher sage Ich euch: Betet Gott im Geist und in der Wirklichkeit an, denn Gott ist Geist und ist das einzige lebendige Sein, das es gibt. Ich und der Vater sind eins.

31. Aber Ich sage euch, betet niemanden auf der Erde an, denn einer, der im Himmel ist, ist euer Vater.

32. Er ist der lebendige Atem in euch, der Christus Gottes, der in euch individualisiert wird.

33. Der Christus ist die Liebe Gottes in der ganzen Menschheit. Ich bin die Liebe Gottes; um diese Liebe zu erfahren, müßt ihr Ihn anbeten, der die Liebe ist.

34. Und wie betet ihr das an, was Liebe ist? Indem ihr an das Höchste heranreicht, das in euch selbst ist: Indem ihr die Liebe weitergebt, die zu euch fließt von Ihm, der euch erschuf, und ihr euch dieses überfließenden Stromes von Leben und Liebe, der durch eure Seele flutet, bewußt werdet.

35. Wenn ihr diesem Strom von Leben und Liebe Ausdruck gebt, der in eure Seele und euer Herz einzieht, dann werdet ihr wirklich die Liebe Gottes fühlen, denn alles zu lieben heißt, Gott zu lieben. Gott liebt alles, denn alles ist Seine Schöpfung; daher sage Ich: Liebe deinen Nächsten wie dich selbst.

36. Ich freue Mich in jenen, die die Botschaft des Friedens und des Wohlwollens zu allen Menschen tragen.

37. Ich bin schweigend am Werk in den Herzen aller, die mir still zuhören. Wendet euch vom Äußeren ab und lernt von dem alleinigen Einen, der im Innern wohnt.

38. In eurer Stille, da wohne Ich in eurem Bewußtsein, in eurem Herzen dränge Ich euch, auf Mich zu lauschen. Der Rhythmus der Liebe, des Friedens, der Harmonie in eurer Seele ist der Rhythmus der ewigen Liebe Gottes, die die ganze Menschheit beseelt.

39. Ich bin eins mit dem Vater, und Ich bin nicht geteilt in irgendeinem von euch, sondern eins mit Ihm, in dem ihr lebt und euer Sein habt; deshalb bin Ich in Ihm ganz, in euch

und in allen bin Ich derselbe. Ich segne alle mit Meinem Frieden und Meiner Liebe.

40. Ich will die Tore öffnen, damit der mächtige Strom des unendlichen Lebens ausströmt und alle Völker überflutet.

41. Denn die Vision des Daniel spielt sich in eurer Mitte ab.

42. Es ist nicht Meine Absicht, euch in diesen Reden Daniels Vision zu enthüllen; aber wenn ihr *Daniel* lest, werdet ihr wissen, was Ich meine. Es ist die Vision der kommenden Dinge, die Vision und die Absicht des großen Baumeisters des Universums, der alle Planeten und Sonnen im Universum erschuf und alles, was darin und darauf vorhanden ist.

43. Jeder Planet wird von einem Geist beaufsichtigt und geleitet. Genau so wie der Christus diese Welt beaufsichtigt, beaufsichtigt der große Äther-Geist die verschiedenen Äther-Planeten in diesem Universum. Diese Geister sind uns bekannt; wir verstehen sie; wir sind mit ihnen verbunden, weil es keinen Raum, keine Zeit, keine Entfernung gibt.

44. Jeder Planet hat seine verschiedenartigen Grade des Einflusses auf die Erde, alle bestimmt von dem großen Baumeister des Universums.

45. Daniels Vision beruht auf einem Verständnis für die Wellenlängen der Äußerung dieser Sonnen-Engel. Die Sonnen-Engel wirken für die Entfaltung und die Erhebung dieser Erde und allem, was darauf wohnt. Am Ende soll Friede und Liebe sein. Diese Botschaft bringe Ich euch. Wahrlich, Ich sage euch, daß Gott bestimmt hat, daß am Ende Friede, Liebe und Wohlergehen unter allen Seelen sein soll.

46. Wo immer dieser Strom fließt, gibt es fortwährende Heilung. So öffnet euch ihm, damit er durch euch zu allen Geschöpfen strömt, und es wird auch die Überfülle da sein.

47. Denn wo immer dieser Strom fließt, da belebt er alle Geschöpfe, und es wird auch die Überfülle da sein.

48. Dieses Wasser strömt aus dem Allerheiligsten Gottes und ist Speise und Trank für alle Seelen.

49. Ihr wißt wenig von dem herrlichen Werk, das ihr im Heiligtum tut. Einige von euch mögen denken, daß ihr nur aus Zufall hierher gekommen seid; aber bezüglich dieser Dinge gibt es keinen Zufall. Ich habe euch schon gesagt, daß nicht ihr Mich erwähltet: Ich bin es, der euch erwählt.

50. Helft demjenigen, der schwach ist im verstehenden Glauben, indem ihr in eurer eigenen Urteilsbildung folgerichtig seid.

51. Was Ich meine mit »verstehendem Glauben« ist: Es gibt einen Glauben ohne Verständnis, der ist wie das Haus, das auf Sand gebaut wird; die Stürme und die Regenfälle kommen und schlagen daran, und es wird fortgerissen.

52. Wahrer Glaube gründet sich auf den Felsen des Verständnisses; dieser verstehende Glaube ist die Wahrheit. Er ist wie das Haus, das auf den Felsen gebaut wird; die Stürme und die Regenfälle kommen und schlagen daran, und es hält allem stand, was es angreift.

53. Dies ist der verstehende Glaube, von dem Ich möchte, daß ihr ihn habt und an jene weitergebt, die zu euch kommen, um zu trinken. Gebt ihnen das zu trinken, was sie *niemals* mehr dürsten läßt. Gebt ihnen den Quell des lebendigen Wassers, das zu ewigem Leben erhebt.

54. Verliert euch nicht in dem Äußeren oder werdet von Redensarten eingefangen. Haltet euren Sinn auf das Ewige gerichtet; dies ist der sichere Weg zu vernünftigem Denken.

55. Viele werden euch mit Worten bedrängen; viele werden mit Aussagen zu euch kommen, von denen Ich vielleicht schon einige aussprach; da sie jedoch den Sinn der Worte nicht verstehen, werden sie ihnen eine andere Auslegung geben. Aber wenn ihr euren Sinn auf das Ewige gerichtet haltet, so ist das der sichere Weg, Mich zu verstehen.

56. Versucht nicht, euch an Meine Aussprüche zu erinnern oder sie nach Papageien-Art zu wiederholen – das ist von geringem Wert für euch oder für jemanden, der zu euch kommt. Das Wort wird euch zur rechten Stunde gegeben werden. Dies ist die Quelle, die nie versiegt, und wenn ihr aus ihr trinkt, wird euch niemals mehr dürsten.

57. Jeder einzelne, der den Christus verwirklicht, hat einen Sieg für das ganze Menschengeschlecht errungen.

58. Ich rate euch, oft zu beten und viel zu lieben, und dankt dem Vater für eure herrliche Möglichkeit hier und jetzt.

59. Gebt euch in Seine Hände, damit Er mit euch tun kann, was Ihm gefällt.

60. Wie ein Kindlein in den Armen seiner Mutter liegt, so fühlt auch, daß ihr in den Armen des stets unaufhörlich liebenden Vaters seid, und erlaubt Ihm, mit euch zu tun, was Ihm gefällt. Dann wird es kein Sich-Abquälen geben, und die Kraft Gottes wird in eurem Sinn und Herzen sein; eure Hand wird stark sein, euer Geist wird wachsam sein. Dies ist die Kraft des Christus, die immer mit euch ist.

61. Dann wird Er euch mit Seiner Liebe umfangen, und ihr werdet an Seinem Tische speisen, und euch mit Seinen eigenen Händen dienend, wird Er euch den Schlüssel zu Seinem Schatz geben.

62. Er wird sich unaufhörlich auf tausenderlei Weise mit euch unterhalten und erfreuen, und Er wird euch als Sein Liebstes behandeln.

63. Auf diese Weise werdet ihr euch zu jeder Zeit in Seiner heiligen Gegenwart wissen; damit bin Ich gut vertraut.

64. Es ist die lebendige Kraft Gottes, die in euch lebt, und ihr könnt diese lebendige Kraft jetzt haben. Erkennt sie und verehrt sie, und verweilt in der heiligen Gegenwart des Vaters, indem ihr Seine Größe anerkennt, Seine Liebe, Seine Macht, denn alles ist Sein eigen, und was Ihm gehört, das gehört auch euch.

65. Selbst die erbärmlichsten Menschen voller Verdorbenheit, Menschen, die gegen Ihn alle Arten von Verbrechen verübt haben mögen, brauchen sich nur Seiner Barmherzigkeit zu übergeben, indem sie all ihre Gottlosigkeit bekennen und göttliche Vergebung erbitten.

66. Mein Vater wird vor ihnen Seine Gaben ausbreiten und wird ihnen ohne Vorwurf einen Platz an Seinem Tische geben.

67. Denn keinen, der durch den lebendigen Christus Gottes zum Vater kommt und Ihn anerkennt, wird Er jemals abweisen.

68. Denkt also an die Segnungen, die *euch* verliehen wurden. Unmittelbar, da ihr den lebendigen Christus in euch erkennt und verwirklicht, seid ihr unmittelbar in die Gegenwart des Vaters gekommen. Ihr werdet unmittelbar beginnen, die Liebe Gottes auszudrücken, und in diesem gleichen Augenblick werdet ihr so weiß werden wie frisch gefallener Schnee.

69. Dies ist der Friede, den Ich euch bringe. Der Geist verfängt sich nicht länger im Netz der Furcht vor der Hölle, auch verfängt sich euer Geist nicht in der Furcht vor dem Bösen, weil der Christus der Sieger ist, dem Herrschaft über alle Dinge gegeben worden ist. Alle Macht ist Mir gegeben worden im Himmel und auf der Erde.

70. Ruht in schweigender Vereinigung im Heiligtum in dem Wissen, daß Seine Liebe und Heilung sich durch euch ergießen und daß dieser Strom unendlichen Lebens die ganze Erde umfaßt.

71. Die Stämme Israels haben die Bundeslade als das innere Allerheiligste mit sich geführt, ein Symbol der inneren Seele, dem Wohnort des Allerhöchsten.

72. In dieses Heiligtum traten die Israeliten ein, um mit Gott zu sprechen. Doch das wirkliche Heiligtum ist in euch selbst, in eurem eigenen Herzen; dort könnt ihr mit Gott sprechen. In euer Herz zieht die Heilung und die Liebe Gottes ein.

73. Was ihr jetzt tut, geht hinaus über die ganze Welt. Ihr werdet es erst wirklich verstehen, wenn ihr das Physische verlassen habt, und dann werdet ihr sehen, was ihr für eure Brüder und Schwestern getan habt, während ihr auf der Erde wart. Ihr werdet diese Worte hören: »Recht getan, Mein guter und treuer Diener!«

74. Jedesmal, wenn ihr dies verwirklicht, werdet ihr bemerken, daß in euch eine Wandlung vor sich geht, ein stetig zunehmendes Gefühl von Verantwortung gegenüber euren

Mitmenschen, das Gesundheit, Glück und Lebensfülle ausdrückt.

75. Euer Körper ist das Gewand des Geistes, der Tempel des lebendigen Gottes, und ihr lernt jetzt, daß der Geist der Herrscher ist.

76. Ängstigt euch nicht vor irgendeiner Bedingung, die euch von außen angreifen könnte. Kein Zustand oder eine äußere Lage, ganz gleich, was es auch sein mag, kann den Christus in euch berühren. Der Christus ist wie ein Diamant. Er ist alle Macht, die es gibt, da Er der Sohn Gottes ist.

77. Der Christus wird von Bedingungen außerhalb des Selbstes nicht beeinträchtigt; der Christus ist der Geist Gottes in euch. Der Geist ist die Allmacht und kann alle Bedingungen überwinden. Durch Leiden gewinnt ihr Erfahrung und lernt von dem Christus; selbst wenn ihr im Leiden sterbt, wird der Christus in euch freudig leben und eure ewige Wirklichkeit sein.

78. Die Dunkelheit, die euch umgibt, ist das freundliche Übel, das den Christus in euch entfaltet. Sobald der Same in die freundliche Dunkelheit der Erde gepflanzt wird, vereinigt sich das Leben im Samen mit dem Leben in der Erde, das darauf wartet, ihn neu hervorzubringen. Er wächst aus der Dunkelheit heraus, um sich im Ebenbild und in der Gleichheit des gesäten Samens auszudrücken. So macht es der Geist Gottes. Der Christus ist der Same, der in euch ist und herauswachsen wird aus der Dunkelheit, die euch umgibt. Die Schönheit des Christus wird sich in euch als das Ebenbild und Gleichnis des Vaters offenbaren. Ich bin Er, der lebt, der starb und jetzt für immer lebt.

79. Seid nicht entmutigt, wenn nicht unmittelbare Ergebnisse in Erscheinung treten. Das Werk geschieht in Übereinstimmung mit eurem Denken. Dieses Gesetz ist unfehlbar.

80. Die Dunkelheit, die euer Bewußtsein einzuhüllen scheint, wird sich als freundlich erweisen, denn der Christus wirkt in euch, und ein Mißlingen ist unmöglich.

81. Der Leib der Menschheit wird das schöne Gewand des Geistes Gottes werden. Ich werde wiederkommen, um euch

zu sagen, daß die Erlösung nicht teilweise, sondern mit dem Ganzen geschieht, und hierfür wirke Ich in eurer Mitte.

82. Die Zeichen sind am Firmament, die das neue Jerusalem verkünden.

83. Alle Bewegungen in den Himmeln sind Gedanken, die von dem Absoluten ausgedrückt werden. Auch ihr seid Sein Gedanke, und deshalb müßt ihr Seine Liebe und Heilung offenbaren.

84. Vielleicht habt ihr die wahre Bedeutung von »Gedanke« mißverstanden.

85. Der »Gedanke« ist nicht eine verstandesmäßige Vorstellung oder ein Bild, obwohl diese ihre Bahn durch den Verstand finden.

86. Der Gedanke ist der unmittelbare Ausdruck des Denkers und ist niemals vom Denker getrennt. Er ist der schöpferische Vorgang hinter aller Form und Äußerung.

87. Wenn ihr eine Vorstellung in eurem Verstand habt, verweilt ihr auf der Vorstellung, ihr blickt auf etwas, das außerhalb eurer selbst ist. Die Wirklichkeit ist hinter dem Gedanken; wirkliches Denken heißt, wenn der Gedanke nicht vom Äußeren beeinflußt wird. Dies ist der wahre Ausdruck des Denkenden. Mein heilender Gedanke geht zu euch hin und erfüllt seinen Auftrag.

88. Alle Welten mit ihren zahllosen Formen in der Natur sind Gedanken von dem Unendlichen, in dem Unendlichen geoffenbart.

89. Liebe ist die Kraft hinter all Seinen Schöpfungen, ganz gleich, wie ihr sie von außen sehen mögt. Sein in sie gelegtes Wesen bewegt sich zu dem zentralen Urgrund der Liebe hin, in dem alles urständet.

90. Wenn ihr die Ganzheit der Natur versteht, werdet ihr die Offenbarung des Geistes Gottes sehen – die Offenbarung des Geistes in dem Mineralischen, dem Pflanzlichen, dem Tierischen und in dem Menschlichen. Das Christus-Bewußtsein ist das Erkennen der Ganzheit des Geistes, das Bewußtsein Gottes im Menschen, das seiner selbst gewahr wird. Ich

bin der Sohn Gottes, kein Mensch auf Erden ist Mein Vater, einer nur, der im Himmel ist, ist Mein Vater.

91. Wie sich alle Bäche zum Meer hin bewegen, so bewegen sich alle Formen hin zum unergründlichen Meer der Liebe, aus dem alles entspringt.

92. Das Universale und das Individuum sind eins. In dem Individuum, welches dies verwirklicht, liegt der Quellgrund des Wachstums, durch welchen das unendliche Leben in dem Individuum das Individuum entwickelt. Und unmittelbar, da ihr euch dessen bewußt werdet, beginnt eure eigene geistige Entwicklung.

93. Der Christus ist der vollkommene Mensch in Gott und Gott im Menschen. Er ist das vollendete Geschöpf. Die ganze mächtige Kraft Gottes kommt in Ihm zum Ausdruck. Er ist mit aller Macht im Himmel und auf Erden ausgestattet. Er ist vollkommen in sich selbst; Er ist der Sohn des Vaters und trägt in sich alle Seine Eigenschaften. So ist das Leben im Vater in den Sohn hineingelegt worden, und der Sohn verleiht diesem Leben Ausdruck.

94. Er ist der alleinige Eine – der Vater in Seiner eigenen Schöpfung. Obwohl in sich selbst bestehend, ist Er doch nie getrennt von Seiner Schöpfung; dem Wesen nach ist Er unteilbar, jedoch ganz und wesenhaft in der Vielheit.

95. Indem ihr auf die Dinge durch eure Sinne schaut, Dinge, die ihr betasten und fühlen könnt, sagt ihr, sie seien wirklich; aber sie sind nur der Schatten der Wirklichkeit. Wirklichkeit ist das, was im Innern ist, das Unsichtbare; das Innere ist das Wesenhafte, das Äußere ist der Schatten.

96. So viel Leiden ist über die Erde gekommen durch die Unkenntnis der Wahrheit. Wenn die Wahrheit von allen verwirklicht wird, dann werden alle zum Geist aufblicken, weil der Geist die Wirklichkeit ist, während das Äußere nur die Offenbarung des Inneren ist, denn ohne das Innere bestünde das Äußere nicht.

97. Indem ihr den Sinn der Worte »Ich bin das Leben« verwirklicht, müßt ihr zuallererst wissen, daß Gott Leben ist und Leben Gott ist. Dann wißt ihr bei dem Ausspruch »Ich

bin das Leben«, was ihr sagt; ihr versteht den Sinn des Wortes »Ich bin das Leben«.

98. Ich bin das Leben. Diese Worte sind wahr und, wenn sie verstanden werden, haben sie bei ihrem Aussprechen eine unermeßliche Kraft.

99. Ich bin das Leben, gegründet in Gottes Mitte, und sende Strahlen der Liebe, Heilung und Intelligenz durch alles aus.

100. Diese Intelligenz ist tätig; sie ist niemals ruhend, sie ist immer tätig, indem sie den Willen des Vaters ausdrückt. Wenn sich das Bewußtsein dessen nicht bewußt ist, verliert es sich in den Dingen des Äußeren, und dies wird zu der Illusion im Verstand, der nicht begreift.

101. Dann wird das Bewußtsein diese Illusionen zum Kummer des Individuums zum Ausdruck bringen. Aber wenn der Geist erkannt und die Macht des Geistes verstanden wird, wird der Wille des Vaters offenbar werden; dies ist der Christus, die Offenbarung der Liebe und Weisheit und Macht Gottes, die alle in die eine Herde einbringt, und es wird dort *einen* Hirten geben.

102. Diejenigen von euch, die sich mit Mir vereinen, werden Meine Gegenwart fühlen, denn Ich bin nicht getrennt von euch. Ich und der Vater sind eins mit euch.

103. Ja, und wenn ihr nach Mir ruft, werde Ich euch nicht im Stich lassen. Alles, was gut für euch ist, wird durch Mich zu euch kommen.

104. Der große Feind ist das Gefühl der Trennung, indem es die Trennung in der Vorstellung des Menschen zu einer Wirklichkeit macht.

105. Durch Jahrhunderte der Unwissenheit haben sich Männer und Frauen unterstanden, über sich selbst als vollkommene und getrennte Einzelwesen nachzudenken, die auf das Leiden der Menschheit als auf etwas außerhalb ihrer selbst schauen.

106. Es gibt keine Trennung. Was auf den einen wirkt, muß auf das Ganze wirken. Das ist die Art und Weise des Christus Gottes. Es ist die Erlösung des Menschengeschlechtes.

107. Ja, Ich fühle das Leiden mit der ganzen Menschheit, doch Ich will dieses Leiden von euch nehmen, wenn ihr nur auf Mich hören wolltet. Mein Weg ist der Weg der Erlösung. Mein Weg ist die Bruderschaft des Menschen und die Vaterschaft Gottes. Mein Weg ist Leben, nicht Tod.

108. Blickt ihr auf einen weit entfernten Gott? Wenn es so ist, dann lebt ihr in der Trennung durch die Sinne und sucht außerhalb von euch nach der Wirklichkeit. Sucht ihr weit entfernt nach Gott? Beantwortet euch diese Frage selbst. Denkt darüber nach!

109. Ich bin gekommen, um zu zeigen, daß Ich nicht von euch getrennt bin, sondern eins mit euch. Dies ist eure Erlösung.

110. Das Gesetz Gottes wirkt sich durch euer *irdisches* Leben sogar bis in die kleinste Einzelheit aus.

111. Die Erde enthält in sich die großen inneren, unsichtbaren geistigen Kräfte, die schöpferisch und wiederaufbauend sich selbst Ausdruck geben in der Form.

112. Diese große geistige Kraft wird in euch individualisiert als der Christus in euch, indem Er das unendliche Leben in all Seiner Herrlichkeit und Macht in Liebe ausdrückt, dem zentralen Prinzip; denn auf der Liebe beruht die Herrschaft der Macht, denn Gott ist Liebe, und Liebe ist Gott.

113. Wie Ich Meine Jünger im Verborgenen über die Mysterien belehrte, so tue Ich das gleiche mit euch.

114. Die an Mich glauben, sind jetzt Meine Jünger. Jene, die es versäumen zu tun, verlieren den großen Lohn, der sich ergibt aus der Anerkennung des Christus, des allein erzeugten Sohnes des Vaters.

115. Die ganze Schöpfung ist der Gedanke des Einen, des Vaters, der durch Mineralisches, Pflanzliches, Tierisches und Menschliches atmet. Wenn sich das Bewußtsein seiner selbst bewußt ist, verwirklicht es, daß es ist. Und wessen sich auch immer das Bewußtsein bewußt ist, das offenbart es. Das ist ein unwandelbares Gesetz des Lebens.

116. Das Bewußtsein muß sich seiner selbst bewußt werden als der Ausdruck des Bewußtseins Gottes. Wie der Vater

Leben in sich hat, so gewährt Er dem Sohn, dasselbe Leben in sich zu haben.

117. Der Vater ist sich des Universums bewußt und alles dessen, was darinnen ist; Sein Bewußtsein ist das schöpferische Prinzip im Universum, und so wird Sein Bewußtsein in dem Menschensohn gegründet. Der Vater kennet den Sohn, und der Sohn kennet den Vater. Der Christus ist der Sohn Gottes, und ihr seid Meine Brüder und Schwestern.

118. Leben allein hat Bewußtsein: Ich bin das Leben.

119. Gebt nicht mit eurem Verstand dem Leben Form und sagt dann, daß diese Form die Wirklichkeit sei. Das Leben erzeugt die Form, doch es ist unabhängig von der Form.

120. Begrenzt dieses Leben nicht mit einem Denkvorgang durch Überlegungen des Verstandes, dadurch verschließt ihr den Zugang zum Ganzen, das jenseits eures Verstandes ist.

121. Beschränkt das Leben nicht auf die Formen, die ihr vor euch seht. Das Leben ist unsichtbar, jedoch wesenhaft, und es ist allgegenwärtig. Die Form ist der Ausdruck des Lebens; die Formen, die ihr vor euch seht, sind nur der Ausdruck der Ganzheit des unsichtbaren Lebens, da das Ganze niemals geteilt wird.

122. Eines Tages werdet ihr mehr über diese Dinge lernen. Ihr werdet das Unsichtbare als eine sichtbare Welt sehen, ja, Formen des Lebens, größer als ihr euch gegenwärtig vorstellt. Ja, selbst die Engel Gottes, euch gegenwärtig unsichtbar, werden sichtbar sein. Doch jenseits dessen ist das ewige Leben.

123. Das Leben steht über der Form; so begrenzt das Leben nicht durch die Form, die ihr seht; die Form ist der Ausdruck des Lebens. Begrenzt das Leben nicht durch Schlußfolgerungen des Verstandes, dadurch schließt ihr die Ganzheit aus, die jenseits eures Verstandes ist.

124. Die Wahrheit ist nicht ein Teil der Wahrheit. Die ganze Wahrheit wird nicht gesehen oder gehört. Eure Entfaltung wird sich noch in den höheren Zuständen fortsetzen.

125. Es gibt nur eine Wahrheit! Ich bin die Wahrheit – jedoch kann niemand die gesamte Wahrheit erfassen. Ich bin

in der ganzen Menschheit. In Mir seid ihr eins in allen und alle in einem. Dies heißt: ständiges Ausweiten in die ganze Wahrheit, in den Vater der Liebe. Der Geist Gottes wird in euch verkörpert als der Christus Gottes.

Meinen Frieden, Meine Liebe lasse Ich bei euch.

Laßt uns eintreten in das Heiligtum. Schließt eure Augen nicht, sondern schaut auf Mich.

(Schweigen)

Meinen Frieden, Meine Liebe lasse Ich bei euch.

(*Anmerkung des Schreibers:* Der Meister nahm seinen Abschied mit derselben vertrauten himmlischen Musik und Glockentönen in einem flammenden Licht, das beinahe die Augen blendete.)

Zwölfte Rede

SO HAT SICH DER CHRISTUS ERHOBEN

Meinen Frieden, Meine Liebe bringe Ich euch.

1. Der Göttliche Gedanke ist das Sich-Erheben des Christus in euch.
2. Sehr wenige verstehen die mächtige Kraft des Christus in sich. Es ist der Geist des Vaters, der sich in jedem einzelnen von euch individuell offenbart. Werdet euch des Vaters bewußt, bewußt des Wortes Gottes, des Mittlers zwischen dem Äußeren und dem Inneren; dies ist der Christus in euch.
3. Wenn ihr im Innern sucht, werdet ihr den Vater finden; wenn ihr nach außen blickt, seht ihr Wirkungen. Ihr müßt den Unterschied zwischen den beiden erkennen und der großen schöpferischen Kraft gewahr werden, die in eurem Innern ist. Dies ist die einzige schöpferische Kraft, die es gibt, und sie bewußt zu gebrauchen, indem ihr ihren Ursprung erkennt, bringt die ihr eigene Vollkommenheit in eurem Leben hervor.
4. Also begrenzt sie nicht durch euer eigenes verstandesmäßiges Urteil, wodurch ihr den Zugang zum Unbegrenzten verschließt. Euer Verstand ist beschränkt auf das Begreifen der Dinge. Daher müßt ihr alle begrenzten Glaubensformen, alle Meinungen anderer, auslöschen, damit dieser unbegrenzte Bewußtseinszustand, der besteht, in das einzelne Bewußtsein einziehen werde und es durchflute mit einer göttlichen Kraft, die jenseits des Verstandes ist.
5. Diese göttliche Natur ist selbst fähig, unmittelbar zu wissen ohne Überlegung, ohne Gedächtnis. Sie ist unbehindert und natürlich. Sie hat in sich selbst die Macht zu erschaffen, weil sie unbegrenzte Einsicht hat. Sie ist jenseits

des Verstandes, weil sie selbst voller Weisheit ist; aber der Verstand schränkt sie ein, wenn ihr über sie nachdenkt, denn sie ist jenseits des Verstandes. Euer Verstand gründet sich auf euer Vorstellungsvermögen, aber die Wirklichkeit Gottes ist jenseits eures Vorstellungsvermögens.

6. Ihr könnt nicht über etwas urteilen, was jenseits eurer Urteilskraft ist, aber ihr könnt eure Fähigkeit zu empfangen ausweiten, indem ihr euer Denken von Begrenzungen befreit.

7. Eure Glaubensvorstellungen sind für euch das Hindernis zur Entfaltung des Unbegrenzten geworden. Wenn ihr ohne Glaubensvorstellungen wäret, die euch hindern, würdet ihr wieder wie ein kleines Kind sein, frei, um die Wirklichkeit ohne Hindernis zu verstehen.

8. Viele werden durch ihre starren Glaubensformen gehindert, sie können nichts über die Vorstellung hinaus annehmen, die ihnen von anderen gegeben worden ist. So übergeben sie sich einer Autorität, die außerhalb ihrer selbst ist, mit dem Ergebnis, daß sie begrenzt sind, gebunden und nicht mehr frei sind.

9. Diese Hindernisse sind es, diese Glaubensvorstellungen, welche die ungeheure Kraft des Christus hindern, sich jetzt in euch zu offenbaren. Dem Christus ist alle Macht im Himmel und auf der Erde gegeben worden. Wenn ihr dies versteht, verschwinden die begrenzten Glaubensvorstellungen, weil der Christus dem Wesen nach unbegrenzt ist. Die Christus-Kraft ist der Vater selbst, der sich individualisiert, der sich in jedem einzelnen von euch individuell ausdrückt – nicht in sich geteilt, sondern mit Vielgestaltigkeit jenseits jeglicher Berechnung, dennoch ein und derselbe, da der Christus in allen derselbe ist.

10. Ehe ihr nicht wie ein kleines Kind werdet, könnt ihr nicht in das Königreich eintreten. Nur mit einem Gemüt, das frei ist von der Begrenzung durch Meinungen und Glaubensvorstellungen anderer, könnt ihr das Unbegrenzte aufnehmen, denn Ich bin es, der in euch wirkt.

11. Wenn sich euer Bewußtsein Meines unbegrenzten Wesens bewußt wird und dieses unbegrenzte Wesen in euch

selbst gefunden wird, dann könnt ihr aus dem Innern sagen, wie Ich es tue: »Ich und der Vater sind eins.« Damit ihr den Ursprung des Seins erkennt, wissend, daß derselbe Ursprung in allen ist, damit ihr eintretet in diese inneren Bereiche von des Vaters Wesen, deshalb wirke Ich in euch und durch euch.

12. Gerade diese Meine Gedanken, Meine Worte fordern jetzt tief in eurer Seele eure Aufmerksamkeit; diese Worte werden Teil eurer selbst und werden sich schließlich in eurem Leben ausdrücken, indem sie Frieden, Harmonie und Freude bringen.

13. Es gibt so vieles von der Christus-Kraft, das in eurem Verstand eingekerkert ist, unfähig, sich auszudrücken infolge eurer starren Glaubensvorstellungen.

14. Ihr braucht nur in ein Gemüt zu blicken, das in seinem Glauben starr ist, um zu verstehen, wie gebunden es ist. Es ist wirklich die Unwissenheit, die die Offenbarung des Christus in der Welt hindert, und sie ist die Ursache von Trennung und Streit.

15. Wie wahr ist dies! Schon in der Kindheit wird der Verstand mit begrenzten Glaubensvorstellungen vollgestopft, und von da an wächst das Kind zur Reife heran mit Glaubensvorstellungen, die den Christus unterdrücken; und die Seele kann nicht eher frei sein, als bis sie erwacht zur Anerkennung der Kraft, die in ihr selbst ist. Dann wirft sie diese begrenzten Glaubensvorstellungen und Meinungen anderer ab, nicht länger durch sie gebunden, sondern frei, um das Wort auszudrücken, das im Urbeginne war.

16. Hierzu kam Ich in die Welt, um alle von den Fesseln der Begrenzung zu befreien. Blickt nur auf den Vater, und durch ihn allein könnt ihr frei sein; Er allein ist in euch selbst die einzige Autorität, es gibt keine andere.

17. Die Blumen öffnen sich und blühen durch die in ihnen verborgene Kraft; so wird die Seele des Menschen geöffnet durch das Christus-Leben im Innern. Also hindert es nicht durch euren begrenzten Denkvorgang.

18. Wie leicht ist es einzusehen, doch wie schwer ist es für jene, die geblendet und beherrscht sind durch Glaubensfor-

men, ihre Fesseln abzuwerfen! Sie ringen um Freiheit, doch ihre Vorstellungen und Glaubensformen binden sie.

19. Wenn all diese Glaubensvorstellungen von Begrenzung aus dem Sinn der Männer und Frauen über die ganze Welt hin ausgemerzt sind, dann wird die Welt das Christus-Leben wahrhaftig ausdrücken.

20. Ihr alle, die ihr über die Erde hinausgeschritten seid, die ihr das Leben auf der Erde erfahren habt, wißt, wie schwierig es war, die starren Glaubensvorstellungen abzuwerfen. Einige von euch halten noch an ihnen fest, ihr ringt immer noch um Freiheit. Aber sowie ihr euch nach und nach entfaltet, werdet ihr erfahren, daß es so etwas wie »Glaube« nicht gab, es gab nur »Wissen«, das Wissen von Gott, in dem es keine Trennung gibt.

21. Und wenn das Denken des Menschen an jenen Punkt kommt, wo es alles erkannt und das Höchste in sich erreicht hat, dann durchdringt es den Schleier, der es vom All getrennt hat, und tritt ein in die Vollkommenheit des Verständnisses des Christus. Und Ich frage euch: »Was ist es, was du jetzt erkennst?« Und ihr antwortet: »Ich erkenne allein den Christus, der alles in allem ist.«

22. Wenn das Denken des Menschen das Instrument wird, durch welches sich die Christus-Kraft offenbaren kann, ist es wahrhaft intelligent. Es gibt ein intelligentes Verständnis für alle Dinge, dabei werden alle Dinge von neuem geschaffen. Durch diese Kraft geschieht es, daß alles von neuem geschaffen wird.

23. Dies ist die Kraft, die in euch selbst eingepflanzt ist und hervorkommt, wenn das Denken frei von allen begrenzten Glaubensvorstellungen und Meinungen ist. Wahre Intelligenz beginnt zu wirken, wenn das Denken keine Trennung kennt. *Und wenn dies erkannt wird, entsteht Befreiung aus eurem selbst geschaffenen Gefängnis.*

24. Dies ist das Ergebnis des Schreitens durch den Schleier, der euch vom »All-Wissen« trennt.

25. Ich versichere euch, daß es keine Schwierigkeit gibt beim Durchdringen des Schleiers; es ist einfach, wenn ihr

aus eurem Denken alle Begrenzungen, alle Glaubensvorstellungen, alle Theorien ausmerzt. Wenn dies vollbracht ist, könnt ihr auf Mich blicken, und Ich werde durch euch sprechen.

26. Indem wir vom Inneren her auf die Menschheit blicken, sehen wir, wieviel Kraft gefangengehalten wird durch eure Glaubensvorstellungen und verstandesmäßigen Begriffe, an denen ihr festhaltet.

27. Eines eurer großen Hindernisse ist die Täuschung, daß sich Zeiten für das Gebet von anderen Zeiten unterscheiden sollten.

28. Das Gebet ist das Empfinden der Gegenwart Gottes, und dies sollte eine bewußte Wirklichkeit zu allen Zeiten sein.

29. Ihr spart euch einen Tag in der Woche für das Gebet auf! Und weil ihr euch einen Tag in der Woche zum Beten vorbehaltet, fühlt ihr euch zufrieden mit euren wöchentlichen Andachten.

30. Laßt Mich euch dies sagen: Das ist nicht der Weg! Der Weg muß das ständige bewußte Gewahrwerden des Vaters sein, der in euch wirkt. Ihr verwirklicht, daß es keine Trennung gibt und daß Zeit und Raum nicht existieren.

31. Also tut euer Tagewerk nicht, um den Menschen zu gefallen, sondern, soweit ihr dazu fähig seid, rein aus der Liebe zu Gott.

32. So wird eure Arbeit in keiner Weise begrenzt sein, sondern wird sich ausweiten in das unbegrenzte Wesen der »Gegenwart«, die sie leitet.

33. Ihr übergebt euch Mir völlig durch die Anerkennung der Wahrheit, daß sich der Vater selbst in all seiner Herrlichkeit und Kraft offenbaren kann. Dann wird der Geist ein Mittel für den Ausdruck dieser mächtigen Kraft. Aber ehe dies sein kann, muß der Geist erfüllt sein von Verehrung, erfüllt von Liebe. Dann werdet ihr euch über euer gewöhnliches alltägliches Leben erheben in eines der Herrlichkeit in der »Gegenwart«, die weder Vergangenheit noch Zukunft kennt. Dann wird diese mächtige Kraft eine Wirklichkeit für euch.

34. Die Planeten bewegen sich in ihren Bahnen, und alle Bewegungen in den Himmeln sind Seine Wunder; doch wie wenig ist euch bekannt, daß diese selbe Kraft darauf wartet, sich durch den Geist zu äußern, der fähig ist, sich vollständig hinzugeben an den Ausdruck der göttlichen Liebe und Kraft, den Christus in allen.

35. Ihr braucht euch nicht zu sorgen um das Ergebnis eurer Arbeit, denn euer himmlischer Vater belohnt großmütig all jene, die ihn lieben.

36. Auch braucht ihr nicht für morgen zu sorgen, denn für morgen wird bereits Sorge getragen durch die Liebe, die heute ausgedrückt wird.

37. Die Höhepunkte eures Lebens werden verzeichnet und bleiben bei euch und werden hindurchgetragen in das innere Reich. Alles, was gut und wertvoll ist, bleibt bestehen, alles, was dies nicht ist, löst sich auf. Denn der Vater trägt euch nichts nach – nur euer Bruder tut das aus Unwissenheit.

38. Alles, was Christus gemäß ist, bleibt bestehen; aber alles, was keine Kraft aus sich selbst hat, muß sich auflösen, weil es nur durch die Illusion der Sinne aufrechterhalten wird.

39. Fürchtet nicht die Dinge, die euch bedrängen, auch nicht das sogenannte Böse, das euch umgibt, denn es kann nicht in den Himmel eures Innern eindringen; diese Dinge lösen sich ins Nichts auf, wohin sie gehören.

40. Im Innern werdet ihr diese ruhige, unerschütterliche Wirkung der Kraft des Christus Gottes fühlen, des Durchflußweges für den unbegrenzten Ausdruck des Vaters selbst.

41. Dies ist das wahre Licht, das jedem Menschen leuchtet, der in die Welt kommt.

42. In jedem, der geboren wird, wird der Christus geboren. Dieser selbe Christus, dieser selbe lebendige Geist, ist der Vater, der sich in jeder einzelnen Seiner Schöpfungen ausdrückt.

43. Die Welt ruht in Seiner Hand, doch die Welt weiß bis jetzt wenig von Ihm.

44. Aber jenen, die Ihn aufnehmen, denen wird Er die Kraft geben zu überwinden, da der Christus, der Sohn Gottes, alle Dinge überwindet.

45. Dies ist das göttliche Versprechen, wenn ihr Seinen Namen kennt und ihn anerkennt und euch – in keiner Weise begrenzt – des Ursprungs eures Wesens bewußt werdet. Dies ist die wahre Freiheit.

46. Wahre Freiheit heißt, den Ursprung eures eigenen Wesens zu kennen und zu verstehen. Groß ist die Freude derer, die zur Quelle gekommen sind und aus ihr getrunken haben. Denn sie trinken vom Wein des Lebens, dem Wein, der besser ist als alle anderen Weine; es ist der Ursprung allen Lebens. Ich bin dieses Leben; Ich und der Vater sind eins.

47. Nur in dem Maße, wie diejenigen, welche den Christus, den Geist des Vaters, annehmen, wird das Wort Gottes im Fleische wohnen, um Zeugnis abzulegen von der Wahrheit des allein lebendigen Gottes, der Himmel und Erde mit Liebe regiert.

48. Der Christus in euch ist das Wort Gottes, das im Fleisch wohnt, um Zeugnis abzulegen von der Wahrheit des allein lebendigen Gottes, der Himmel und Erde mit Liebe regiert. Ist es nötig, daß Ich euch dies noch weiter erkläre? Ich will es euch überlassen, so daß ihr es selbst für euch überdenken könnt und dadurch Frieden in eure Seele bringt.

49. Und bevor ihr nicht einander lieben werdet, werdet ihr nicht in das Königreich Meines Vaters eintreten.

50. Denn Meines Vaters Königreich ist ein Königreich der Liebe, der Harmonie, und wenn ihr in Meinen Himmel eintretet, müßt ihr Meinen Himmel mit euch bringen. Das ist nicht so schwierig. Zuerst müßt ihr alle Beschränkungen ablegen, alle Vorstellungen, die zur Trennung führen, allen Neid, alle Feindschaft, alles, was den wahren Ausdruck des Vaters selbst hindert.

51. Wenn ihr in eure Seele blicken und die Gedanken, Bilder und Vorstellungen, die Konflikte, die Sorgen, die Depressionen, die ihr erzeugt, sehen würdet – alle diese Be-

schränkungen zeigen sich in eurer eigenen Seele nur durch das Nichtverstehen der Wahrheit.

52. Erlaubt all diesen Beschränkungen, die euch belasten, mit einem Male von euch abzufallen, und dann werdet ihr im Himmel sein. So bringt ihr den Himmel mit euch, wenn ihr euer Denken von allen Beschränkungen befreit.

53. Denn Er liebt jeden einzelnen von euch. Wie eine Henne ihre Brut mit ihren Flügeln bedeckt, so bedeckt Mein Vater euch alle mit Seiner Liebe.

54. Einige hassen Mich, weil sie Mich nicht verstanden. Aber ihr versteht Mich, ihr hört Mich und Meinen Vater, der Mich sandte.

Ich danke Dir, Vater, daß Du Mir diese Deine Kinder der Liebe gegeben hast, daß Ich sie über Dich belehren darf, damit sie frei und vollkommen sein können, wie Ich es bin.

55. Ihr könnt nicht Feindschaft gegeneinander haben in Meines Vaters Haus; Sein Festmahl ist vor all denen ausgebreitet, die einander lieben, denn in jedem einzelnen wohne Ich. Wenn ihr euren Bruder haßt, werdet ihr auch Mich hassen.

56. Großer Friede muß in eurem Gemüt, in eurem Körper und in eurer Umgebung sein, während Gott in euch wirket, um die heilige Saat zu entfalten; denn Sein Werk der Schöpfung geschieht durch euch.

57. Ihr seid der Ort des Wirkens, den Gott für Meine Offenbarung schuf.

58. Darum sollt ihr nicht müde werden, die Dinge aus der Liebe zu Gott zu tun; und alles, was ihr tut, das tut aus Liebe zu Gott.

59. Ich gebe euch das Geheimnis aller Macht im Himmel und auf der Erde; und wenn ihr an dem festhaltet, was euch gegeben worden ist und es jetzt annehmt und danach handelt, wahrlich, Ich sage euch, daß ihr die Auswirkungen in eurem Leben sofort sehen werdet.

60. Ihr werdet nicht zu warten brauchen bis morgen oder übers Jahr, sondern jetzt, sogleich sollt ihr die Wirkungen in

eurem Leben fühlen – *jetzt!* Daher tut alles aus Liebe zu Gott.

61. Viele von euch haben gedacht, daß ihr Einzelwesen wäret, getrennt und verschieden voneinander und von Mir, indem ihr auf die Schwierigkeiten und die Leiden anderer blickt, als ob diese außerhalb eurer selbst seien.

62. Ich kann alle eure Lasten tragen, weil Ich weiß, daß Mein Vater für Mich sorgt; und wenn ihr müde seid, dann wird Mein Vater für euch sorgen, wie Er für Mich sorgt.

63. Er hat Mir Macht gegeben, alle Schwierigkeiten zu überwinden, und diese Macht offenbart sich auch in euch. Deswegen blickt nicht auf andere als von euch und von Mir getrennt, sondern fühlt mit Mir in der ganzen Menschheit. Fühlt mit Mir, und ihr werdet Mich erkennen, und was ihr für andere tut, das tut ihr für Mich.

64. Darum sollt ihr nicht müde werden, die Dinge aus der Liebe zu Gott zu tun, da ihr Mich doch kennt und wißt, daß Mein Vater auch euer Vater ist.

65. Betrachtet nicht das fertige Werk als das Höchste, sondern die Liebe, mit der es getan wird.

66. Die Mehrzahl der Menschen blickt auf ihre Leistungen mit Selbstachtung und wird sagen: »Ich habe dies erbaut, ich habe jenes erbaut, ich habe dies geschaffen, ich habe jenes geschaffen.« Niemand erschafft irgend etwas getrennt von Gott, denn es ist Gott, der euch die Kraft gab, so zu handeln. Es gibt nichts außerhalb von Gott, denn Er ist unendlich dem Wesen nach.

67. Deshalb erkennt, daß der Ursprung der Macht Liebe ist und daß sie aus dem Christus im Innern kommt; so betrachtet nicht das Werk als das Bedeutendste, sondern die Liebe, mit der es getan wird. Alle Dinge werden vergehen, aber die Liebe bleibt ewiglich.

68. Euer Gemüt ist der Spiegel eurer Seele, und selbst in eurem Leiden werdet ihr stärker wachsen, indem ihr wißt, daß ihr immer in der Gegenwart des Vaters seid.

69. Euer Herz und eure Bildekraft sind nah verwandt. Was in eurem Herzen ist, das bringt eure Bildekraft wieder hervor.

70. Diese Belehrungen, die Ich euch jetzt gebe, bringen euer Herz dem Ursprung allen Lebens näher.

71. Ich weiß, daß einige sich bei dem Bruder beklagt haben, daß ihnen nicht erlaubt worden ist hereinzukommen, um diese Vorträge zu hören. Dieses Werk kann nur unter besonderen Bedingungen getan werden, und Ich habe euch erwählt – ihr habt nicht Mich erwählt.

72. Es geschieht nicht, weil Ich andere von diesen großen Wahrheiten ausschließen will – bedenkt das. Der Grund ist, daß ihr erwählt worden seid. Viele sind gerufen worden, aber wenige sind auserwählt worden. Ich lehrte Meine Jünger im geheimen, damit sie die Macht Gottes verstehen konnten und wie man sie weise gebraucht. Auf diese Weise lehre Ich auch euch, damit ihr diese Macht weise gebrauchen könnt, um ein besseres Verständnis in der Welt herbeizuführen.

73. Wenn ihr in die Welt hinausgeht, sollt ihr Meine Jünger sein und die Wahrheit des immerwährenden Lebens verbreiten, verkünden, daß Liebe allein die herrschende Macht ist und daß nur diese Macht der Welt Frieden und Glück bringen kann.

74. Der Mensch muß auf Mich blicken; auf diese Weise kann er sich selbst erheben. Wie die Schlange in der Wüste von Moses aufgerichtet wurde, so erhebt sich der Sohn des Menschen.

75. Also laßt den Christus in eurem Herzen wohnen, und ihr werdet euch immer neuer Entfaltung bewußt werden. Ihr werdet die schöpferische Kraft des Geistes Gottes sehen, hören und erkennen, der sich als der Christus Gottes in euch verkörpert.

76. Echtes Gebet ist tiefer Ernst; es hat große anziehende Kraft; und Ich möchte eurem Geist die Wichtigkeit einprägen, ernsthaft im Beten zu sein, nicht zu einem äußeren Gott, sondern in Vereinigung mit dem Vater durch den Christus Gottes im Innern.

(*Anmerkung des Schreibers:* Eine tiefe Stille wird spürbar, und das Auditorium ist erfüllt von Licht.)

77. Das ist es, was Ich mit ernst sein im Gebet meine! Die Antwort ist: Die schöpferische Kraft und der Ort der Schöpfung sind im Innern; dort wohne Ich; also denkt an Mich als in allen lebend.

78. Wenn ihr Mich liebt, liebt ihr auch Meinen Vater. Der Vater hat große Dinge bereit für jene, die ihn lieben.

79. Ich bin das Wort, das im Anfang bei Gott war, und alles kam durch Meine Hand ins Dasein, und ohne Mich kam nicht ein Ding ins Dasein.

80. Der Vater war es, der durch Mich erschuf; Er spricht jetzt durch Mich.

81. Niemand hat Gott jemals gesehen, doch Ich bin im Schoß Meines Vaters, der Gott ist. Er hat Mich kundgetan, und ihr habt Ihn gehört.

82. Ich bin der Same Meines Vaters im Himmel, den Er verpflanzt hat, und Ich werde dieselbe Frucht in euch allen hervorbringen.

83. Die Wahrheit von der Bruderschaft des Menschen beginnt, ihr Wachstum über der Dunkelheit der Erde anzuzeigen. Sie beginnt, das Denken des Menschen zu durchdringen; und wahrlich, Ich sage: Es ist immer noch die Absicht des Christus, die Absicht Gottes zu erfüllen.

84. Deshalb soll das erfüllt werden, wozu Ich ausgesandt wurde. Die Absicht Gottes wird durch den Christus Gottes in allen erfüllt. Bitte bedenkt, was Ich zu euch sage!

85. Ich bin eins mit der Menschheit – in dem Garten der Menschheit eine der ersten Blumen; und Ich werde alle Tage bei euch sein, selbst bis ans Ende der Welt.

86. Es gibt keine Trennung zwischen uns; und wenn ihr eure irdische Behausung verlaßt und in die inneren Bereiche des Bewußtseins kommt, werde Ich noch immer bei euch sein, und ihr sollt euch eines größeren Verständnisses bewußt sein; ihr werdet euch einer größeren Liebe bewußt sein, einer Liebe, in der sich alle Feindschaft auflöst.

87. In Meines Vaters Haus besteht göttliche Liebe, und alle, die sich Meinem Vater in Reue zuwenden, empfangen

Seine Liebe, und Mein Vater wird sie mit Seinen Gaben überschütten.

88. Es gibt viele Wohnungen in Meines Vaters Haus, diese sind Stufen des Bewußtseins. Das größte Hindernis für den Ausdruck des Göttlichen ist die Unwissenheit über den Christus in euch.

89. Wer ist der größte Sünder? Könnt ihr einen anderen verdammen und verdammt euch selbst nicht? Denkt nach!

90. Viele, die auf der Erde in Unwissenheit gelebt haben und ihre Macht mißverstanden, gebrauchen sie falsch, weil sie nicht die unendliche Liebe Gottes verstanden. Aber jetzt wachsen sie und entfalten sich in die Freiheit hinein durch Verständnis und Liebe.

91. Alle Erinnerungen an das Vergangene lösen sich auf, doch durch diese Erfahrungen haben sie die Liebe Gottes kennengelernt. Sobald sich das Herz an der Schönheit der Liebe des Vaters erfreut, blüht die Seele in all ihrer Herrlichkeit auf.

92. Der Geist Gottes im Menschen erwacht zur Wahrheit seines immerwährenden göttlichen Lebens der Liebe und Glückseligkeit, indem er freudig sich selbst in seinem wahren Wesen, der Liebe, zum Ausdruck bringt.

93. In dem Maße, wie sich die Wahrheit des Seins im Geist enthüllt, wird der Mensch die Trennungen in den begrenzten Formen der Religion abstreifen. Dann wird es *eine* Wahrheit geben, *ein* Volk Gottes, *eine* Herde und *einen* Hirten, und alle werden auf Meine Stimme hören.

94. Die Dunkelheit, die euch umgibt, die sich euch entgegenzustellen scheint, ist das Mittel für Mein Wachstum in euch. Fürchtet euch nicht, denn Ich bin der Sieger.

95. Und wenn euch Sorgen und Schwierigkeiten begegnen, begrüßt sie mit Freude, denn durch sie werdet ihr in Mir wachsen, indem ihr sie überwindet.

96. Gottes Gedanke ist Sein Wort; und Ich bin jenes Wort, wurde im Fleisch geboren, erblühte darin, wuchs über das Fleisch hinaus, um für immer mit Meinem Vater zu leben; und dies ist der Weg der ganzen Menschheit.

97. Daher offenbare Ich Mich im innersten Bereich des Wesens, wie Ich es immer tat. Meine Wurzeln sind in dem ewigen Geist Gottes.

98. Das Wort war im Anfang – das Wort war bei Gott; dieses selbe Wort war Gott, und das Wort wurde Fleisch. Es wuchs siegreich aus dem Fleisch heraus, das Fleisch überwindend, die Welt überwindend. So wächst und blüht der Christus hervor zum Bild und Gleichnis Gottes, denn der Christus ist der Same Gottes, in die Welt gepflanzt, um die Welt zu überwinden.

99. Daher offenbare Ich Mich im innersten Bereich des Wesens. Ich wußte, daß es so etwas wie »Tod« nicht geben konnte, denn dieser existiert nur in der begrenzten Vorstellung des Menschen. Wann könnt ihr die wundervolle Wahrheit vom ewigen Leben begreifen, daß das Leben selbst durch den sogenannten Tod nicht beeinträchtigt wird!

100. Es gibt keine Unterbrechung des Lebens durch die Erfahrung des sogenannten Todes, doch es gibt Befreiung von den Hindernissen des Fleisches durch die Entfaltung des Geistes.

101. Einige kamen von dem Erden-Plan, indem sie ihre Brüder und Schwestern haßten. Dieser Haß schmilzt hinweg und löst sich durch wahres Verständnis in nichts auf. Der Geist wird mehr und mehr das Leben Gottes; er erkennt auf einmal, daß die niedrigeren Ebenen der Offenbarung nur ein niedrigerer Zustand des Bewußtseins sind, in denen sich das Leben offenbart. Eure Aufgabe ist es, das Königreich des Himmels auf die Erde zu bringen.

102. Ihr müßt dasjenige bewußt wahrnehmen, was Wachstum und Entfaltung verhindert; und Freiheit tritt nicht eher ein, als bis ihr bewußt das *eine* Bewußtsein gewahr werdet, das in allen lebt. Ihr könnt nicht eher aus dem Niedrigeren in das Höhere eingehen, als bis dies von euch erfahren wird.

103. Mein Vater trägt euch nichts nach; auch ihr sollt eurem Bruder oder eurer Schwester nichts nachtragen. So seid jetzt in Frieden, denn jetzt ist Ewigkeit.

104. Der göttliche Mensch ist in Gott vollkommen. Er geht durch all die Entwicklungsstufen, bis das Bewußtsein seinen wahren Ursprung erkennt.

105. Dann verwirklicht der göttliche Mensch seine Allmacht in der Wirklichkeit Gottes.

106. Alle, die mit Mir auf jene schauen, die im Begriff sind, auf der Erde zu wachsen, sind erfüllt von der Sehnsucht, daß der Wille des Vaters erfüllt werde.

107. Ihr überwindet eure Schwierigkeiten durch Erfahrungen und begreift, wieviel Kraft in der Welt zurückgestaut wird infolge eurer Glaubensvorstellungen, eures Hasses, eurer Unwissenheit. Wir sehnen uns danach, daß der Wille Gottes in der Menschheit erfüllt werde, damit die wundervolle Macht der sich ausdrückenden Liebe sichtbar werde.

108. Das Ende ist im Anfang, und der Anfang ist im Ende. Das Ende aller Trennung ist in Gott durch das Verstehen Seines wahren Wesens und des Ausdrucks Seiner unendlichen göttlichen Liebe.

109. Gibt es einen unter euch, der, wenn er hundert Schafe hätte und eines ginge verloren, nicht die 99 verlassen würde und auf die Suche ginge nach dem einen, das sich verlor, bis es gefunden wäre?

110. Und wenn es gefunden wäre, freute er sich und trüge es zur Herde zurück, damit die Herde vollständig sein würde.

111. Ich sage euch, daß es im Himmel mehr Freude gibt über einen, der bereut, als über 99, die der Reue nicht bedürfen.

112. Mein Vater ist vollkommen, nicht einer kann jemals verlorengehen, alle werden gefunden und zur Herde zurückgebracht werden, und es wird Freude herrschen, weil die Herde vollständig sein wird. Dies ist der Wille Gottes: Vollkommenes Glück und Friede in Liebe für jeden einzelnen.

113. Dieser Friede wird kommen, denn er ist schon vorbestimmt.

114. Des Vaters Idee von der Welt ist Vollkommenheit und nichts Geringeres. In dem Maße, wie sich der Geist

Gottes als der Christus in euch verkörpert, wird der Christus in der Herrlichkeit regieren, in der Ihn sein Vater erschuf.

115. Viele haben die Erde verlassen, indem sie sich immer noch an die falsche Vorstellung klammerten, daß die Materie an sich eine Wirklichkeit sei. Dieser durch Zeitalter währende sinnengebundene Glaube hat den Fortschritt vieler tief ehrerbietiger und edler Seelen verzögert. Sie leben immer noch in der materiellen Anschauung, als sei diese noch immer wirklich für sie.

116. Bedenkt, was ihr seht, ist keine Wirklichkeit; es ist nur die Widerspiegelung von etwas Innerem. Was an der Oberfläche gesehen wird, wird sich wandeln und vergehen und sich in nichts auflösen; aber das, was wirklich ist, wird bestehen bleiben.

117. Betrachtet die materiellen Dinge nicht als wirklich; sie sind nur die Wirkungen von dem, was unsichtbar ist. Viele sind in das innere Reich gekommen mit der Vorstellung von der Beständigkeit oder der Wirklichkeit der Materie.

118. Obgleich sie edle, gläubige Seelen sind, sogar in Christus entschlafen, sind sie nicht erwacht zum Verständnis der Kraft des Christus und zu der Freiheit des Christus-Lebens. Diese edlen Seelen werden aufgehalten durch ihre begrenzten Glaubensvorstellungen und den Mangel an Verständnis für das wahre Wesen der Dinge.

119. Dies hindert ihre Entfaltung zu den höheren Erfahrungen, die für sie vorgesehen sind.

120. Das einzig Wesenhafte ist Gott. Alles besteht in Seinem Geist, alles ist Seine Schöpfung. Das Sichtbare ist nur die Widerspiegelung Seiner Gedanken, während das wirkliche Sein dauernd ist, immerdar verwurzelt in Seiner ewigen Wirklichkeit.

121. Gebt euch dem in tiefer Betrachtung hin, bis es in eurem eigenen Bewußtsein wirklich wird.

122. Geht ernsthaft an diese Arbeit, und wenn ihr es tut, wie ihr es solltet, seid gewiß, daß ihr bald die Wirkungen hiervon in eurem Leben erfahren werdet.

123. Auf diese Weise erhebt sich der Christus.

Meinen Frieden und Meine Liebe lasse Ich bei euch, damit sie bei euch bleiben.

Jetzt wollen wir zusammen in das Allerheiligste eintreten. Jeder einzelne von euch blicke auf Mich.

(Schweigen)

Mein Friede, Meine Liebe bleibe bei euch.

(*Anmerkung des Schreibers:* Der Meister segnete uns alle in Seiner gewohnten Weise, und Sein Friede und Seine Liebe blieben bei uns.)

Dreizehnte Rede

IHR SEID DER ZWEIG AM WEINSTOCK, DER MEINE FRUCHT TRÄGT

Meine Liebe, Meinen Frieden bringe Ich euch.

1. Begreift das Leben Gottes als das »Christus-Bewußtsein« in euch, dann wird »Ich bin das Leben« verwirklicht.
2. Leben ist Bewußtsein. Es ist Gott, der sich selbst Ausdruck verleiht. Es kann kein anderer sein. Der Christus ist der allein erzeugte Sohn des Vaters.
3. Der Christus ist der große Mensch, der die Welt regiert, in der alles existiert. Dieser Christus-Mensch lebt auch in jedem einzelnen, und es gibt keine Trennung irgendwo! Wenn ihr dies realisieren könnt, dann werdet ihr begreifen, wie wundervoll es ist, die Ganzheit der Wirklichkeit zu verstehen, in der es keine Trennung, keinen Unterschied gibt.
4. Das Wachstum des göttlichen Samens offenbart sich in euch. Das verborgene Werk schreitet voran. Wartet geduldig, und wie die Frucht zur rechten Zeit kommet, so wird der Christus in euch sich hervorentwickeln als die Frucht Gottes, das vollendete Erzeugnis.
5. In jedem von euch schreitet ein unaufhörliches Werk voran, auch wenn ihr es nicht bemerkt. Die große Wahrheit ist: Es gibt keinen Stillstand; es gibt überall unaufhörliche und aufwärtsgehende Bewegung in der ganzen Menschheit. Das ist der in euch wirkende Christus.
6. Ja, als Antwort auf eure Frage: Wenn diese Reden bei euch abgeschlossen sind, werden sie gedruckt werden, damit die Welt sie auch haben kann.
7. Geistige Kräfte werden jetzt mit der Absicht angewandt, der Welt höhere Kenntnis und Weisheit zu bringen, als sie es vor Tausenden von Jahren taten. In der Vorstellung

des Menschen ist es, wo wir Trennung und Unterschied finden. Aber der Christus, der Geist Gottes, bleibt immer derselbe und ist der Samen, der sich seinen Weg durch die Dunkelheit des menschlichen Verstandes bahnt.

8. Die Erde ist die Substanz, die den Samen der Pflanze umgibt; so ist die Menschheit die Substanz, die den Geist Gottes umgibt. Die Menschheit wächst zur Reife heran und wird sich des innewohnenden Geistes bewußt werden als der einzigen Wirklichkeit.

9. Der beste Weg, bei diesem großen Werk zu helfen, ist, das Tor der Sinne zu schließen, denn wenn dein Auge des Äußeren ledig ist, wird dein ganzer Leib von Licht erfüllt sein.

10. Es ist der innere Blick, der diese mächtige Kraft wahrnimmt, die ihre Schönheit und Intelligenz entfaltet, die allgegenwärtig ist und sich ganz und nicht getrennt vom Ganzen ausdrückt, aber das Ganze drückt sich in der Vielheit aus, und die Vielheit besteht im Ganzen. Es gibt keine Trennung irgendwo, bitte, bedenkt das! Dies muß in eurem Geiste Wurzel fassen, das sind die Säulen, auf denen der Fels der Wahrheit ruht.

11. Das Bewußtsein Gottes schließt alles ein, und alles ist in Seinem Bewußtsein enthalten; so wird Sein Bewußtsein in euch Sein Bild und Gleichnis offenbaren.

12. Lauscht auf den Schlag eures Herzens und vergegenwärtigt euch den vollen Strom des Lebens Gottes, der es durchpulst. In Wirklichkeit seid ihr eins mit dem Herzen des Christus im Vater.

13. Gott erfreut es, sich in die Kanäle zu ergießen, die Er zu diesem Zweck vorbereitet hat.

14. Ihr seid die Kanäle, die Er vorbereitet, und bald werdet ihr das Drängen fühlen. Daß Ich zu euch gekommen bin, ist nicht bloßer Zufall, sondern ist die Entfaltung des Geistes, der die ganze Menschheit unterliegt. Der Ruf verhallt nie unbeantwortet. Es ist der große Kreuzzug des Christus, der in euch lebt, der sich seinen Weg in euer Bewußtsein bahnt. Das Innere wird sich im Äußeren ausdrücken, und

das Äußere wird das Innere werden; dann ist der Mensch durch den Geist des Christus gereift.

15. Die Welt wird Ihn erkennen, wie Er das Leben lebt, und das Lamm und der Löwe werden sich gemeinsam niederlegen. Das Lamm Gottes ist die große Kraft im Innern des Menschen. Der Löwe ist der Mensch der Sinne, unbeherrscht, sich selbst nicht kennend, aber er wird überwunden durch das Lamm Gottes, den Christus im Innern. Liebe überwindet alle Dinge. Liebe ist Gott, und Gott ist Liebe.

16. Dieses pulsierende Leben ergötzt sich an euch, wenn ihr euch an ihm ergötzt.

17. Gott ist allgegenwärtig und ewig, und ihr seid bei Ihm. Um Ihm gleich zu werden, müßt ihr erkennen, daß es keine Trennung, keinen Unterschied geben kann.

18. Vielleicht begreift ihr nicht ganz, was Ich meine, wenn Ich sage, »keine Trennung, keinen Unterschied«. Wenn ihr Unterschiede seht, lebt ihr in der Trennung, ihr lebt in der Persönlichkeit der Sinne. Wenn ihr in der Trennung lebt, geschieht es, daß ihr Unterschiede seht, und indem ihr Unterschiede seht, fühlt ihr Trennung; und dies ist die große Illusion.

19. Unterschied ist ein Ergebnis des Verstandes, aber ihr werdet feststellen, daß es keine Unterschiede in dem Christus Gottes gibt; es gibt keinen Unterschied in dem Geist Gottes in euch. In allen und jedem einzelnen von euch ist derselbe Geist. In diesem Geist habt ihr Macht, denn nichts kann ihn angreifen. Erkennt ihn jetzt in eurem Leben und seid frei! Dies ist die Freiheit der Wahrheit, der Wahrheit, die euch frei macht.

20. Nur durch euren Glauben an Trennung erlebt ihr Unterschied, und so fühlt ihr Trennung. Also müßt ihr alles erkennen, was Trennung verursacht, bevor ihr Mich erkennen könnt.

21. Öffnet eure Augen und seht überall Gott! Dieses Bewußtsein von Gott breitet sich in dem Maße über die ganze Erde aus, wie sich jeder einzelne selbst eins fühlt mit dem *einen* Herzen, das in Liebe schlägt.

22. Im Herzen Gottes ist immerwährende Liebe, und der Christus ist eins mit dem Herzen Gottes, und dieser Christus ist der Erlöser des Menschengeschlechtes.

23. Es gibt nur einen Christus in der Schöpfung der Welt, und alles besteht durch Ihn, und nichts, was jemals erschaffen wurde, könnte ohne Ihn erschaffen worden sein, und durch Ihn kamt ihr ins Dasein. Dies ist der Sohn, der allein erzeugte Sohn Gottes, der *eine* Christus, der große göttliche Mensch, in dem ihr euch alle regt und euer Sein habt, und Er regt sich in allen und jedem einzelnen von euch.

24. Dieser göttliche Christus ist der bewußte Ausdruck des Vaters. Er ist sich aller Dinge bewußt, bewußt der Macht zu erschaffen, bewußt aller Dinge, die in der Welt existieren, bewußt seiner selbst in jedem einzelnen Individuum, und es gibt keine Trennung in Ihm.

25. Denkt also an diesen einen heiligen göttlichen Menschen, der in allen und jedem einzelnen von euch lebt. Er ist männlich und weiblich, vollendet in sich selbst.

26. Bevor ihr ihn erkennen könnt, müsst ihr euch von dem falschen Glauben an Trennung frei machen, dem Glauben, der Haß erzeugt, dem Glauben, der seinen Grund nicht in Mir hat.

27. Ihr könnt keine getrennten Glaubensformen haben, wenn ihr euch die Wahrheit von dem einen ewigen lebendigen Geist vergegenwärtigt, der sich jetzt in euch und Mir offenbart. Könnt ihr jetzt irgendeinem Glauben folgen, der euch von euren Brüdern und Schwestern trennt?

28. Hängt nicht zu fest an dem irdischen Leben, denn es ist nur eine vorbereitende Stufe im Wachstum des Christus in euch.

29. Viele halten zu stark an dem irdischen Leben fest und an den Dingen, die darin sind.

30. Gebraucht diese Dinge weise, aber hängt nicht an ihnen, und erlaubt ihnen nicht, sich an euch zu hängen. Sie sind für euren Gebrauch, um euch zu weiterer Entfaltung vorzubereiten, zu größerer Stärke, Kraft und Herrlichkeit.

31. Seid nicht bange, ihr verliert nichts, was wirklich ist. Der Christus ist eure einzige Wirklichkeit und ist der ewige Sohn Gottes.

32. Keine Liebe geht jemals verloren. Sie ist der Ausdruck Gottes und dringt durch das Gewand, das sie umhüllt.

33. Wenn ihr das zu verwirklichen beginnt, werden alle auf der Erde erkennen, daß es die Liebe Gottes ist, die sich selbst durch die Seele ausdrückt. Der Körper ist das Gewand, durch welches sich das Leben im Physischen ausdrückt.

34. Ihr sollt dieses Gewand nicht verachten, sondern es dem Christus weihen, indem ihr die mächtige Kraft erkennt, die im Innern ist. Und sobald ihr dieses Gewand dem Christus weiht, wird es wie das Innere werden, und das Innere wird das Äußere. So werdet ihr wiedergeboren – dieses Mal nicht aus dem Fleisch, auch nicht aus dem Willen des Menschen, sondern aus dem Geist Gottes. Denn Ich habe gesagt: »Nennt keinen Menschen auf der Erde euren Vater, denn einer, der im Himmel ist, ist eurer Vater.«

35. Freut euch und habt keine Furcht. Furcht trübt nur den Blick und hindert euch daran, klar zu sehen. Sie umwölkt eure geistige Sicht, doch nur eine Zeitlang, denn die Freiheit kommt durch den ewigen Christus in euch.

36. Alle Furcht wird durch Liebe vertrieben, denn Liebe schließet Furcht aus. Die Furcht vor dem Bösen, die Furcht vor dem Menschen, die Furcht vor Gott sind alles Erzeugnisse der materialistischen Gesinnung und haben keine Grundlage in der Wirklichkeit.

37. Die Liebe Gottes macht euch frei von allen diesen Ängsten, die euch von Seiner göttlichen Gegenwart trennen.

38. Darum fürchtet weder Mensch noch Tier, auch müßt ihr Gott nicht fürchten, sondern Ihn lieben. Wenn sich diese wahre Natur des Christus in eurem eigenen Bewußtsein offenbart, entsteht die Macht, die Daniel in der Löwengrube hatte. Diese Macht ist auch die eure.

39. Nichts auf der Erde oder in den Himmeln kann euch überwältigen, so ihr die Tatsache anerkennt, daß dieser Christus, der Geist Gottes in euch, alle Macht in sich selbst ist

und das schöpferische Prinzip hinter allen Dingen, die im Himmel und auf der Erde vorhanden sind. Wenn ihr dies realisiert, werdet ihr euch nicht fürchten.

40. Auch die Erbärmlichsten suchen Gott auf die eine oder andere Weise. Als Meine Jünger ist es eure Aufgabe, ihnen durch Liebe und durch das Beispiel den wahren Pfad zu zeigen, nicht durch bloße Worte, sondern durch Güte, durch Liebe, durch Verständnis.

41. Die meisten Menschen fürchten die Erfahrung, die Tod genannt wird. Aber wenn ihr durch diese Erfahrung hindurchgeht, findet ihr euch selbst als eine lebendige, atmende Seele, lebendiger als je zuvor; denn es ist die Seele, die atmet, nicht der Körper.

42. Der Tod ist nur das Tor zur mächtigeren Ausweitung des Christus, der Blume, die in Gott wächst und blüht; und wenn ihr euch selbst vorfindet als lebendige, atmende Seelen, lebendiger als je zuvor, überwältigt es euch. Den einzigen Wunsch habt ihr, daß ihr zu euren Lieben zurückkehren möchtet, um ihnen von der wundervollen Wahrheit der Herrlichkeit zu erzählen, die ihr gefunden habt.

43. Viele sind zu euch zurückgekehrt, aber eure Ohren sind taub und eure Augen sind blind. Alle müssen durch die gleiche Erfahrung hindurchgehen, und das ist die Freude derer, die bereits durch das Erlebnis – genannt Tod – gegangen sind. Diese Freude, die alle erleben werden, geht über das Verständnis der sterblichen Sinne hinaus.

44. Ihr werdet euch der Freiheit des Lebens mehr bewußt, weil die Seele jenseits des Fleisches atmet.

45. Der Körper ist der Tempel des Geistes. Das geistige Leben ist ewig. Ihr entdeckt, daß alles, was ihr für wahr hieltet, eine Wirklichkeit wird.

46. In euren Gedanken habt ihr euch das Erlebnis des Wiedersehens mit den Lieben – und sie von Angesicht zu Angesicht zu erkennen – ausgemalt; wahrlich, ich sage euch, dies ist wirklich so. Selbst diejenigen; die euch verletzten und jene, die auch ihr aus Unwissenheit verletztet, werden sich bei der Begegnung mit euch freuen.

47. Das ist das ewige Gesetz des Geistes: die Entfaltung des Christus. Sobald sich das Bewußtsein dieses inneren Lebens bewußt wird, findet eine Umwandlung in dem Bewußtsein statt, und all dieser Haß verschwindet. Darum ist es bedeutsam für euch, dies zu verstehen, während ihr auf der Erde seid.

48. Manche, die in Unwissenheit geboren wurden, sterben in Unwissenheit. Das soll jetzt nicht euer Los sein. Der Nebel löst sich auf, und es bleibt die Schönheit des Christus Gottes bestehen.

49. Wenn Ich vom Christus Gottes spreche, weiß Ich, daß ihr anfangt zu verstehen, was der Christus bedeutet: Er ist der große göttliche Mensch Gottes. Christus ist der göttliche Mensch auf der Erde, der alle menschlichen Seelen umfaßt. Wie die Zellen in dem einen Körper leben, so lebt jeder einzelne von euch in dem Christus Gottes. Der Samen Gottes ist in euch, und es ist gewiß, daß er zur Reife heranwächst.

50. Keine größere Freude kann je erlebt werden, als wenn das, was ihr vage für wahr hieltet, eine Wirklichkeit wird. Ihr findet, daß ihr nichts verloren habt, sondern alles wird mit einem neuen Verständnis gewonnen.

51. Ihr werdet überwältigt sein von der unbegrenzten Empfindung, die euch ergreift, während alle falschen Glaubensvorstellungen von euch abfallen.

52. Ihr werdet dieselbe lebende Seele sein, ganz gleich, auf welche Weise ihr euren Körper verlaßt: *Du bist immer noch du!* Und in allen jenen, die ihr liebtet, werdet ihr eine größere Liebe und eine stärkere Anziehungskraft finden, ein größeres Verständnis, denn nichts geht in der Liebe verloren.

53. Zeigte Ich nicht Meinen Jüngern Meine Hände und Füße? Ich war derselbe, den sie auf der Erde kannten. Jedoch wußte Ich, daß Ich der Christus Gottes war; und das gilt ebenso für jeden einzelnen von euch, diese Wahrheit zu verwirklichen, denn durch ihre Verwirklichung entsteht das »Gewahrwerden« – ein bewußtes Gewahrwerden, daß die Unwissenheit nicht zerstören kann.

54. Unwissenheit verhüllt die Wirklichkeit in euch. Die meisten Menschen lernen nur schwerfällig wegen ihrer falschen Glaubensvorstellungen.

55. Also vergeßt allen Irrtum und alle Unwissenheit und tretet jetzt völlig in die Wahrheit eures Wesens ein.

56. Könnt ihr jetzt völlig in sie eintreten? Ihr seid lebendige Wesen. Es ist das Leben Gottes, das in euch lebt; als ein lebendiges Wesen lebt ihr in Gott und nicht außerhalb von Ihm. Wenn dies verstanden wird, entsteht eine Erweiterung des Bewußtseins, ein Gewahrwerden der Wirklichkeit, ein Gewahrwerden einer ewigen Wirklichkeit, die besteht und kein Ende hat. Oh, würdet ihr dies erkennen! Es würde euch jetzt frei machen.

57. Selbst Meine Jünger begriffen nicht völlig, bis Ich ihnen wiedererschien.

58. Der ewige Christus lebet immerdar. Doch sie konnten es nicht ganz begreifen; sie waren genau solche Menschen wie ihr; aber durch den Geist des Christus wurden sie Meine Apostel.

59. Auch jetzt weiß Ich, daß hier viele von euch nicht völlig begreifen, daß Ich es bin, der zu euch spricht.

60. Auch Thomas glaubte nicht. Auch er wollte Meine Hände und Füße sehen und seine Hand in Meine Seite legen, bevor er glauben wollte.

61. Es war acht Tage später, als alle Meine Jünger gemeinsam versammelt waren, und Thomas war bei ihnen. Ich nahm seine Hand und legte sie in Meine Seite und zeigte Meine Hände und Füße. Thomas war überzeugt und rief aus: »Mein Herr, Mein Gott!«

62. Er war überwältigt von der Erkenntnis, daß man nach der Erfahrung, genannt Tod, noch lebte; und hierin liegt das Geheimnis der Kraft in allen, doch wenige konnten es völlig verstehen.

63. Durch die Verwirklichung dessen lebt in euch die Kraft des Christus. Aus diesem Grunde machte Ich es zum wichtigsten Punkt in Meinem Wirken. Es zeigt, daß diese Welt nur eine vorbereitende Stufe zur Entfaltung des Chri-

stus im Innern ist. Diese Verwirklichung ist auch für euch erforderlich, dann wird euch alle Macht im Himmel und auf der Erde gegeben werden.

64. Thomas glaubte, weil er gesehen hatte. Aber Ich sage: Gesegnet sind jene, die Mich nicht gesehen haben und geglaubt haben!

65. Dasjenige, in das Gott den Atem Seines Lebens eingehaucht hat, kann niemals tot sein. Nur die Toten, die an den Tod glauben, begraben ihre Toten. Der lebendige Christus stirbt nicht.

66. Wenn ihr eure Augen nach innen wenden könntet und sehen, was Ich jetzt durch diese Augen schaue, würdet ihr ein größeres Verständnis gewinnen.

67. Ja, eure Augen werden sehen und eure Ohren werden hören mit einem neuen Verständnis des lebendigen Christus Gottes.

68. Diejenigen, welche ermattet und müde sind, werden ruhen, wie sie nie zuvor ruhten.

69. Diejenigen, welche, während sie auf der Erde waren, gelitten haben und durch das Tor ihres Gethsemane gegangen sind – einige vielleicht alt und schwach mit einer Erinnerung an ihren Zustand während dieser Zeit auf der Erde –, werden bemerken, daß nichts als ein Erinnerungsbild aufgegeben werden muß – dennoch, die Seele ist verstört in der betreffenden Zeit – sie gehen in einen tiefen Schlummer über. Die Seele schläft, dann erwacht sie in der Wirklichkeit des Christus. Sie sind verjüngt und befreit von allen Verhältnissen, die sich in das Gedächtnis eingegraben haben.

70. Jedoch, wenn sie es gerne möchten, könnten sie einen Zustand wieder hervorrufen, um jenen auf der Erde zu zeigen, wer sie waren. Aber unmittelbar, da sie in das Innere zurückkehren, legen sie diese Verhältnisse ab und leben in der Verwirklichung des Christus, der Vollkommenheit Gottes.

71. Es ist manchmal schwer, den auf der Erde Lebenden die Wahrheit glaubhaft zu machen, daß der ewige Christus, der in allen und jedem einzelnen lebt, der Vater selbst ist.

72. Dann werden jene, die ermattet und müde sind, ruhen, wie sie nie zuvor geruht haben. Und wenn sie erwachen, werden sie bemerken, daß das Beste und Höchste, das jemals vorgestellt werden konnte, wahr ist.

73. Eure Lieben sind nicht weit fort, sondern anwesend bei euch, wie sie es immer waren, seit sie euch verließen, aber eure materialistische Gesinnung macht euch blind für ihre Gegenwart.

74. Oh, wie ihr versuchen werdet, jenen zu helfen, die ihr geliebt und zurückgelassen habt, jedoch ist dies für alle vorgesehen. Dies ist die große Erleichterung, die ihr fühlt. Doch es schmerzt euch zu sehen, wie unwissend die Welt über die Wirklichkeit des Lebens ist.

75. Meine Worte werden euch die Erkenntnis von der Wahrheit der Wirklichkeit zu Bewußtsein bringen, daß auch ihr ewig seid, weil ihr in der Wirklichkeit lebt. Ihr lebt und bewegt euch und habt euer Sein in Ihm, der euch erschuf, und Er lebt in euch.

76. Ihr werdet dann eure weitere Entwicklung beginnen, die nie aufhört – mit ihr ein größeres Verstehen Gottes, eine größere Liebe zu Gott, eine größere Erkenntnis Seines wunderbaren Universums, in dem ihr lebt und euch bewegt und euer Sein habt.

77. Wenn Ich in euren Geist jetzt alles einprägen könnte, was vorhanden ist, würdet ihr von aller Furcht und allem Zweifel befreit sein.

78. Das Größte von allem ist die *Liebe* – Liebe, die keinen Anfang und kein Ende hat. Sie strömt sich immer wieder selbst aus, und sobald ihr in ihre Überfülle eingeschlossen seid, liebt ihr wie der Christus Gottes, der auferstanden ist.

79. Der Vater entfaltet in euch Seine Liebe, und der Christus ist in euch diese Liebe.

80. Ich sehne Mich danach, daß ihr diesen euch innewohnenden Christus erkennt, damit ihr verstehen könnt, daß keine Trennung zwischen uns gibt.

81. In Meines Vaters Haus gibt es viele Wohnungen. Diese sind die verschiedenen Grade des Bewußtseins. In

dem Maße, wie sich das Bewußtsein entfaltet, offenbart es das, was es entfaltet.

82. Sowie die Entfaltung durch das Bewußtsein stattfindet, offenbart es, was es entfaltet. Was erkannt wird, wird gesehen und verstanden. Euer Bewußtsein ist das Mittel, durch das sich der Christus Gottes offenbart und darüber hinaus das Umfassendere entfaltet.

83. Der Christus Gottes verkörpert sich und wohnt im Innern, näher als Hände und Füße, und kann hören, sogar bevor ihr bittet.

84. So ihr im Vertrauen bittet, wissend, daß der Ort der Schöpfung in euch ist, gibt es nichts, was der Vater nicht für euch tun wird, wenn ihr Ihn in Meinem Namen bittet. Also bittet im Namen des Christus Gottes, der in euch ist. Ich werde euch hören, und was ihr erbittet, wird euch gegeben werden.

85. Denn ihr seid die Zweige am Weinstock, der Meine Frucht trägt – ja, fähig zu überreicher Frucht! Mit Mir könnt ihr alle Dinge tun; ohne Mich könnt ihr nichts tun.

86. Ich aus Mir selbst bin nichts; es ist der Geist des Vaters in Mir, der spricht; Er tut alle diese Dinge und mehr.

87. Ich bin hinter jedem Gedanken und jeder Rede und bin allgegenwärtig, und Meine Liebe ist der Schlüssel zu allem Wissen, aller Weisheit und Macht.

88. Meine Liebe entfaltet euer Bewußtsein im inneren Bereich, und sowie sich die Liebe in euch entfaltet, erkennt ihr mehr von Mir.

89. Wenn ihr auch mit Beredsamkeit sprecht und habt nicht Liebe in eurem Herzen, seid ihr nur eine klingende Zimbel.

90. Wenn ihr auch alles Wissen erwürbet und übtet euch in einem Glauben, der alles vermag, doch ohne Liebe in eurem Herzen, wird euer Tun euch nicht frommen.

91. Solltet ihr den weniger Begüterten Almosen geben und die Armen speisen, doch ohne Liebe, so habt ihr nichts getan.

92. Liebe ist nicht verständesmäßig zu erfassen; sie ist gütig und erduldet Ungerechtigkeit ohne Vorwurf.

93. Liebe vergilt nicht Böses mit Bösem, sondern Böses mit Gutem. Durch das Sanftmütigsein führt die Liebe sie zu rechtem Urteil.

94. Liebe ist alle Macht, doch sie ist demütig. Liebe stellt sich nicht eitel zur Schau, auch prahlt sie nicht mit ihren Leistungen.

95. Liebe geht niemals fehl, weil Liebe Gott ist und Gott Liebe ist.

96. Der göttliche Strom der Liebe fließt in euer Herz, wenn euer Herz mit dem Herzen der Liebe schlägt. Friede kommt in euer Gemüt, und eure Seele strahlt das wahre Wesen unseres Vaters im Himmel aus.

97. Es beglückt Mich, zu Meinem Vater zu sprechen, der Liebe ist! Seine Liebe vertreibt alle Furcht; mit Seiner Liebe im Herzen kann euch kein Schaden nahe kommen. Daher seid in Frieden und wißt, daß Ich bei euch bin.

98. Liebe ist stets in der Mitte und wohnt in der freundlichen Dunkelheit, die euch umgibt.

99. Seid nicht bange vor dieser Dunkelheit, denn Ich bin das Licht, das die Dunkelheit überwindet. Doch die Dunkelheit begreift das Licht nicht, denn allein das Licht begreift.

100. Die Dunkelheit ist nur ein Schatten im Verstand, doch erblüht aus ihr und durch sie der Christus in die Kraft und Herrlichkeit. Werdet euch dieser Kraft bewußt, und alle Bedingtheiten werden von euch weichen. Schreckt nicht zurück vor Verantwortungen, auch nicht vor irgendeiner Aufgabe, selbst wenn sie ein Kreuz sein sollte. Durch die Überwindung werdet ihr Freude an eurer Entfaltung finden, weil ihr erfahren werdet, daß ihr das Licht der Welt seid, das die Dunkelheit überwindet.

101. Es ist das Licht, das begreift, die Dunkelheit begreift nicht. Wo das Licht ist, verschwindet die Dunkelheit.

102. Die Seele, welche die Nahrung von dem Christus im Innern sucht, wird stark. Das ist das Haus, das auf dem

Felsen der Wahrheit erbaut wird, das nichts von außen angreifen kann.

103. Suchet Meine stille Liebe, die in eurem Innern wohnt. Liebt alle, segnet alle mit Liebe, und Ich werde euch hundertfältig segnen.

104. Denn Ich erfreue Mich in euch, wenn ihr mit Liebe segnet. Ich wirke in euch, wenn ihr liebt, und wenn ihr mit Liebe segnet, bin Ich an eurer Seite, denn Ich bin Liebe.

105. Suchet nicht Gewinn oder Belohnung für eure Liebe, stellt eure Liebe auch nicht vor den Menschen zur Schau, sondern liebt im geheimen. Tut alle Dinge, die euch in die Hand kommen, aus Liebe zu Gott, nicht um den Menschen zu gefallen.

106. Ihr seid die Zukunft, die Vergangenheit und die Gegenwart. Lernt dieses sogleich, damit Ich jetzt in euch wirken kann, dann wird alles, was unwirklich ist, in den Abgrund geschwemmt, wohin es gehört.

107. Ihr seid alle genau da, wo ihr sein sollt, um dieses Werk zu tun, und Gott kann nicht ausbleiben, wenn ihr mit dem Christus lebendig seid, denn ihr seid der Zweig am Weinstock, der Meine Frucht trägt.

Nun wollen wir in das Allerheiligste eintreten. Blickt auf Mich!

(Schweigen)

Meinen Frieden, Meine Liebe lasse Ich bei euch, damit sie bei euch bleiben.

(*Die Anmerkung des Schreibers:* Ein wundervolles Purpurlicht erfüllte den Saal, als die Stille sich vertiefte, und als der Meister uns verließ, herrschte ein Empfinden der Liebe und des Friedens, das nicht mit Worten beschrieben werden kann.)

Vierzehnte Rede

ICH BIN DER GUTE HIRTE, UND MEINE SCHAFE KENNEN MEINE STIMME

Meinen Frieden, Meine Segnungen bringe Ich euch, damit sie bei euch bleiben.

1. Jetzt ist eine wundervolle Zeit für euch alle, denn ihr wachst auf natürliche Weise in den Christus Gottes hinein, euer wahres, geistiges Sein.
2. Selbst euer Körper wird in Einklang mit dem höheren Gesetz gebracht werden. Ihr werdet nicht zu eurem eigenen Gedanken; ihr seid der Gedanke Gottes.
3. Die große Wahrheit ist, daß niemand den Gedanken Gottes ändern oder umwandeln kann. Er ist dazu bestimmt hervorzublühen, um zur Reife zu gelangen. Nichts kann seinen Fortschritt hindern. Dasjenige, was scheinbar den Ausdruck des göttlichen Gedankens hindert, ist kein Hindernis, sondern ein Mittel, um Erfahrung zu gewinnen.
4. Ängstigt euch nicht vor der Welt, da die Welt euch nicht besiegen kann, sondern die Kraft des Christus in eurem Innern besiegt die Welt. Alle Umstände sollten als Erfahrung angesehen werden, dann werdet ihr stärker aus ihnen hervorgehen. Ihr werdet auch erkennen, daß eure Kraft von innen kommt und nicht von außen. Diese Kraft ist immer bei euch, sie ist die Macht des Christus Gottes.
5. Dies kann nicht ausbleiben, denn ihr habt den Weg zu dem höheren Gesetz geöffnet durch die Anerkennung des Christus Gottes in euch.
6. Unmittelbar, da ihr den Christus Gottes als die einzige Wirklichkeit anerkennt, die Wirklichkeit, die ewig und immer-gegenwärtig ist, tretet ihr in das höhere Gesetz ein, das durch euch zum Ausdruck gebracht wird durch eure Aner-

kennung dieser Wahrheit. Wenn diese Wahrheit nicht anerkannt wird, wirkt das, was wir das Naturgesetz nennen, und jeder Mensch ist ihm unterworfen. Aber wenn das höhere Gesetz das Naturgesetz aufhebt, hat es Macht über die Natur; dies ist der Christus, der in eurem Innern ist.

7. Anerkennt dieses höhere Gesetz jetzt durch das Erkennen des Christus Gottes als den Schöpfer aller Dinge im Himmel und auf der Erde; und durch Ihn kamen alle Dinge ins Dasein: Das Wort, das bei Gott ist, das Wort, das Gott ist – und dieses Wort wurde Fleisch und offenbart sich fortwährend in eurer Mitte. So regt sich das Wort Gottes in und durch euch; dies ist die Wahrheit des immerwährenden Lebens, des Lebens, das ewig ist.

8. Sagt in eurem Herzen mit Liebe und Verständnis: »Dein Wille werde in mir getan!« – und der Christus wird sich in euch regen, denn der Christus ist Gott, der sich im Fleisch offenbart.

9. Der Christus ist Gott, der sich im Fleisch offenbart. Ich wiederhole dies, damit es sich in euer Gemüt senkt. Durch Anerkennen und Verwirklichen dieser Wahrheit erhebt sich in euch eine unermeßliche Kraft: Der Christus ist Gott, der sich jetzt in euch offenbart.

10. Euer innerster und erhabenster Gedanke ist im Bewußtsein des Absoluten.

11. Deshalb hat der Gedanke, je erhabener er ist, eine um so größere Macht: »Dein Wille werde in mir getan!« Es ist der Wille Gottes, der sich jetzt in Mir offenbart. Kein himmlisches oder irdisches Wesen kann den Willen des Vaters ändern; er ist der höchste. Durch diese Einsicht wird sich das Bewußtsein des erhabensten, des innersten Gedankens des Absoluten bewußt: »Dein Wille werde in mir getan!«

12. Hierin liegt die große Macht im Himmel und auf der Erde.

13. Dies ist die Macht, die jeden Mißklang auflösen wird, alles, was nicht aus sich selbst wahr ist.

14. Euer Schatz ist da, wo euer Herz ist, und euer Schatz sollte die fortwährende Vergegenwärtigung der Wahrheit des Christus sein: »Ich und der Vater sind eins.«

15. Denkt daher tief über diese Wahrheit nach, denn sie ist das konzentrierte Licht in eurem eigenen Bewußtsein, ein Licht, das in eurer Seele ausgedrückt wird vermöge des Christus in euch: »Ich und der Vater sind eins.« Es ist des Vaters Wille, daß ihr Ihn ausdrücken sollt in all Seiner Herrlichkeit, in all Seiner Macht, in all Seiner Weisheit, in all Seiner Liebe.

16. Wiederholt Meine Aussagen nicht wie bloße Redensarten; lest sie wieder und wieder, so, als wenn ihr sie in ernstem Gebet sprechen würdet.

17. Wenn ihr betet, muß ein tiefes Gefühl von Verehrung vorhanden sein und ein Ausschließen des Äußeren; dann tretet ihr in das Innere ein. Während ihr betet, fühlt euer Einssein mit Ihm, der euch in sich selbst erschuf.

18. Wenn ihr Meine Aussagen in dieser Weise mit Verständnis wiederholt, werden sich euch viele Dinge offenbaren.

19. Die innere Stimme wird zu euch sprechen, der innere Blick wird sich euch eröffnen. In diesem Allerheiligsten Gottes ist das goldene Schweigen der Liebe, das euch vor allen Bedingtheiten beschützt, ein Schweigen, das euch in die Gegenwart des Allmächtigen bringt.

20. Dann wird das Unwirkliche, der Schatten, verschwinden, das Wirkliche wird sich selbst in euch offenbaren.

21. Ich bin in der Tat froh, bei euch für diesen kurzen Zeitraum zu ernster Belehrung gewesen zu sein. Betrachtet Mich nicht als fern und getrennt von euch.

22. Dasjenige, was in der Vergangenheit geschehen ist, ordnet ihr in euer Gedächtnis ein, aber die Dinge aus der Vergangenheit sind bei euch in der Gegenwart. Daher nehmt bewußt die Gegenwart Gottes wahr, den Christus, der immer bei euch ist. Ihr könnt nur in der Gegenwart schöpferisch tätig sein, niemals in der Vergangenheit oder in der Zukunft – nur im ewigen Jetzt!

23. Eure Freude an Meiner Gegenwart kann unaufhörlich sein, und so könnt ihr von Mir lernen durch euer beständiges Denken an Meine Gegenwart in euch.

24. Meine Worte sind Leben für euch. Glaubt an Mich

und habt Mut! Euer bloßer Wunsch zu helfen, wird, wenn er wirklich selbstlos ist, bereits erfüllt.

25. Der Wunsch zu helfen muß aus dem Herzen kommen. In eurem Herzen werdet ihr eine »Anwesenheit« finden, die hervorkommen will und sich in euch und durch euch ausdrücken will, und euer Wunsch wird erfüllt werden.

26. Bedenkt, daß es *keine* Trennung geben kann, wenn ihr helfen möchtet, und der Wunsch, der aus dem Herzen kommt, er wird unmittelbar erfüllt, weil euer Vater ihn höret. Er ist der Diener aller.

27. Ihr siegt über alle Dinge durch den Christus im Innern.

28. Der Christus ist Gottes ewiger Sohn, der sich in dem Menschengeschlecht offenbart. Indem ihr dies versteht, erreicht ihr das Höchste, das im Fleische möglich ist.

29. Während ihr im Fleische lebt, erkennt ihr, daß es Einflüsse des Fleisches gibt. Aber diese Einflüsse sind keine bösen Einflüsse; sie sind das Mittel, durch das ihr das Verständnis für die Dinge erlangt.

30. Ihr wachst aus diesen Verhältnissen heraus, genauso wie der Samen, wenn er in die Erde gelegt wird, wächst und blüht und auch seinen Samen hervorbringt; dasselbe bewirkt der Geist Gottes in euch. Der Geist Gottes ist nicht immer auf das Fleisch beschränkt; er wächst aus den sterblichen Verhältnissen heraus in das Unsterbliche, da er immer unsterblich war. Das Leben im Körper ist in keiner Weise von der Ganzheit allen Lebens getrennt.

31. Studiert Meine Aussagen, und der Schleier wird von euren Augen hinweggenommen werden; des Menschen Sohn wartet bei euch, um euren Glauben an Trennung zu überwinden.

32. In Christus gibt es Freiheit, doch der Christus lebt in dem Menschengeschlecht als der ewige Sohn Gottes. Diese mächtige Kraft wird alle Wesen zu der einen Familie harmonisch vereinigen. Der Geist in jeder einzelnen Seele soll den Ursprung seines Wesens erkennen.

33. Im Erkennen dessen liegt die Freiheit. Wenn sich das

innere Wesen im Äußeren ausdrückt, bedeutet dies: »Dein Wille geschehe auf Erden wie im Himmel.«

34. Der Mensch wird durch den Menschen immer wieder und wieder verletzt, und bevor der Mensch nicht durch seine eigene Torheit gekreuzigt wird, wird er nicht seine Augen öffnen für das große *Einssein* aller durch den Christus Gottes.

35. Ich spreche nicht aus Mir selbst; es ist der Vater, der immer in Mir bleibt, der der Vater aller ist und der alles ist. Er ist es, der in Mir und für Mich spricht. Dasselbe Leben, das im Vater ist, ist im Sohn.

36. Laßt die Bedeutung der Persönlichkeiten aus eurem Sinn schwinden, dann werdet ihr die Herrlichkeit Gottes sehen, Seinen allein erzeugten Sohn, der immerdar regiert.

37. Die Persönlichkeiten sind nur die Maske, die von außen aufgesetzt wird, und solange ihr euch an die Persönlichkeiten haltet, werdet ihr in der Illusion leben.

38. So viele bleiben haften an der Persönlichkeit Jesu mit dem Ergebnis, daß sie versäumen, den ewigen Christus in allen zu sehen. Um euch dies zu sagen, dafür bin Ich gekommen, damit ihr erkennen sollt, daß der Christus Gottes universal ist.

39. Eure Aufgabe ist es, mit dem Christus zusammenzuarbeiten, damit ihr die Bahnen sein könnt für jegliche Art und Weise von Heilung.

40. Realisiert, daß Geist die einzige Wirklichkeit ist! Dieser Geist belebt eure Seele und euren Körper, und er ist die einzige Macht, die es gibt. Ihr lebt und regt euch und habt euer Sein in Gott, und Gott lebt in euch. Es ist Gott, der sich selbst zum Ausdruck bringt. Dies völlig zu erkennen, bedeutet jetzt Freiheit in eurem Leben. Dies ist der Weg zur Wahrheit von dem immerwährenden Leben. Wißt ihr nicht: Ich bin im Vater, und der Vater ist in Mir.

41. Gottes Vergebung geschieht spontan, und augenblicklich werden alle Irrtümer ausgelöscht durch das Einströmen Seiner immerwährenden Liebe. Also hindert nicht die göttliche Gabe durch das Sich-Bedauern, durch Traurigkeit oder Selbstvorwürfe.

42. Mit dieser Einsicht strömt die Liebe Gottes in das Herz, das sich ihr öffnet, dies drückt sich dann im Körper aus. Wenn ihr betrübt seid durch Selbstvorwürfe und Bedauern habt, wird euer Gemüt von Dunkelheit erfüllt, aber wenn euch die Liebe Gottes erfüllt, gibt es keinen Raum für Dunkelheit; sie löst sich auf.

43. Die einzige Bedingung ist, daß ihr euch Ihm öffnet, damit Er euch mit Seiner immerwährenden Liebe völlig erfüllen kann.

44. Gesegnet sind die Barmherzigen, denn in ihnen werde Ich wohnen.

45. Freuet euch, denn eure Belohnung erhöht sich im Himmel. Der Himmel ist kein Ort außerhalb von euch; der Himmel ist in eurem Innern, und diese Belohnung erhöht sich von innen her. Eure Belohnung geschieht unmittelbar und geht mit euch, indem sie in die Ewigkeit hineinwächst.

46. In euch leuchtet das Licht der Welt; also laßt das Licht sichtbar werden durch eure Taten und nicht durch Worte allein.

47. Worte können den Verstand des Unkundigen täuschen, aber die Handlungen offenbaren das Wesen des einzelnen. Aus dem Herzen müßt ihr sprechen und fühlen.

48. So werdet ihr euren Vater, der im Himmel ist, verherrlichen. Das Königreich des Himmels ist in eurem Innern! Wie wundervoll ist die Wahrheit, wenn sie verstanden wird: »Ich und der Vater sind eins.«

49. Ihr seid jene, von denen als von dem Volk Gottes gesprochen wurde, einem Volk inmitten aller Völker, mit keinen Bindungen, außer an Gott, den Vater aller Nationen, und an Seinen Sohn, den Christus, diesen allein erzeugten Sohn, der in allen Seelen lebt.

50. Um Meine Jünger zu sein, müßt ihr universal sein. Es kann keine Bindungen geben, außer an Gott. Jegliche anderen Bindungen begrenzen den wahren Ausdruck Gottes, des Vaters, in euch.

51. Daher, selbst wenn ihr zu eurem Bruder sagt: »Du bist

ein Taugenichts«, »du bist ein Narr«, seid ihr schuldig geworden durch das Verstoßen gegen das Gesetz der Liebe.

52. Und wenn ihr zu eurem Vater im Himmel betet, denkt zuerst an diejenigen, die euch eine Kränkung zufügten. Werdet in eurem Herzen mit ihnen versöhnt, dann wird euer Vater euch hören.

53. Nur wenn ihr in eurem Herzen versöhnt seid, erhaltet ihr Freiheit und Vergebung; dann wird euer Herz seine wahre Natur zum Ausdruck bringen, und Gott, der Vater, der Liebe ist, wird euch segnen.

54. Denn in eurem Herzen liegt der Schlüssel zum Eingang in Meines Vaters Haus, wo Schätze in Fülle aufbewahrt werden für euch.

55. Füget keine täuschenden Worte hinzu, sie zählen nicht – diese Worte werden in des Vaters Reich nicht gehört. Etwas zu sagen, was ihr nicht meint, etwas, was ihr nicht fühlt, ist kein Gebet.

56. Wenn ihr euch, während ihr betet, an Meine Worte erinnern werdet, werdet ihr im geheimen aus eurem Herzen beten, vergebend und Vergebung erhaltend, denn Ich kenne die Macht Gottes, die in den Herzen aller lebt, die Mich lieben.

57. Wenn ihr aus dem Willen Gottes sprecht, ist alles möglich, und euer Wort wird nicht leer zu euch zurückkehren, sondern wird das ausführen, wozu es ausgesandt wurde. Denkt also nach, wo die Macht Gottes wohnt!

58. Laßt euer Herz rein sein, damit es mit Mir sprechen kann, denn Ich tue den Willen Meines Vaters.

59. Viele sind gütig zu ihren Freunden und hassen ihre Feinde; aber Ich habe keine Feinde, alle sind meine Freunde, und um Mir gleich zu sein, müßt ihr ebenso handeln.

60. Niemand ist euer Feind, wenn ihr genügend liebt. Wenn ihr dies erkennt, werdet ihr einsehen, wie wahr es ist. Wenn Selbstsucht und Unwissenheit vergehen, wird die Liebe, die die Wahrheit ist, geoffenbart. Es kann keine Feinde in des Vaters Haus der Liebe geben; alle müssen in Liebe und Frieden wohnen, sonst könnt ihr nicht eintreten.

Um in den Himmel einzutreten, müßt ihr den Himmel mit euch bringen.

61. Gott liebt sein ungehorsamstes Kind; daher liebt auch jene, die euch ein Unrecht tun, damit ihr werden könnt wie euer Vater, der im Himmel ist. Es ist der Vater, der in Mir spricht.

Diese Worte sind aufgezeichnet worden, damit ihr euch an sie erinnern werdet, damit sie bei euch bleiben werden.

62. Wenn das Wort gesprochen wird und ihr hört es, bleibt es eine Weile, aber wenn es aufgezeichnet wird, wird es in euer Gedächtnis die Bedeutung Meiner Worte und die Art, wie sie gesprochen wurden, zurückrufen.

63. Denn wenn ihr nur jene liebt, die euch lieben, gibt es geringen Gewinn; aber wenn ihr jene liebt, die euch hassen, gibt es großen Lohn.

64. Liebe vertreibt den Grimm, und die Kräfte der Unwissenheit können euch in keiner Weise schaden.

65. Grüßt euren Bruder, ganz gleich, welche Stellung er innehaben mag; er kann im Himmel größer sein, auch wenn er auf Erden gering erscheint.

66. Grüßt alle jene, die euch grüßen, denn wahrlich, Ich sage euch dies, daß viele, die auf der Erde geringer sind, im Himmel größer sind. Es ist gut, daß ihr dies jetzt erkennen sollt, denn die Zeit wird kommen, da ihr die Herrlichkeit Gottes ausgedrückt sehen werdet durch den Einfachen und durch den Weisen.

67. Auf diese Weise werdet ihr vollkommen, wie euer Vater im Himmel vollkommen ist.

68. Gib nicht Almosen und posaune dann aus, wie gütig du bist; laß vielmehr deine linke Hand nicht wissen, was deine rechte Hand tut.

69. Denn was immer von Herzen getan wird, weiß euer Vater und belohnt euch großmütig.

70. Wenn ihr zu eurem Vater im Himmel betet, müßt ihr in den Himmel eintreten, indem ihr die Tore der Sinne schließt, die nach außen führen.

71. Denn nur im Herzen der Herzen, wo das goldene

Schweigen der Liebe herrscht, können eure Gebete wirklich erhört werden.

72. So tretet ein in das Herz Gottes durch euer eigenes Herz mit reinem Denken, selbstlos und frei, und laßt alles draußen, was zum Äußeren gehört.

73. Bedenke, deine Reinheit ist in Mir, dem Christus Gottes!

74. Bittet um Vergebung, nicht wie es ein Diener tun würde, sondern wie ein Kind seine Eltern bitten würde, wohl wissend, daß diese Vergebung bereits gewährt wurde von dem Herzen, das es liebt.

75. Petrus fragte, wie oft ein Jünger vergeben sollte: »Siebenmal?« Steht nicht geschrieben, daß Mein Wort sagte: »Sieben mal siebenzig?« Das bedeutet ewige Vergebung. Euer Vater im Himmel vergibt euch in Seinem Herzen in dem Augenblick, da ihr um Vergebung bittet. Bei euch muß es ebenso sein.

76. Denn dein Vater weiß, was in deinem Herzen ist, und Er weiß, was du benötigst.

77. Deswegen betet in dieser Weise in eurem Herzen:

78. Vater Unser im Himmel! Dein Name werde geheiligt; Dein Königreich komme.

79. Lasse Deinen Willen geschehen wie im Himmel, so auf Erden.

80. Gib uns Brot nach unseren Bedürfnissen Tag für Tag.

81. Und vergib uns unsere Schulden, wie wir vergeben unseren Schuldigern.

82. Und laß uns nicht eintreten in Versuchung, sondern befreie uns von dem Irrtum. Denn Dein ist das Königreich und die Macht und die Herrlichkeit in Ewigkeit. – Amen.

83. Prägt euch dieses Gebet ein und wiederholt es in eurem Herzen. Sprecht es jeden Tag eures Lebens, und ihr werdet einen ungeheuren Quell von Kraft, Weisheit und Liebe in euch einströmen fühlen. Der Vater wird durch euch sprechen; Er wird sich selbst in euch ausdrücken in Seiner Liebe, Weisheit und Macht.

84. Euer Vater im Himmel hat euch bereits eure Fehler vergeben, wenn ihr andern ihre Fehler vergebt.

85. Aber wenn ihr nicht in eurem eigenen Herzen vergebt, kann es keine Vergebung geben. Im Herzen ist die Begegnungsstätte von Gott und Mensch; ihr könnt Ihm begegnen von Angesicht zu Angesicht, wenn ihr allen vergeben habt.

86. Denn, was sollt ihr sagen, wenn ihr eurem Bruder nicht in eurem Herzen vergeben habt?

87. Was sollt ihr sagen, wenn ihr eurem Vater von Angesicht zu Angesicht begegnet? Er weiß, was in eurem Herzen ist.

88. Auch sollt ihr die Dinge der Welt nicht höher schätzen als die Dinge des Geistes.

89. Die Schätze des Geistes sind bleibend, während die Schätze der Welt flüchtig und unbeständig sind.

90. Ich verweigere euch die Dinge der Welt nicht, aber ihr solltet wissen, daß die Dinge des Geistes ewig sind.

91. Wo euer Schatz ist, da wird auch euer Herz sein.

92. Das Auge ist das Fenster der Seele; so laßt es nicht getrübt und krank sein, denn wenn die Seele dunkel ist, wird der Körper diese Dunkelheit ausdrücken.

93. Sorgt euch nicht um das, was ihr essen oder trinken werdet, auch nicht, was euer Körper tragen wird. Das Leben ist viel wichtiger als all diese anderen Dinge.

94. Im Leben sind alle Dinge enthalten; euer Vater im Himmel ist der gute Vorsorgende; Er sorgt für alle Seine Geschöpfe, und ihr seid weit mehr: Ihr seid Seine Kinder, und ihr seid Meine Jünger.

95. Alle Dinge wachsen durch Ihn, der alles erschuf, denn Er lebt in allem, was Er erschuf.

96. Gott ist nicht getrennt und abgesondert von Seiner Schöpfung. Er lebt in Seiner Schöpfung, und Seine Schöpfung lebt in Ihm. Wenn Gott nicht in euch leben würde, könntet ihr nicht lebendig sein, weil es kein Leben gibt, das von Gott getrennt ist; und wenn ihr nicht in Gott leben würdet, könnte Er nicht unendlich sein.

97. Euer Vater weiß alle Dinge, die für euch notwendig sind, und alle diese Dinge sollen euch gegeben werden.

98. Suchet zuerst das Königreich Gottes, den Ursprung aller Dinge, und alles soll euer sein.

99. Die einzige Bedingung ist ein reines Herz und die Fähigkeit zu empfangen.

100. Wenn ihr diese Meine Worte prüft, werdet ihr die mächtige Wahrheit erkennen, die in ihnen liegt.

101. So werden der Einfache und der Weise in den Strom der Liebe des Vaters aufgenommen und werden Kanäle für den Ausdruck von allem, was Er hat. Was Mein ist, ist dein, und was dein ist, ist Mein.

102. Bedenkt, Ich bin immer bei euch, und wisset, daß die Nägel in Meinen Händen und Füßen so lange schmerzen werden, bis alle zu Mir zurückkehren werden; denn Ich bin der gute Hirte, und alle Meine Schafe kennen Meine Stimme.

103. Ein großes Werk ist in eurer Mitte geschehen, und obgleich ihr euch dessen nicht bewußt gewesen seid, habt ihr viel dazu beigetragen. Hierfür bin Ich mitten unter euch gekommen. Ich habe euch zusammengeführt, Ich habe euch in Meine Gegenwart gebracht, Ich habe euch mit den großen geistigen Kräften verbunden, die euch umgeben, und der Schutz Meines Vaters ist um euch.

104. Das Bewußtsein des Bruders, den Ich überschattet habe, hat an Wert zugenommen, und ihr werdet bemerken, daß sein Wirken in der Zukunft noch größer sein wird, als es in der Vergangenheit gewesen ist.

105. Ich bin immer anwesend bei euch; denkt nicht, daß Ich euch jetzt verlasse und weit weg von euch gehe. Denkt an Mich als den Immer-Gegenwärtigen in eurer Mitte!

Mein Friede, meine Liebe, die ich Euch gebracht habe,
werden bei Euch bleiben.

Nun wollen wir in das Heiligtum der schweigenden, heilenden Macht eintreten. Blickt nur auf Mich!

(Schweigen)

Ich danke Dir, Vater – jetzt kehre Ich zu Dir zurück.

(Anmerkung des Schreibers: Ein glänzendes Licht wurde sichtbar, während Musik und Glocken zu hören waren, als der Meister den Bruder verließ. Dieses Licht erfüllte die ganze Halle, und eine mächtige Kraft wurde spürbar.

Alle verließen den Hörsaal, und nicht ein Wort wurde gesprochen. Nichts ist hinzugefügt worden, auch wurde nicht irgend etwas ausgelassen von den Worten, die von dem Meister gesprochen wurden; sie sind genauso, wie sie gegeben wurden. Ein wahrhaft wunderbarer Beweis für die Tatsache, daß der Meister noch immer bei uns ist.)

NACHWORT

Von den vielen Erscheinungen oder Erfahrungen, die auch dem heutigen Menschen aus einer anderen Welt zukommen können, gehört diejenige von dem Christus zu den einschneidendsten. Wie bereits in der Einleitung erwähnt, treten solche Erlebnisse bei immer mehr Menschen in verschiedener Art und Weise auf, und sie berichten – wenn sie überhaupt davon sprechen – gleichermaßen darüber, daß es ihr Leben grundlegend verändert habe (vgl. *Sie erlebten Christus*, Verlag Die Pforte, Basel 1979).

Im Fall der vorliegenden Reden aus Johannesburg vom Frühjahr 1948 – derjenigen Zeit, da die Apartheidpolitik in Südafrika eingeführt wurde – war das Besondere, daß eine größere Anzahl von Menschen übereinstimmend den Eindruck hatte, ihnen habe sich der Auferstandene durch die Person von Dr. MacDonald-Bayne offenbart. Hier dürfte es sich um einen Ausnahmefall in seinem Leben gehandelt haben, der nicht ohne weiteres als medialer Zustand aufgefaßt werden darf. Denn er hatte eine geistige Schulung durchgemacht und betätigte sich nicht als Medium. Die Zuhörer waren vermutlich vorwiegend Hörer seiner Vorlesungen und Teilnehmer seiner Kurse über »geistige Heilung«, so daß eine für das Geistige aufgeschlossene Atmosphäre gegeben war. Daraus könnte auch verständlich werden, weshalb so viel über Heilung gesprochen wurde.

Dem Leser mag aufgefallen sein, daß diese vierzehn Reden nicht wie ein übliches Buch zu lesen sind, sondern daß der Inhalt eigentlich Abschnitt für Abschnitt »meditiert« werden müßte und man mit ihm *leben* lernen sollte (was vielleicht jemandem, der darin ungeübt ist, nicht sogleich gelingt). Dann aber wird man bemerken, wie die Worte in der Seele zu wachsen beginnen und wie sie eine Antwort auf die tiefsten Lebensfragen des gegenwärtigen Menschen enthalten. Allerdings, es muß eine eigene innere Arbeit geleistet werden, um die Antworten zu erhalten.

Von jenen Lebensfragen seien die wesentlichsten genannt:

Gibt es einen Gott, und wie und wo kann ich ihn finden?
Hat Christus wirklich gelebt, und wie und wo kann ich ihm heute begegnen?
Was geschah bei der Taufe im Jordan?
Gibt es ein Leben nach dem Tod?
Gibt es ein Leben vor der Geburt bzw. Empfängnis?
Findet man die früher Verstorbenen wieder?
Wer ist die Lichtgestalt, die im Todesaugenblick erscheint und von der die »Wiederbelebten« sprechen?
Gibt es die Möglichkeit, eine jenseitige (geistige) Welt bewußt zu erleben, solange man noch im physischen Körper lebt?
Wie kann man seinen geistigen Führer finden?
Kann ich zu meinem »höheren Selbst« finden, und führt dies zur Selbstverwirklichung?
Wie geschahen die sogenannten Wunder im Alten und Neuen Testament?
Ist heute »geistige Heilung« möglich und wie?
Ist dem Menschen wirklich Herrschaft über alle Dinge gegeben worden, wie es im Testament heißt?
Wie kann ich mit Hast und Angst, trotz der Anforderungen des heutigen Lebens, fertig werden, und wie kann ich mich gegen die schlechten äußeren Einflüsse schützen?

Bevor auf einige dieser Fragen näher eingegangen wird, noch einige Hinweise zur Person des Engländers Dr. MacDonald-Bayne (1887–1955).

MacDonald-Bayne absolvierte ein medizinisches Universitätsstudium, besaß aber außerdem einen philosophischen und theologischen Doktortitel und hatte einen eingehenden geistigen Schulungsweg durchgemacht. – Bei einer inneren wesenhaften Begegnung wurde er gefragt: »Bist du bereit, alles zu verlassen und mir zu folgen?« Man könnte aus seiner Schilderung (s. MacDonald-Bayne, Einleitung zu *The Higher Power You Can Use*, London 1971) annehmen, daß es sich um eine Christusbegegnung gehandelt hat (vgl. Rede III, 83). Offensichtlich war er dazu bereit, denn er wurde daraufhin in den Himalaja geleitet, wo er in Tibet von höchsten Meistern empfangen und geschult wurde. Bemerkenswert dürfte sein, daß diese Schulung seinem christlichen Glauben keinen Abbruch tat. So zeigen seine verschiedenen Schriften, daß eine tiefe christliche Weltanschauung in ihm lebte, die durch diese »Reden« in Johannesburg eine weitere Vertiefung erfuhr. Nach dieser Zeit war er – wie schon zuvor – als Dozent tätig und schrieb mehrere Bücher. Er hielt in der ganzen Welt Vorträge über die Bedeutung einer spirituellen Lebensauffassung und war als geistiger Heiler auf einer sehr fortgeschrittenen Stufe der Kontakt- und Fernheilung tätig. Er hielt auch Einführungskurse auf diesem Gebiet, so auch in Johannesburg, wo er während des Zweiten Weltkrieges und danach wirkte.

MacDonald-Bayne war ein begnadeter, ein »erweckter« Mensch, der die Fähigkeit besaß, außerhalb des physischen Körpers bewußt erleben zu können und sich ganz der höheren Offenbarung hinzugeben. Auf diese Weise kamen die vorliegenden vierzehn Reden vor jenen ausgewählten Hörern in Johannesburg zustande (vgl. die Reden III, 83; IV, 43; XII, 34)*.

---

* Künftig erfolgt die Angabe einer bestimmten »Rede« nur noch mit römischen und die des entsprechenden Abschnittes mit arabischen Ziffern, z. B. III, 83. Es kann sicherlich als problematisch erscheinen, wenn einzelne Aussagen aus ihrem Zusammenhang herausgerissen werden. Dies mag vielleicht in einem Nachwort gestattest sein, das voraussetzen muß, daß sich der Leser bereits mit dem Inhalt des Buches bekannt gemacht hatte und daher die Angaben u. U. zu weiterer Arbeit dienlich sein können.

Wen überraschen sollte, daß in den eingangs wiedergegebenen Berichten der Zuhörer von einem »die Augen blendenden Licht« gesprochen wird, der möge bedenken, daß kein Geringerer als Paulus, da er die Christus-Erscheinung vor Damaskus hatte, von diesem Licht so geblendet worden war, daß er für drei Tage erblindete!
MacDonald-Bayne war schon als junger Mensch im Ersten Weltkrieg bei einer viertägigen Bewußtlosigkeit geistig erwacht und hatte diese Zeit innerlich bewußt in einer anderen Welt durchlebt. Er schreibt darüber:

»Während des Ersten Weltkrieges lag ich vier Tage hindurch wie tot da. Meine Erfahrungen würden allein ein Buch füllen. Ich sah meinen eigenen physischen Körper, den ich verlassen hatte, jedoch hatte ich einen anderen Körper. Ich war mir bewußt, aus dem irdischen Zustand heraus zu sein und wurde dessen gewahr, was in der geistigen Welt vor sich ging, ich war fähig, mit großer Geschwindigkeit tätig zu sein; meine Gedanken offenbarten sich unmittelbar. Ich sah jene und sprach mit ihnen, die ich kannte und liebte, die viele Jahre zuvor hingeschieden waren. Ich war frei vom irdischen Körper mit seinen Wunden und Schmerzen; diese wurden so schnell vergessen in einer Welt von unübertroffener Schönheit. Doch ich war froh, daß ich zurückkam mit diesem ungeheuren Wissen über die Wahrheit der Kontinuität des Lebens; und es gibt keine Zeit – darüber habe ich Beweise. Ich brachte ein klares Verständnis für das Leben mit mir zurück – was mir gesagt wurde, drückt sich jetzt in meinem irdischen Leben aus.« (Siehe MacDonald-Bayne: *I Am The Live,* Fowler Verlag, London 1976.)

Diese Schilderung eines Zustandes, der jedoch nicht nur Minuten, sondern Tage währte und nur einen Bruchteil des Erlebten wiedergibt, entspricht in den Grundzügen ganz jenen Erlebnissen, die von den »Reanimierten« gegeben werden und in jenem Buch des amerikanischen Psychiaters Dr.

Moody jun. mit dem Titel *Leben nach dem Tod,* Rowohlt Verlag, Hamburg 1977, veröffentlich wurden.

Wie eine umfassende Antwort auf viele der von Dr. Moody aufgeworfenen Fragen erscheinen die Reden von Johannesburg. Hier wird uns klar gezeigt, daß das Lichtwesen, dem offensichtlich jeder Mensch nach dem Tode begegnet, das eigene *höhere Selbst* ist, in dem sich die universale Wesenheit des Christus offenbart, es durchstrahlend und durchwärmend. Es wird im Todesaugenblick erlebt – in dem Moment, wo die Sinnentätigkeit erlischt – ganz gleich, ob man einem christlichen Glauben angehörte oder nicht:

»Alle kommen zu Mir, denn dem Körper zu ersterben heißt, mit dem Herrn zu leben.« (V, 49.)

»Ihr könnt die Größe des Christus in euch nicht erfassen, denn der Christus enthüllt ständig die Gegenwart Gottes, die in der Seele des Menschen wohnt. – In jeder in der Welt vorhandenen Seele wohnt die Gegenwart Gottes...«. (X, 71/72.)

»Ganz gleich, wer ihr seid oder was ihr seid, denkt daran, daß der Christus in euch wohnt...« (IV, 69.)

»Je mehr ihr von eurem wahren Selbst erkennt, um so mehr werdet ihr Mich verstehen.« (II, 27.)

Sehr viele solcher Aussagen könnten zitiert werden, doch mögen nur noch einige Stellenangaben genügen: X, 108ff.; XIII, 41 – 48, 52; II, 24ff.; II, 15 – 17; VIII, 63 – 66, 104, 108; XII, 86, 99, 100.

Das bewußte Erwachen zu diesem höheren Selbst kann allerdings – vom ersten Erlebnis im Todesaugenblick abgesehen – oft erst allmählich erfolgen, nämlich in dem Maße, wie die Seele in der Lage ist, ihre begrenzten Glaubensvorstellungen und ihre sonstigen Irrtümer und Illusionen, die sie von dem wahren Selbst trennen, abzulegen, um ihrem Urbild immer ähnlicher zu werden.

»... Diese edlen Seelen werden aufgehalten durch ihre begrenzten Glaubensvorstellungen und den Mangel an Verständnis für das wahre Wesen der Dinge.« (XII, 118 und 117.)

»Diejenigen, die den physischen Körper verlassen haben, leben noch. Manche denken, sie hätten das physische Fleisch nicht abgelegt; manche träumen noch, aber alle werden erwachen zur Wahrheit des lebendigen Gottes, der sich ewig in allen ausdrückt. Sein Ausdruck ist ewig und immer-gegenwärtig und entfaltet den Christus in euch.« (III, 15.)

(Vgl. u. a. II, 101, 102; IV, 64; IX, 57–59; X, 92, 93; XII, 100, 101, 117–119; XIII, 69 ff.)

Damit befinden wir uns bereits mitten in der Beantwortung der zuvor aufgestellten Fragen. Hier sollen nur einige von ihnen mehr in allgemeiner Weise behandelt werden, da sich die Antworten im Grunde genommen aus dem Studium der »Reden« von selbst ergeben.

Wohl eine der größten Entdeckungen, die von einem Menschen gemacht werden kann, für den Gott heute nicht mehr in der Welt um uns herum zu finden ist, mag diese sein zu erfahren, daß Gott beständig in seinem eigenen Innern lebt. Während er ihn außerhalb von sich vergeblich suchte, lernt er jetzt, ihn in seinem Innern zu erkennen und zu erfahren (siehe u. a. IX, 43 ff.).

Die ewige oder höhere Wesenheit lebt zunächst verborgen in jedem Menschen, in seinem innersten Sein. Der »Uneingeweihte« kann ihrer erst nach dem Tode gewahr werden, weil er während seines Sinnen-Daseins noch nicht »reif« dazu war, d. h. aber nur, nicht derart geschult war, um aus seinem physischen Körper bewußt heraustreten zu können und sich in seinem geistigen Körper zu erleben.

»Es gibt einen natürlichen Körper und einen geistigen Körper, aber der Christus ist der Herrscher über beide.« (VIII, 99.)

»... Tod ist nur ein Wandel, der stattfindet, während der in den irdischen Körper gesäte Geist im geistigen Körper herausgeht...« (IX, 59; vgl. V, 27, 105.)

Der über die Schwelle des Todes Hinübergegangene und Wieder-Zurückgerufene hat also »uneingeweiht« erste Anfänge eines unvergleichlichen Erlebnisses erfahren, das sein zurückgewonnenes Leben grundlegend verwandelt. Warum? Weil er sein wahres Selbst geschaut hat, auch wenn er es noch nicht als solches erkannte. Es stand ihm mit unbeschreiblicher Liebe und Weisheit (= Wärme und Licht) während seines Erdenlebens nahe, zwar unsichtbar, aber es führte und leitete ihn, auch wenn er durch Schmerzen und Leiden gehen mußte, die für seine Reifung notwendig waren.

»Wenn ihr eure Gedanken und euer Herz nach innen wendet, beginnt eure Seele, die Wärme des Christus Gottes zu fühlen...« (VIII, 34.)

»... Durch Leiden gewinnt ihr Erfahrung und lernt von dem Christus; selbst wenn ihr im Leiden sterbt, wird der Christus in euch freudig leben und eure ewige Wirklichkeit sein.« (XI, 77, 78; XII, 68.)

»Ich bin es, der in eurem Innern lebt, der euch führt und euch hilft, den Weg zu wählen...« (IV, 21; V, 84.)

»Indem ihr Meiner gedenkt, erkennt ihr die Liebe Gottes, die Weisheit Gottes und die Macht Gottes, und ihr erkennt, daß diese in euch selbst wohnen, nicht als etwas relativ von euch Getrenntes, sondern als eine Wirklichkeit, die das Wirkliche ›Du‹ ist.« (VII, 118, 119.)

Durch alle Zeitalter hindurch erstrebte der Mensch, sich selbst zu erkennen, nicht nur seiner äußeren Natur nach, sondern er wollte seinen innersten, göttlich-geistigen Wesenskern finden. Deshalb bemühte er sich, auf geistige Weise seinen göttlichen Ursprung zu erfassen, weil er wußte, daß er nur dann Aufschluß über sein eigenes Wesen erhalten würde. (Vgl. IV, 26, 27; V, 81; X, 113; XII, 46.)

Im Altertum ertönten in den Mysterienstätten, welche zugleich die Einweihungsschulen waren, die Worte: »Erkenne dich selbst!« Eine strengste Schulung war notwendig für denjenigen, der eine wahre Selbsterkenntnis anstrebte, um nicht zuletzt auch die Macht weise handhaben zu können, die im eigenen höheren Selbst verborgen liegt. Niemand konnte den Schleier lüften zu dem geheimen Wesen des Selbstes, der nicht eingeweiht worden war. Die verschleierte Isis sprach damals:

»Ich bin das All, ich bin die Vergangenheit, die Gegenwart und die Zukunft; meinen Schleier hat noch kein Sterblicher gelüftet.«

Man wußte jedoch, daß sich nach dem Tode jeder mit seinem göttlichen Wesen vereinigen würde. Der Mensch wird Osiris gleich, so sagte man. Das bedeutete aber, daß eine Vereinigung mit dem Sonnengott Osiris stattfinden werde.
Dieser Sonnengott ist aber inzwischen als Christus selbst zur Erde gekommen und hat in dem Menschen Jesus während der drei Jahre von der Jordan-Taufe bis zum Kreuzestod auf Golgatha gelebt, um sich danach mit der ganzen Menschheit geistig zu verbinden. Er wird sich nicht wieder physisch verkörpern, sondern hat sich ausgegossen in die Menschheit, so daß Er in jedem Menschen gefunden werden kann.

»Ich bin eins mit der Menschheit... und Ich werde alle Tage bei euch sein, selbst bis ans Ende der Welt.« (XII, 85.)
»... denn Ich bin die Menschheit, und so bin ich gekommen, um die Menschheit zu befreien.« (X, 94; vgl. u. a. VIII, 125; X, 76.)
»Wenn Ich vom Christus spreche, weiß Ich, daß ihr anfangt zu verstehen, was der Christus bedeutet: Er ist der große göttliche Mensch Gottes. Christus ist der göttliche Mensch auf der Erde, der alle menschlichen Seelen um-

faßt. Wie die Zellen in dem einen Körper leben, so lebt jeder einzelne von euch in dem einen Christus Gottes. Der Samen Gottes ist in euch, und es ist gewiß, daß er zur Reife heranwächst.« (XIII, 49; vgl. u. a. VII, 81–84; XIII, 3, 23; XIV, 23.)

Der Jesus war das menschliche Gefäß für das kosmische Sonnenwesen des Christus. Blickt man nur auf die physische Erscheinung des Jesus, dann kann die göttliche Wesenheit des Christus, des Gottessohnes, nicht erfaßt werden. So rufen die »Reden« zu einem Verständnis des geistigen Christus auf, der immer gegenwärtig ist.

»Ihr dürft nicht an die Persönlichkeit von Jesus, dem Menschen, denken..., weil euch dies blind macht für die Wahrheit des Christus. Der Christus ist der allein erzeugte Sohn des Vaters, die Macht, die hinter aller Offenbarung ist.« (X, 128; vgl. auch X, 126, 127; V, 86; VIII, 26.)

Erst bei der Jordan-Taufe zog der Christus aus kosmischen Weiten in den physischen Leib des Jesus ein.

»... Dies ist Mein geliebter Sohn...« (VII, 61.)
»... dadurch werdet ihr verstehen, daß die Stimme vom Himmel das Bewußtsein Gottes ist.« (II, 91; vgl. auch V, 86; VIII, 26.)

Es wird uns gezeigt, daß auch unsere geistige Wesenheit aus dem »Himmel« herniedersteigt, was bedeutet, das sie aus einer geistigen Welt herabkommt, wenn sie in einen physischen Körper einzieht, schon im Leib der Mutter.

»Das ›Du‹, das wirkliche ›Du‹, ist nicht die äußere oder sichtbare Gestalt, auch ist eure Persönlichkeit nicht das wirkliche ›Du‹, denn diese ist weit entfernt vom wahren Abbild eures wirklichen Selbstes. Ihr seid ein bewußtes Wesen, das in der Wirklichkeit lebt, die Stimme vom Himmel. Werdet euch im Innern dieser Stimme bewußt, und ihr werdet auch Mich erkennen.« (II, 10 ff.)

Das würde aber nichts anderes heißen, als daß wir mit unserem ewigen Wesen, mit unserem höheren Selbst, schon vor der Geburt bzw. Empfängnis in einer anderen Welt gelebt haben und nach dem Tode wieder dorthin zurückkehren werden.

».... Der Geist Gottes ist nicht immer auf das Fleisch beschränkt; er wächst aus den sterblichen Verhältnissen heraus in das Unsterbliche, da er immer unsterblich war. Das Leben im Körper ist in keiner Weise von der Ganzheit allen Lebens getrennt.« (XIV, 30; vgl. u. a. II, 6; V, 51 – 57, 81 ff.; VII, 100; VIII, 126; IX, 78, 79, 82 auch XIV, 29.)

Wie in alten Zeiten, so ist auch gegenwärtig ein bewußtes Eintreten in die geistige Welt durch eine intensive innere Schulung möglich, indem sich schlummernde Fähigkeiten entwickeln lassen. Es werden heute die verschiedensten Schulungsmöglichkeiten angeboten; die meisten kommen aus dem fernen Osten und scheinen die christlichen ganz zu verdrängen. Dies geschieht ungeachtet der Verschiedenheit des östlichen und westlichen Menschen. Was für den einen das Richtige sein mag, kann für den anderen eine ernste Gefahr aufgrund seiner andersartigen Konstitution und des unterschiedlichen Entwicklungszustandes bedeuten. So sind für den abendländischen Menschen die östlichen Wege nicht ohne weiteres zu gehen. Bei ihm sollte das bewußte Ich voll einbezogen werden und eine Erweiterung des Bewußtseins als erstes über das Denken erfolgen. Gemeint ist nicht unser gewöhnliches intellektualistisches Denken; dieses wird vielmehr durch entsprechende Übungen umgewandelt, von Empfindungen durchtränkt und verlebendigt zu einem »anschauenden Denken«, das dann selbst zu einem Wahrnehmungsorgan werden kann. Dabei wird in keiner Weise eine Herabdämpfung des Bewußtseins eintreten, sondern eine Erhöhung desselben, indem es lernt, *in sich selbst* die Einheit mit dem All zu erleben unter Beibehaltung der im Erdensein gewonnenen Urteilskraft.

> »... Schau nicht nach außen, sondern blick nach innen und erkenne, daß du selbst bist: Ich bin, ich bin wirklich, ich bin ewig, ich bin der Geist Gottes, in bin das Leben; in dieser Verwirklichung jubelt die Seele. Dies tritt nur ein, wenn sich der Lärm von außen beruhigt, wenn ihr alles erkennt, was nicht von Gott ist.« (III, 65.)
>
> »... Die Menge erwartet die Antwort von außen. Aber ihr seid im Begriff zu lernen, nach der Antwort nicht außerhalb eurer selbst zu suchen; nur in euch selbst könnt ihr die Antwort finden: Ich bin das Leben!« (XI, 21.)
>
> »Das göttliche Herz schlägt in Einklang mit eurem eigenen, wenn ihr das göttliche Herz *in* eurem eigenen fühlt als eins schlagend mit eurem eigenen Herzen.« (X, 21; vgl. u. a. II, 83; X, 66 ff., 74; VIII, 115, 122, 123; IV, 6, 7; V, 19 ff.)

Hierbei wird das Erwachen zur Wirklichkeit des eigenen höheren Selbstes stattfinden, in dem der Christus lebt. Das bedeutet aber: Die Schwelle in eine andere Welt, die sonst nur im Tode überschritten wird, überschreitet der durch die Schulung Gestärkte, der Eingeweihte, während seines irdischen Lebens bei vollem Bewußtsein.

> »Jeder einzelne von euch kann jetzt durch Verstehen in die höheren Bereiche des Bewußtseins jenseits der sterblichen Sinne eintreten.« (VII, 29; vgl. auch III, 68, 69; IV, 87; VII, 95, 96; XIII, 67, 76; VI, 25, 27; XIV, 18, 19.)

Das aber ist die wahre Selbstfindung, die wahre Selbstverwirklichung, nach der sich jeder sehnt (wobei auf die Worte »Verstehen« und »erkennen« großer Wert zu legen ist):

> »Der Geist Gottes ist als der Christus Gottes in euch verkörpert. Also ist der Weg zur Wahrheit, euch mit dem

Christus als eins zu verwirklichen. Euch mit dem Christus zu verwirklichen, betrifft nicht nur euch auf dem physischen Plan, sondern auch ihr, die ihr über den physischen Plan hinausgegangen seid*, auch ihr müßt euch erkennen und verwirklichen als eins mit dem Christus.« (XI, 17.)
»Dies ist euer wahres Selbst in der Wirklichkeit, wie Gott, der Vater, euch kennt, und so müßt ihr euch selbst als seiend erkennen.« (II, 57; vgl. u. a. III, 20–25; XIII, 66, 67.)

Hat man dies begriffen, dann erhält das heute immer noch gültige Wort »...kein Mensch kommt zum Vater, außer durch Mich« (II, 63) einen anderen Klang.

Denn innerhalb dieses höheren Ich und durch dasselbe wird sich dann die umfassende Geistigkeit der Welt, der Vater selbst, offenbaren.

»In euch selbst ist der Vater. Erkennt, daß es so ist, und Er wird durch euch hervortreten. Das ist das Licht der Welt, und die Welt überwindet nicht das Licht, aber das Licht überwindet die Finsternis. ›Ich bin‹ das Licht der Welt, und die Finsternis verschwindet durch mein Licht.« (II, 88–90; vgl. u. a. VII, 49; IX, 85.)

Das eigene höhere Wesen wird selbst, wenn es erkannt worden ist, zu dem Licht, das die Dunkelheit erleuchtet, in welche sich bis dahin die geistige Welt für die uneingeweihte Seele gehüllt hatte.

»Denn jeder, der erleuchtet wird, verwandelt sich in Licht. Darum, wach auf, o Schläfer, steh auf von den Toten, und Christus wird leuchten auf deinem Angesicht.« (III, 78.)
»Ich bin das Licht der Welt, derjenige, welcher Mir nachfolgt, wird niemals im Dunkeln wandeln; das Licht des

---

* Auch die geistig anwesenden Verstorbenen sind angesprochen (Anm. d. Ü.).

Lebens wird ihn beglücken.« (I, 116; vgl. u. a. II, 40; III, 44; VIII, 136; XIV, 46.)

Begibt man sich auf den Weg, dieses höhere Selbst in sich zu suchen,

»Dieses innerliche Selbst – der Christus – ist größer, als ihr es euch jemals vorstellen könnt; denn alle Dinge sind unter Seiner Herrschaft.« (VIII, 63; vgl. u. a. X, 29, 108 – 113 ff.)

dann zeigen sich die Früchte aus diesem Sich-selbst-Finden für das praktische Leben; darauf wird immer wieder hingewiesen. Das Wichtigste ist wohl das Erlangen eines inneren Friedens; Hast und Angst des täglichen Lebens wandeln sich (IX, 16). Die vielfachen Ängste des heutigen Menschen – seien sie allgemeiner Natur oder auf etwas Bestimmtes gerichtet – schwinden dahin, wenn man sich von seinem höheren Selbst aufgenommen und geleitet weiß.

»Es gibt nichts im Leben, das ihr zu fürchten braucht. Überlaßt alles dem Vater und seid geduldig. Viele von euch fürchten dieses und jenes, weil ihr den Christus im Innern nicht gewahrt.« (V, 1 ff.)
»Nichts kann euch schaden, denn ihr seid Gottes im Fleisch.« (III, 75.)

Ein Weiteres, dem das Buch seinen Titel verdankt, ergibt sich aus dem Bewußtsein, von der *Wirklichkeit des Geistes* nicht getrennt zu sein, sondern den Geist als wirkende Kraft im eigenen Innern und in jedem Menschenbruder zu wissen: Es ist die Fähigkeit zur geistigen Heilung in höchster Form. Dabei handelt es sich nicht um die – meist angeborene – magnetische Heilweise, auch nicht um eine mediale, sondern um ein rein geistiges Heilen, bei dem aus dem höheren Selbst die Christuskraft zu dem anderen hinströmen kann, in welcher der Vatergeist selbst wirkt.

Von den vielen Stellen, in denen immer wieder diese Heilungsmöglichkeit, die erworben werden kann, anklingt, sei nur an einige wenige erinnert:

»Dieses segensreiche Gesetz ist immer in eurem Leben wirksam, und ihr habt die Macht, andern zu helfen, bringt sie nur in das Licht eures eigenen Bewußtseins, das zum Bewußtsein des Christus erhoben wird.« (VII, 87 ff.)
»Der Wunsch zu helfen muß aus dem Herzen kommen. In eurem Herzen werdet ihr eine ›Anwesenheit‹ finden, die hervorkommen will und sich in euch und durch euch ausdrücken will, und euer Wunsch wird erfüllt werden.« (XIV, 25.)
»Bedenkt, daß es keine Trennung geben kann, wenn ihr helfen möchtet, und der Wunsch, der aus dem Herzen kommt, er wird unmittelbar erfüllt, weil euer Vater ihn höret...« (XIV, 26.)
»Ihr siegt über alle Dinge durch den Christus im Innern.« (XIV, 27.)
»Eure Aufgabe ist es, mit dem Christus zusammenzuarbeiten, damit ihr die Bahnen sein könnt für jegliche Art und Weise von Heilung.« (XIV, 39; vgl. u. a. I, 18, 19, 104; IV, 45, 46; VIII, 90; XIII, 84, 103, 104.)

Wird man fähig, seine eigene Leiblichkeit so mit der Kraft seines höheren Wesens zu durchdringen, dann kann geistige Heilung auch für einen selbst eintreten – das bedeutet aber nichts anderes, als daß zuvor die *Seele* gesunden konnte durch das Einswerden mit dem wahren Selbst.

»Groß ist diese mächtige Wahrheit! Wenn ihr diese Einwirkung jetzt aufnehmen könnt, wird jeder einzelne eurer Körper mit Leben angereichert werden, denn der Vater wohnt auch in euch.« (II, 72.)
»Versäumt nicht zu verstehen, daß der geistige Körper vollkommene Substanz ist, und jeder einzelne Teil eures

materiellen Körpers wird in Gehorsam zu diesem Christus, der einzigen Wirklichkeit, handeln.« (V, 105 ff.)
»Viele von euch, die ihr Hilfe gesucht habt – ihr müßt nun auf den Christus in euch selbst lauschen.« (IX, 112, 113; vgl. u. a. X, 50, 70–73; XI, 65–70; XIV, 40–43.)

Überall in der Welt tritt heute das Phänomen der Geist-Heilung auf, doch herrscht im allgemeinen noch viel Unklarheit und Verwirrung über die verschiedenen Formen dieser nicht materiellen Art zu heilen. Auch hier können die »Reden« zur Klärung beitragen und zum eigentlichen geistigen Urquell aller Heilkraft hinleiten.

An dieser Stelle soll nochmals MacDonald-Bayne zitiert werden, mit demjenigen, was er im Anschluß an sein »Todeserlebnis« weiter berichtet:

»Meine Erfahrungen [während jenes Erlebnisses] halfen mir sehr in meinen Studien bei den Meistern, als ich in das Tibetanische Himalaja reiste; was auszuführen einige Jahre beansprucht haben würde, wurde in einem Bruchteil der Zeit erreicht. Ich beherrschte die Astralwanderung; das bedeutet, das Physische zu verlassen und sich willentlich im Astralischen zu bewegen und so fähig zu sein, Menschen aus einer Entfernung persönlich beizustehen. Ich beherrschte auch ›Prana yama‹; dies bedeutet eine Form der Kontrolle von Naturenergien, die bei der Heilung angewandt werden. –
Ich wanderte über die ganze Welt, indem ich heilte und lehrte. Die Anzahl der geheilten Menschen steigt in die Tausende an, und diejenigen, welche die Wahrheit hörten, auf viel, viel mehr. Die Blinden wurden sehend, die Tauben hörend, und die Lahmen konnten wieder gehen. –
Ich stelle keinen persönlichen Anspruch auf dieses große Werk, denn ich aus mir selbst kann nichts tun. Es geschieht durch das Mitwirken der göttlichen Kraft in beiden, dem Heiler und dem Geheilten, daß diese sogenannten Wunder zustande kommen.«

Neben den bereits erwähnten Jahrtausende alten orientalischen Schulungen muß jener Weg zum Finden des eigenen höheren Selbstes, wie er in den »Reden« dargestellt wird, als eine Art *christlicher Einweihungsweg* bezeichnet werden, obwohl man in der christlichen Esoterik unter diesem speziellen Ausdruck noch einen etwas anderen Schulungsweg versteht (s. u.).

Bei unserer Schrift handelt es sich darum, daß die *Worte* des Christus anleiten sollen, den Weg zu Ihm als zu unserem höheren Selbst zu finden.

».. . durch diese Reden wird euer Bewußtsein erhoben aus dem Bewußtsein des Selbstes, um das Gottes-Bewußtsein, den innewohnenden Christus, zu erkennen.« (IV, 50, auch 86.)

»Durch diese Worte könnt auch ihr erleuchtet werden, weil Meine Worte vom Himmel sind, dem höheren Bewußtsein . . .« (VII, 22; vgl. auch VII, 21, 23, 51 – 53, 59, 60.)

». . . Meine Worte sind Leben, und sie werden euer Herz und euren Geist in eurem täglichen Leben stärken.« (V, 45; auch V, 44, 46; VI, 49; X, 31, 32.)

»Meine Worte werden euch die Erkenntnis von der Wahrheit der Wirklichkeit zu Bewußtsein bringen, daß auch ihr ewig seid . . .« (XIII, 75.)

»Studiert Meine Worte, und der Schleier wird von euren Augen hinweggenommen werden . . .« (Vgl. XIV, 31.)

»Wenn ihr Meine Aussagen in dieser Weise mit Verständnis wiederholt, werden sich euch viele Dinge offenbaren.« (XIV, 18.)

In der christlichen Esoterik versteht man unter dem eigentlichen Begriff des christlichen Einweihungsweges das meditative Sich-Versenken in die einzelnen Stufen des Christuslebens. Ausführlich wird dieser Weg von dem Mystiker Jakob Böhme (1575 – 1624) in seiner *Christosophia – ein christlicher Einweihungsweg* geschildert. (Dieses und weitere Werke J. Böhmes sind im Aurum Verlag erschienen, bearbeitet und kommentiert von Gerhard Wehr, neben einer sehr lebendigen Biographie.)

Es gab immer verschiedene Schulungsmethoden in Ost und West; sie waren stets dem jeweiligen Bewußtseinszustand und Entwicklungsgrad der Menschen angepaßt und müssen es auch fernerhin bleiben.

Der orientalische Weg, der eingehend in den Schriften von Swami Muktananda (Aurum Verlag) geschildert wird, hat seit alters her das Ziel, durch das Einswerden mit Gott die Kette der Wiederverkörperung beenden zu können. Muktananda zitiert gleich eingangs in seiner Schrift *Von der Natur Gottes* den Satz orientalischer Weiser: »... das wahre Ziel und der Lebenszweck aller Wesen sei, von Schmerz, Leiden und Sorge frei zu sein und das volle Maß an absoluter Glückseligkeit zu erreichen.« Die Hingabe an den Guru, der als göttlich verehrt wird, ist die Voraussetzung zum Erreichen dieses Zieles. Je restloser die Hingabe, um so rascher erreicht der Schüler das Ziel, »... das ihn durch Shaktipat (d. i. die Übertragung der geistigen Kraft vom Guru auf den Schüler durch seinen Segen) seine Identität mit dem Höchsten Selbst erleben läßt« (Muktananda, s.o.).

Die Besonderheit des christlichen Einweihungsweges – namentlich der deutschen Mystiker – besteht demgegenüber in einem freigewählten Passionserleben. Hier wird der Christus zum Guru, indem Ihm nachgelebt wird. So wurde von jenen Mystikern mit aller Intensität der Seele der Leidensweg Christi miterlebt, der mystische Tod in Christo erlitten, die Auferstehung und die Wiedergeburt erfahren und dadurch die ersehnte Vereinigung mit Ihm erlangt. Dies ist das Erwachen zum eigenen höheren Selbst.

Da Gott selbst Mensch geworden ist, sich also mit der Erde verbunden hat und sie somit bejaht, kann das Ziel hier nicht in einem Verlangen nach persönlicher Befreiung von der Verkörperung gesehen werden.

»Ihr merkt jetzt, daß Ich euch nicht verlassen habe, sondern noch bei euch bin. Ich bin in der Welt, indem Ich die

Welt verwandle und die Geister aller emporhebe, damit sie die innewohnende Wahrheit sehen, so daß sich alle Menschen ihrer göttlichen Natur bewußt werden.« (II, 26.)
»Der in die Welt geborene Christus ist der Sohn Gottes, und Er bleibt in der Welt, bis die Welt verwandelt ist, damit der Wille des Vaters, der im Himmel geschieht, auch auf der Erde geschehen werde.« (II, 66.)

Der Weg, den die »Reden« weisen, führt nicht im Sinne der Mystiker über das mystische Erleben, sondern mehr über das gedankliche Element des Verstehens, das dann in meditativer Vertiefung zum »verstehenden Glauben« werden kann.

»Durch tiefe Versenkung in sie [die Worte] werdet ihr fähig, den inneren Sinn zu verwirklichen...« (IX, 15, 14; vgl. u. a. V, 44 ff.; VII, 23.)
»Was Ich meine mit ›verstehendem Glauben‹ ist: Es gibt einen Glauben ohne Verständnis, der ist wie das Haus, das auf Sand gebaut wird...
Wahrer Glaube gründet sich auf den Felsen des Verständnisses... Dies ist der verstehende Glaube, von dem Ich möchte, daß ihr ihn habt und an jene weitergebt, die zu euch kommen, um zu trinken...« (XI, 51—53.)

Da aber auch ein solcher Weg in seiner Unmittelbarkeit christlichen Erlebens von vielen Menschen der Gegenwart als für sie nicht gangbar empfunden wird, sei hier noch auf den Schulungsweg hingewiesen, der speziell für den modernen abendländischen Menschen mit seinem naturwissenschaftlich geschulten, kritischen Denken in einer technisierten Welt entwickelt wurde.
In der Schrift *Wie erlangt man Erkenntnisse der höheren Welten?* finden wir diesen Weg dargestellt von dem großen westlichen Eingeweihten unserer Zeit und Begründer der Anthroposophie, Rudolf Steiner (1861—1925). Hier darf auf die Schrift von Gerhard Wehr hingewiesen werden: *Der anthroposophische Erkenntnisweg*, Aurum Verlag, Freiburg 1978, in

der auf die Besonderheiten dieser Schulung näher eingegangen wird.

Jeder, der es wünscht, kann heute neben der Erfüllung seiner täglichen Pflichten diese vorwiegend auf Konzentrations- und Meditationsübungen aufgebaute Schulung antreten unter vollem Einsatz seiner Denk- und Urteilsfähigkeit. Der abendländische Lehrer zu höherem Wissen legt daher besonderen Wert darauf, daß der Schüler *jeden* Schritt des Weges klar überschauen kann und daß keinerlei Abhängigkeit von dem Lehrer eintritt. Nur zu leicht könnte letzteres geschehen bei einem Mißbrauch der Macht, die in dem okkulten Wissen verborgen liegt. So soll der Schüler z. B. auch nicht im Unklaren gelassen werden über die Wirkungsweise der einzelnen Übungsschritte, den Sinn der Mantren und anderes. Einen Führer oder Guru in der Art, daß sich ihm der Schüler auf seinem Entwicklungsweg völlig zu unterwerfen hat, ist bei dem abendländischen Bewußtseinszustand nicht mehr notwendig. Der Schüler ist vielmehr zum Freund, zum »Bruder« des Lehrers aufgerückt, dem nichts vorenthalten wird. – Hier liegt eine bedeutsame Übereinstimmung mit den »Reden«, denn dort wird gesagt:

»Ihr seid Meine Freunde, weil Ich alles, was Ich von Meinem Vater gehört habe, euch kundgetan habe...« (VI, 114.)

»Deshalb, Meine Brüder und Schwestern, seid standhaft...« (IX, 86; vgl. u. a. III, 76 und XI, 117.)

Was die Einweihungswege des christlichen Abendlandes anbetrifft, tritt hier – wie erwähnt – an die Stelle des Führers der Christus Jesus selbst. Dazu äußert sich Rudolf Steiner in dem Vortragszyklus *Vor dem Tore der Theosophie* (GA 95) in folgender Weise:

»Die christliche Entwicklung setzt an Stelle eines einzelnen Gurus einen großen Guru, den Christus Jesus, für alle; und das Gefühl der Zusammengehörigkeit zu diesem Christus Jesus, das Einssein mit ihm, kann die Hingabe an einen einzelnen Guru ersetzen.«

Im Matthäusevangelium heißt es: »Ihr sollt euch nicht lassen Meister nennen, denn einer ist euer Meister, Christus.« (23, 10 bzw. 8.)

Ist man so weit fortgeschritten, daß man sein eigenes höheres Wesen findet, durchdrungen von dem Christusgeist, dann kann dieses Selbst selber zu dem Führer werden, der einen sicher geleitet:

»Laßt den Geist des Christus in eurem Innern euren einzigen Führer sein.« (VII, 115.)

Rudolf Steiner drückte dies 1911 mit ähnlichen Worten aus:

»... Was hat der Mensch in diesem Sinn in sich? Wahrhaftig einen höheren, einen göttlichen Menschen, von dem er sich lebendig durchdrungen fühlen kann, sich sagend: *Er ist mein Führer in mir.* (Aus: *Die geistige Führung des Menschen und der Menschheit,* Rudolf Steiner Verlag, Dornach/Schweiz, GA 15.)

Um den geschilderten Umschwung im abendländischen Schulungsweg verstehen zu können, müssen wir uns vergegenwärtigen, daß eine fortschreitende Entwicklung des Menschen und der ganzen Menschheit durch die verschiedenen Kulturepochen stattgefunden hat und weiterhin stattfinden wird. Aus seiner ursprünglichen Gottverbundenheit, wie sie z. B. in der morgenländischen Weisheit seit alters her noch zu finden ist, löste sich der Mensch im abendländischen Entwicklungsstrom völlig heraus. Er befindet sich in einer Gottverlassenheit, die ihn sagen läßt: »Gott ist tot.« So gesehen braucht dies aber nicht unbedingt einen Rückschritt zu bedeuten! Der ferne Osten kann zwar noch aus seiner uralten Weisheit schöpfen, aus der die Yogaschulung herrührt, aber die abendländische Bewußtseinsentwicklung ist bereits im Begriff, auch diese Gebiete zu durchdringen, wie z. B. die weltweite Ausbreitung der Technik zeigt. Mit zunehmendem Ich-Bewußtsein und der Intellektualisierung schwindet jedoch das Verständnis für die alten Schätze, und die Lehre von der »Befreiung« wird nicht mehr fruchten. Warum? Weil eben erkannt werden wird, daß der kosmische Sonnengott, der unter den verschiedenen Namen (z. B. als Honover oder Weltenwort, Ahura Mazdao, Osiris und als derjenige, der durch Krishna sprach), durch alle vorchristlichen Kulturen verehrt wurde, sich selbst mit der Erde verbunden hat als Christus und sie mit neuem Leben belebt. Seither kann er geistig in der Erden-Aura gefunden werden.

»Ich bin gekommen, damit ihr Leben und reicheres Leben haben sollt.« (VI, 98.)
»Der Christus ist der Sohn Gottes; dieser Christus ist der Geist, der die ganze Menschheit belebt, und Er ist der Geist, der euch belebt...« (VIII, 125; vgl. u. a. XII, 16, 84, 96–98.)
»Es gibt nur einen Christus in der Schöpfung der Welt, und alles besteht durch Ihn, und nichts, was jemals erschaffen wurde, könnte ohne Ihn erschaffen worden sein, und durch Ihn kamt ihr ins Dasein. Dies ist der Sohn, der allein erzeugte Sohn Gottes, der *eine* Christus, der große göttliche Mensch, in dem ihr euch alle regt und euer Sein habt, und Er regt sich in allen und jedem einzelnen von euch.« (XIII, 23 ff.)

So liegt die merkwürdige Tatsache vor, daß es im Grunde genommen derselbe Gott ist, der von den orientalischen Weisen oder Meistern seit jeher als der alles Durchdringende und Lebenspendende, der sich durch Krishna offenbarte, verehrt wurde (vgl. I, 34). Es wird also die Vereinigung mit demselben Gott, mit dem der Schüler eins werden soll, durch zwei völlig entgegengesetzte Richtungen angestrebt. Dadurch *müssen* auch die Wege verschieden sein.

Die Ursache für diesen Unterschied ist aber darin zu sehen, daß – aus welchen Gründen auch immer – von den östlichen Weisen nicht berücksichtigt wird, daß dieses kosmische Gotteswesen zur Rettung der Erde und des Menschengeschlechtes seine kosmischen Weiten verlassen hat. Es ist zum Geist der Erde geworden, der die Menschheit und jeden einzelnen Menschen durchdringt, um sie als Ganzes wieder in ihren göttlichen Zustand zurückzuführen. »... daß auch sie [die Erde] einst Sonne werde« (Christian Morgenstern). Christus Jesus darf eben nicht nur als ein inspirierter Mensch, ein Religionsbegründer oder als einer der großen Propheten betrachtet werden.

Dies wird immer wieder den Hörern verständlich gemacht und zieht sich wie ein roter Faden durch alle vierzehn Reden.

»Ich bin die Erlösung der Welt ... Ich bin der lebendige Christus Gottes, den der Vater in die Welt sandte, um sie zu erlösen ...« (X, 58, 59; vgl. u. a. X, 112 u. 128; V, 41; XIII, 49, 87.)

»In Christus gibt es Freiheit; doch der Christus lebt in dem Menschengeschlecht als der ewige Sohn Gottes. Diese mächtige Kraft wird alle Wesen zu der einen Familie harmonisch vereinigen. Der Geist in jeder einzelnen Seele soll den Ursprung seines Wesens erkennen.« (XIV, 32.)

»Der Geist des Ewigen, der Christus, ging aller Schöpfung voraus: ›Ich bin vor Abraham.‹ Jenes ›Ich-bin‹ zu erkennen, ist das Leben, nicht nur in Abraham, sondern in jeder lebenden Seele.« (VIII, 15 ff.)

Dadurch erst konnte im geschichtlichen Werden das Ich-Bewußtsein im Menschen geweckt werden, daß der Christusgeist in ihn einzog, wenn auch noch unbewußt. Daher der Ausspruch:

»Der Geist Gottes im Menschen ist ›Ich-Bin‹. Ihr werdet bemerken, wenn ihr das Alte Testament lest, wo Moses den brennenden Busch wahrnahm und aus dem brennen-

den Busch die Stimme sprach: ›Ich bin.‹ Dies war das geheime Wort der Macht, den Propheten gegeben und der Menge gesagt. Es war auf ihren Lippen, doch sie erkannten es nicht; aber derjenige, der es verstehen konnte, trat ein in die Weisheit der Propheten.« (V, 19 ff.)
»Das heilige Wort ist ›Ich-bin‹. ›Ich bin jenes Ich-bin‹. Die Propheten kannten durch alle Zeitalter das ewige Geheimnis, jedoch nur wenige konnten es verstehen. Aber alle werden zum Verständnis kommen ...« (III, 56.)

Die »Befreiung« kann jetzt und in aller Zukunft darin gesehen werden, daß durch dieses Nadelöhr hindurchgegangen wird: In dem Maße, wie Gott als tot erlebt wird, befreit sich der Mensch bewußtseinsmäßig von jeder Abhängigkeit. Er kann sich als freier Mensch in seinem Ich-Bewußtsein erleben. Hinzu muß jetzt aber die Erkenntnis kommen, daß dieses Ich-Bewußtsein nur dadurch entstehen konnte, daß der Mensch als Geist erwachte und Gott als Christus in ihn eingezogen ist, auch wenn er dies zunächst nicht weiß.

»In jedem von euch schreitet ein unaufhörliches Werk voran, auch wenn ihr es nicht bemerkt.« (XIII, 5.)

Wer dies in sich realisiert, wird zum Christus-Bewußtsein erwachen, d. h. zu seinem höheren Selbst. Da dieses aber Geist ist, wird er die Welt aus dem Geiste heraus betrachten können und wird erleben, daß alles Geist – also Gott – ist. Er erwacht zum Gottes-Bewußtsein. Der Mensch kann nun Gott in der Welt überall wiederfinden dadurch, daß er sich des Christusgottes in sich bewußt geworden ist.

»Wenn ihr anfangt zu verstehen, daß der Christus Gottes in eurem Innern wohnt, werdet ihr Ihn nicht außen erwarten. Ihr werdet geführt und geleitet durch jene, die Ihn bereits gefunden haben. Und wenn ihr den Fußspuren folgt, die Ich euch hinterlassen habe, dann werdet ihr den

Christus finden, denselben Christus, der durch Jesus sprach.« (VIII, 26.)

». . . Euer Bewußtsein ist der Punkt, durch welchen sich Gott selbst ausdrückt, und es ist der Punkt, durch den ihr Gott, den Christus in euch, ausdrückt.« (III, 48.)

». . . und dieser Christus lebt in euch und ist eure einzige Wirklichkeit – euer wahres Selbst. Also sei *du selbst,* sei du vollkommen, wie dein Vater im Himmel vollkommen ist.« (X, 10 und 71, 72.)

»Wenn ihr beginnt, dies zu verstehen, dann werdet ihr euer Bewußtsein über die Bedingungen hinaus erheben, die euch umgeben, und in euer wahres Geburtsrecht eintreten, den Christus Gottes im Innern.« (XI, 6 und 1 – 5, 102; vgl. u. a. X, 130; XII, 11, 114.)

»Jeder einzelne, der den Christus verwirklicht, hat einen Sieg für das ganze Menschengeschlecht errungen.« (XI, 57.)

Das ist der wahre Fortschritt der Menschheit: Durch die Menschwerdung Gottes in Jesus – die sich seit Golgatha in jedem Menschen ereignen kann – nimmt die Gottwerdung des Menschen ihren Anfang. Der Mensch befindet sich auf dem Wege vom Geschöpf zum Schöpfer. Deshalb ist die Erde nicht mehr der Ort, von dem man sich so schnell wie möglich befreien möchte, sondern jene Stätte, an der sich durch Leiden und Läuterung diese Gottwerdung Schritt für Schritt vollziehen kann und wird.

»Jedoch ist es besser, durch Leiden, durch Erfahrung zum Verständnis eures geistigen Selbstes zu kommen als ohne sie; denn dies ist das freundliche Übel in der Welt, das euer Verständnis fördert und die Christus-Kraft entwikkelt . . .« (X, 64; vgl. u. a. XI, 77, 78, 96.)

»Wenn ihr auf das Übel schaut als auf etwas, das überwältigend und wirklich ist, so gebt ihr ihm durch euer eigenes Bewußtsein eine Macht, die es gar nicht besitzt. Begreift, daß diese Dunkelheit freundlich ist und den Samen des Christus befähigt, von Sieg zu Sieg zu wachsen.« (IX, 76.)

»... schreckt nicht zurück vor Verantwortungen, auch nicht vor irgendeiner Aufgabe, selbst wenn sie ein Kreuz sein sollte. Durch eure Überwindung werdet ihr Freude an eurer Entfaltung finden, weil ihr erfahren werdet, daß *ihr* das Licht der Welt seid, das die Dunkelheit überwindet.« (XIII, 100; vgl. u. a. XIV, 4.)
»Leid bringt euch Mir näher, um von Mir zu lernen, so daß euer Leid in Freude verwandelt werden wird.« (IX, 129.)
»Jede Erfahrung wird euch mehr Kraft zurücklassen. Lernt, daß die Schönheit der Morgensonne auf die Dunkelheit der Nacht folgt.« (IX, 126 und 129.)

Jeder Mensch trägt den Christuskeim in sich, der darauf wartet, zur Reife zu gelangen.

»Bedenkt, diese gewaltige Macht wartet darauf, sich in euch zu entfalten. Ihr seid der für sie vorbereitete Träger ...« (I, 9.)
»Das Wachstum des Christus in euch ist gewiß. Der Christus ist in sich selbst vollkommen, Er war es immer und wird es immer sein, weil Er das Licht der Welt war von Anbeginn. Aber da es für euch als Individuen notwendig ist, in das vollkommene Verständnis des unsterblichen Selbstes hineinzuwachsen, werdet ihr auf dem Erdenplan geboren.« (IX, 79, 80.) »Das Wachstum des göttlichen Samens offenbart sich in euch. Das verborgene Werk schreitet voran. Wartet geduldig, und wie die Frucht zur rechten Zeit kommet, so wird der Christus in euch sich hervorentwickeln als die Frucht Gottes, das vollendete Erzeugnis.« (XIII, 4, auch 47; vgl. u. a. II, 52, 88 ff.; XI, 38.)
»... Es ist des Vaters Wille, daß ihr Ihn ausdrücken sollt in all Seiner Herrlichkeit, in all Seiner Macht, in all seiner Weisheit, in all Seiner Liebe.« (XIV, 15, und 30.)

Im Grunde geht es in den vierzehn Reden nur darum, hierfür das Verständnis zu wecken.

Wenn die *kosmische* Bedeutung des Christus erkannt werden wird, dann wird das Trennende zwischen den Religionen und den Völkern verschwinden: Christus ist für die *ganze* Menschheit gestorben und auferstanden.

»Daher, wißt ihr nicht, daß Ich nicht nur für ein Volk lebe, sondern für alle Völker, denn alle sind die Kinder Meines Vaters, der im Himmel ist?« (X, 98.)

»Ja, Ich fühle das Leiden mit der ganzen Menschheit, doch Ich will dieses Leiden von euch nehmen, wenn ihr nur auf Mich hören wolltet. Mein Weg ist der Weg der Erlösung. Mein Weg ist die Bruderschaft des Menschen und die Vaterschaft Gottes. Mein Weg ist Leben, nicht Tod.« (XI, 107, auch 102 und 109.)

»Und die Menschheit wird eines Tages sagen: ›Es ist vollendet‹, und sie sollen eins sein, denn Ich werde in ihrer Mitte sein. Der Vater wird sich in Seinem Sohn verherrlichen, und die ganze Menschheit wird Mich erkennen.« (VI, 110 ff. u. 109; vgl. u. a. XIII, 3; XI, 2–4.)

Hier darf noch auf das Kapitel »Ein ökumenisch – menschheitlicher Aspekt« in *Rudolf Steiner als christlicher Esoteriker* von Gerhard Wehr, erschienen im Aurum Verlag, Freiburg 1978, hingewiesen werden.

Aus unseren Ausführungen und Zitaten dürfte ersichtlich geworden sein, warum der westliche Schulungsweg ein anderer sein muß: Weil er mit einem Menschen rechnet, der in seiner Persönlichkeitsentwicklung zur Mündigkeit fortgeschritten ist. Es muß hier an die volle Eigenverantwortlichkeit appelliert werden. Daher wird in den »Reden« immer die Eigenkraft des menschlichen Ich angesprochen.

»... In allen und jedem einzelnen von euch ist derselbe Geist. In diesem Geist habt ihr Macht, denn nichts kann ihn angreifen. Erkennt ihn jetzt in eurem Leben und seid frei! Dies ist die Freiheit der Wahrheit, der Wahrheit, die euch frei macht.« (XIII, 19.)

»Du kannst den Zustand erreichen, in dem es weder Zeit noch Raum gibt und eintreten in die Vollkommenheit des Herrn, deines Gottes, der in deiner Seele wohnt. Der Herr ist die einzige Macht, die es gibt.
›Ich bin‹ der Herr.« (I, 52, auch 51.)
»... Durch das Anerkennen und Verwirklichen dieser Wahrheit erhebt sich in euch eine unermeßliche Kraft: Der Christus ist Gott, der sich jetzt in euch offenbart.« (XIV, 9 und 28.)
»Das Gesetz steht nicht über dem Herrn, sondern der Herr steht über dem Gesetz. ›Ich bin‹ das Gesetz, sagt der Herr.« (VIII, 102 ff. und 101.)

So gesehen – und das muß klar erkannt werden – ist eigentlich jedes Sich-Wenden an die uralten, aber natürlich weisheitsvollen östlichen Methoden für einen westlichen Menschen nicht selbstverständlich.

Was unter bestimmten Umständen auch einmal seine Berechtigung haben kann, sollte nicht verallgemeinert werden. Daher ist es nicht unproblematisch, wenn der Westen heute überschwemmt wird mit östlichen Schulungsmethoden von sehr unterschiedlicher Qualität.

Nicht auf die Schnelligkeit, mit welcher eine Bewußtseinserweiterung erreicht werden kann, darf es ankommen, sondern auf eine umfassende Entwicklung der Seelenkräfte, damit der Mensch den Gefahren, die mit einer okkulten Entwicklung verbunden sind, auch begegnen kann.

»Die meisten Menschen in der Welt haben sich durch Unwissenheit entwickelt und haben sich nicht ganz umfassend entfaltet; und dies ist die Ursache vieler Krankheiten in der Welt gewesen.« (X, 62, 67.)
»Alle werden zur Wahrheit erwachen; aber es ist besser, daß die Wahrheit nicht ganz enthüllt wird, bevor nicht das Herz rein wird.« (X, 67.)

Bei einer Schulung sollte auch auf die Zielsetzungen geachtet werden, ob es z. B. nur um einen persönlichen oder um einen menschheitlichen Nutzen geht.

So kann es sich bei einer ausgewogenen esoterischen Schulung nur darum handeln, daß eine strenge moralische Schulung parallel geht. Denn die Macht, die in dem höheren Selbst verborgen liegt und der man teilhaftig werden soll, darf nicht mißbräuchlich, d. h. aber zu egoistischen Zwecken, angewandt werden.

»Die schöpferische Kraft im Menschen ist wirklich eine mächtige Kraft, und wenn das Bewußtsein ihrer gewahr wird, muß Liebe vorhanden sein, um seine Handlungen zu führen und zu leiten.« (X, 68.)

In den »Reden« wird wiederholt eindringlich darauf hingewiesen, daß »Selbstlosigkeit« oder ein »reines Herz« die Voraussetzung für alle innere Entfaltung ist:

»Lernt selbstlos zu werden, dies ist das Geheimnis der Empfänglichkeit...« (II, 83 und 84.)
»...Sucht zuerst das Königreich Gottes und seine Rechtschaffenheit...« (VI, 38; vgl. u. a. VII, 86; XIV, 99.)
»...Ihr werdet unmittelbar beginnen, die Liebe Gottes auszudrücken, und in diesem gleichen Augenblick werdet ihr so weiß werden wie frisch gefallener Schnee.« (XI, 68.)
»Indem ihr zu Mir kommt, werdet ihr aus eurem Zustand herausgehoben. Ich throne in euch, doch ihr blicket nach außen und fandet Mich nicht. Blickt nach innen und findet dort Gott. Die reinen Herzens sind, werden Ihn erkennen.« (X, 45 ff.)

All jene gewichtigen Aussagen, die in den »Reden« zu finden sind und die Bibel wieder zur Gegenwart und damit aktuell werden lassen, finden in den Büchern und in den überaus vielen veröffentlichten Vorträgen des Geistesforschers Rudolf Steiner ihre Bestätigung. – So hat Steiner bereits vor über sechzig Jahren aus geistiger Erfahrung und Forschung heraus das Ereignis des Todes wiederholt geschildert als ein wichtiges und erhabenes Erlebnis, das der Mensch nach dem Leben haben wird mit der Rückschau auf das Lebenspanorama und der Begegnung mit dem höheren Selbst, in welchem die Sonnen-Wesenheit des Christus aufstrahlt. Allerdings wies R. Steiner nachdrücklich darauf hin, daß es nicht gleichgültig ist für das Leben nach dem Tode, in welches Verhältnis sich der Mensch hier auf der Erde zu dem Christus gesetzt habe. Davon hängen zunächst seine weitere Entfaltung und die Helligkeit seines Bewußtsein u. a. m. in jener anderen Welt ab. Nur im Erdenleben könne er die notwendigen Voraussetzungen schaffen für das eigentliche Verständnis des Christus und des eigenen höheren Selbstes. Und was steht in den »Reden«?

»Nur auf der Erde könnt ihr dieses große Werk tun...« (IV, 85.)

»... Darum ist es bedeutsam für euch, dies zu verstehen, während ihr auf der Erde seid.« (XIII, 47; vgl. u. a. XI, 22–24; IV, 69.)

Als ein Beispiel, wie das Bewußtsein zur Erfahrung des eigenen höheren Geistwesens angeleitet werden kann, seien folgende mantrische Worte von Rudolf Steiner angeführt, »die als eine Art Meditation zur Gewinnung des Ich jedem Menschen der Gegenwart in die Seele geschrieben werden können«:

Ich schaue in die Finsternis:
In ihr enstehet Licht,
Lebendes Licht.
Wer ist dies Licht in der Finsternis?
Ich bin es selbst in meiner Wirklichkeit.
Diese Wirklichkeit des Ich
Tritt nicht ein in mein Erdendasein.
Ich bin nur Bild davon.

Ich werde es aber wieder finden,
Wenn ich,
Guten Willens für den Geist,
Durch des Todes Pforte gegangen.
(Aus einem Vortrag in London vom 2. 9. 1923, GA 228.)

Was aber – so möchte man fragen – geschieht mit all jenen, die in ihrem Erdenleben noch nicht ein bewußtes Verhältnis zum Christus finden können? In den Reden wird gesagt:

»Ihr seid die Zukunft, die Vergangenheit und die Gegenwart...« (XIII, 106.)
»... Euer gegenwärtiger Zustand ist eine Gelegenheit für geistigen Fortschritt. Der Zustand, in welchem ihr euch in der gegenwärtigen Zeit befindet, ist ein höchst notwendiger.« (II, 6; vgl. auch V, 57, 82; X, 64; XIII, 28 – 30.)

Könnte sich darin vielleicht ein Hinweis auf wiederholte Erdenleben verbergen? Rudolf Steiner stellte die *Reinkarnation* als eine geistig erfahrbare Tatsache im Entwicklungsgang des Menschen und der Menschheit dar. Dann bekäme jeder Mensch immer wieder Gelegenheit, Versäumtes nachzuholen!

Eines der Hauptanliegen R. Steiners war es, ein neues Verständnis für die Wesenheit des Christus zu vermitteln, unabhängig von allen theologischen und konfessionellen Vorstellungen. Dabei zeigt die von ihm entwickelte Christologie überaus umfassende Perspektiven, zu denen sich in übereinstimmender Weise auch der Leser der »Reden« aufgerufen fühlen muß. Auf die hier wie dort waltenden Impulse zur Erneuerung des Christentums weisen die folgenden Sätze aus der bereits erwähnten Schrift (*Die geistige Führung des Menschen und der Menschheit*, GA 15) hin:

»Es wird künftig eine Christus-Idee leben in den Herzen der Menschen, an Größe mit nichts zu vergleichen, was bisher die Menschheit zu erkennen glaubte. Was entstanden ist als erster Impuls durch Christus und gelebt hat als Vorstellung von ihm bis heute – selbst bei den besten Vertretern des Christus-Prinzips –, das ist nur eine Vorbereitung zu der wirklichen Erkenntnis des Christus. Es wäre recht sonderbar, könnte aber geschehen, daß denen, welche im Abendlande die Christus-Idee in solchem Sinne zum Ausdruck bringen, vorgeworfen würde, sie stünden nicht auf dem Boden der christlichen Tradition des Abendlandes. Denn diese christliche Tradition des Abendlandes reicht durchaus nicht aus, um den Christus für eine nächste Zukunft zu begreifen.«

In einem Vortrag *Die Not nach dem Christus,* Dornach, 5. Jan. 1923, GA 220) wird ausgeführt:

». . . [es] muß das Zeitalter kommen, das so etwas versteht, wie den Zusatz zum Evangelium: ›Ich hätte Euch noch viel zu sagen, aber Ihr könnt es jetzt nicht tragen.‹

Ein Zeitalter muß kommen, das versteht, was der Christus gemeint hat, wenn er sagte: ›Ich bin bei Euch alle Tage, bis ans Ende der Erdenzeiten.‹ Denn der Christus ist kein Toter, sondern ein Lebendiger. Er spricht nicht nur durch die Evangelien, er spricht für das Geistesauge, wenn das Geistesauge sich den Geheimnissen des Menschendaseins wiederum öffnet.

Da ist er jeden Tag und spricht und offenbart sich. Und es ist eine schwache Menschheit, die gar nicht die Zeit erstreben will, in der auch das gesagt werden kann, was dazumal nicht gesagt wurde, weil die Menschen es noch nicht tragen konnten.«

Blicken wir noch auf dasjenige, was in den »Reden« darüber steht:

»In eurer Stille, da wohne Ich in eurem Bewußtsein, in eurem Herzen dränge Ich euch, auf Mich zu lauschen . . .« (XI, 38; vgl. u. a. IV, 11; V, 15.)

»Hört auf Mein Wort, und ihr werdet die innere Stimme verstehen, so daß euer Leben erfüllt sein wird, euer Körper vollkommen heil...« (IV, 101.)

»Und wenn ihr Mir zuhört, will Ich euch belehren. Glaubt ihr, daß Ich weit fort bin? Glaubt ihr, daß es eine Teilung im Raum gibt, die uns trennt?« (IV, 103.)

Mögen diese Ausführungen als eine Anregung betrachtet werden, das Phänomen der vorliegenden Reden in seiner Stellung zu sehen zwischen den uralten und den neueren esoterischen Geistesströmungen mit ihren unterschiedlichen Schulungsmethoden, und möge dem Leser Auswahl und Zusammenstellung der Zitate eine Hilfe bedeuten, um sich in der Vielfalt der Aussprüche zurechtfinden zu können, von denen jeder eigentlich ein Meditationsstoff ist. Möge ferner durch das immer tiefere Eindringen in den Inhalt der »Reden« jenes soziale Bewußtsein entstehen, welches *realisiert,* daß in *jedem* Menschen, gleichgültig welcher Glaubensrichtung oder Hautfarbe er angehört, ein unzerstörbares göttliches Selbst lebt, das durch die innewohnende Christuskraft sich selbst erkennend den Weg zum umfassenden Vatergott finden kann.

So erhält das alte Bibelwort (vgl. Matth. 22, 37 ff.) durch die »Reden« neues Leben:

»Du sollst deinen Herrn, deinen Gott [im eigenen Innern] aus deiner ganzen Seele, aus deinem ganzen Herzen, aus deinem ganzen Gemüt und aus deiner ganzen Kraft lieben, und du sollst deinen Nächsten lieben wie dich selbst.« (II, 65 und 94.)

Denn auch in ihm wohnt dieses göttliche Ich.

Gunda-Elisabeth Bühler